AF343966

JOSEPH TURQUAN

MADAME DE STAËL

SA VIE AMOUREUSE, POLITIQUE ET MONDAINE

(1766-1817)

D'après des documents inédits

PARIS

ÉDITIONS ÉMILE-PAUL FRÈRES

14, RUE DE L'ABBAYE (6ᵉ)

1926

MADAME DE STAËL

DU MÊME AUTEUR

Du nouveau sur Louis XVII, un vol. in-16.
Madame, duchesse d'Angoulême, un vol. in-8°.
Les femmes de l'Émigration, 2 vol. in-8°.

A la librairie JULES TALLANDIER

75, rue Dareau

La générale Bonaparte, un vol. in-8°.
L'impératrice Joséphine, un vol. in-8°.
Les sœurs de Napoléon, suivies de l'Empreinte corse chez Napoléon, 2 vol. in-8°.
La reine Hortense, un vol. in-16.
Le monde et le demi-monde sous l'Empire, un vol. in-16.
La citoyenne Tallien, un vol. in-8°.
Une illuminée au XIXᵉ siècle : la baronne de Krüdener, un vol. in-16.
Stéphanie de Beauharnais, grande-duchesse de Bade, un vol. in-16.
La générale Junot, duchesse d'Abrantès, avec son Journal intime et un spécimen des différentes écritures de Balzac, inédits, un vol. in-8°.
Madame Récamier, un vol. in-8°.
Un joyeux souverain : Jérôme Bonaparte, roi de Westphalie, un vol. in-16.
La marquise de Montesson, douairière d'Orléans, un vol. in-16.
Les favorites de Louis XVIII, un vol. in-16.

En collaboration avec JULES D'AURIAC :

La dépopulation française, brochure in-8°, 80 pages.
Les provocations allemandes de 1871 à 1914, un vol. in-16. (Paris, chez Jules Tallandier, éditeur).
Lady Hamilton, ambassadrice d'Angleterre, un vol. in-8°. (Paris, Emile-Paul, éditeur).

En collaboration avec LUCY ELLIS :

La belle Paméla (Lady Edouard Fitz-Gerald) 1773-1831, 2 vol. in-8°. (Paris, Emile-Paul, éditeur). Nombreux portraits inédits.

JOSEPH TURQUAN

MADAME DE STAËL

SA VIE AMOUREUSE, POLITIQUE ET MONDAINE

(1766-1817)

D'après des documents inédits

PARIS

ÉDITIONS EMILE-PAUL FRÈRES

14, RUE DE L'ABBAYE (6ᵉ)

1926

VIE AMOUREUSE, POLITIQUE ET MONDAINE

DE

MADAME DE STAËL

D'origine allemande, fils de M. Necker, professeur en droit public à Genève, M. Jacques Necker, après avoir été commis, puis caissier dans la banque de M. Thélusson, s'était associé à son patron. Grand, fort, un peu lourd de sa personne, mais non de son esprit, il avait la tête en pain de sucre, comme Alcibiade. Sa coiffure, plus haute que ne le prescrivait la mode, lui donnait une physionomie singulière, ridicule même, éclairée par des yeux placides qui ne manquaient ni de profondeur ni de finesse. Il parlait avec emphase, solennité et s'était donné un air important comme s'il était déjà millionnaire. Mais Marmontel nous a dit que les grandeurs ne changèrent en rien M. Necker et qu'il avait adopté « son silence, sa gravité et son air de tête » avant « son nouvel état ». Le diplomate américain. Gouverneur Morris, lui trouva plus tard « une vanité excessive »... et, en outre, « une tournure et des manières qui contrastent fortement avec ses vêtements de velours brodé. Son salut, sa manière de parler, etc., disent : C'est moi l'homme ! » Simple attitude chez lui.

Il fréquentait le salon de Mme de Vermenoux « dont la beauté et la galanterie, écrit la baronne d'Oberkirch, sont connues. » Jeune, jolie, riche et veuve — tous les bonheurs ! — celle-ci avait amené à Paris comme demoiselle de compagnie, une jeune orpheline, Mlle Suzanne Curchod, fille d'un pasteur du pays de Vaud. Jolie elle aussi, pleine d'esprit, elle se fit remarquer du banquier. Le plus honnêtement du monde et sans rien abdiquer de la réserve commandée au moins par le bon goût, elle sut lui faire entendre qu'il ne lui déplaisait pas et lui persuader qu'elle-même lui plaisait beaucoup : c'est ainsi qu'elle le mena où elle voulait, c'est-à-dire au mariage. Elle n'avait aucun amour pour lui, mais patience ! il vint bientôt et grandit en raison directe du nombre de ses sacs d'écus ; et comme la fortune du banquier fut aussi grande que rapide, il se transforma vite en un culte quasi-religieux.

A Paris, M. Necker fut syndic de la compagnie des Indes, puis résident de la République de Genève. Il débuta, dit Michelet, « en bon et galant homme. » En 1772 — on était alors sous le ministère Terray — la banqueroute menaçait les finances de l'Etat. On a revu des temps pareils, mais ce qu'on n'a pas revu, c'est un nouveau Necker faisant, sur sa propre fortune, des avances au Trésor en détresse et y versant un million, bientôt suivi d'un autre.

M. et Mme Necker avaient un salon très suivi et recevaient la société la plus aristocratique ainsi que les philosophes et gens de lettres les plus réputés. A ce contact, l'esprit très vif de Mme Necker avait pris un pli de sérieux qui se voyait sur son charmant visage et faisait dire à Mme du Deffand : « Elle a de l'esprit, mais il est d'une sphère trop élevée pour qu'on puisse communiquer avec elle. » Son amour pour son mari prêtait au sourire : il faisait presque scandale à une époque et dans une société où l'amour conjugal était tourné en dérision, la fidélité considérée comme duperie et la sagesse comme folie.

C'est dans ces temps de philosophisme et de gestation mystérieuse d'une société nouvelle, en plein rêve de rénovation sociale et de bonheur universel, c'est lorsque M. et Mme Necker étaient dans l'enivrement d'une fortune toujours croissante et du rang personnel qu'ils avaient conquis à Paris, c'est au milieu de toutes les prospérités, de toutes les satisfactions et dans l'atmosphère d'une société lettrée, affinée, élégante, la première du monde, que fut conçue l'enfant qui devait être de si bonne heure la célèbre Mme de Staël. Point n'est besoin d'être physiologiste pour reconnaître que la fillette, née le 22 avril 1766, dut aux qualités de ses parents et à un exceptionnel concours de circonstances heureuses les merveilleuses facultés qui la distinguèrent si étonnamment.

On l'appela Germaine, prénom de sa marraine,

Mme de Vermenoux. Quand elle fut sortie de cette sorte de chrysalide qu'est le premier âge, et qu'elle cessa d'être pour ses parents la poupée à qui l'on parle même langage qu'aux petits chiens, on lui donna une gouvernante. Celle-ci, Mlle Bernard, genevoise, protestante, et, dit le baron de Frénilly dans ses *Mémoires*, pleine d'esprit, eut charge de lui apprendre à lire et à écrire et de l'initier à l'orthographe. Mais l'esprit déjà indépendant de la fillette, qui ne se pliait à aucune règle, ne se laissa pas plus régenter par celles de l'orthographe que par certaines autres.

Gâtée outre mesure par son père qui ne la contrariait en rien et lui passait tous ses caprices, par sa mère qui avait renoncé à lui imposer toute discipline, la petite ne faisait que ce qui ne la gênait pas. Elle devait être ainsi toute sa vie.

Dès les premières années, les facultés de Germaine s'annoncèrent par les plus brillantes promesses. Poussée aussi par des passions en germe qui déjà grondaient sourdement au fond de son être, sa jeunesse n'allait pas sans quelques incorrections, ce qui mettait aux cent coups cette bonne Mme Necker dont une certaine raideur de caractère ne savait s'accommoder des fantaisies de sa fillette.

C'est au salon, où on la laissa s'installer tout enfant, plus que dans ses livres et aux leçons de Mlle Bernard, qu'elle attrapa son instruction, mais sans méthode, à bâtons rompus, au hasard de conversations philosophiques peu faites pour l'éducation d'une petite fille. Elle emmagasina beaucoup, mais à la diable et d'une façon confuse. Cette atmos-

phère de salon et de philosophie la marqua d'une
empreinte indélébile et elle ne se représentait la vie
que comme une discussion philosophique se pour-
suivant sans fin de salons en salons. Résultat : elle
manqua aussi bien d'éducation morale que d'éducation proprement dite. C'est que, malgré toutes ses
qualités, Mme Necker n'était pas une éducatrice : il
y faut des dons et aptitudes qu'elle n'avait pas ; la
patience et l'égalité d'humeur lui manquant, elle
avait, de guerre lasse, fini par laisser faire, —
comme son mari.

De tous les habitués du salon Necker, c'est Diderot, avec sa verve géniale, Raynal avec ses déclama-
tions humanitaires et le solennel Thomas avec ses
emphases, qui, indépendamment du non moins solennel Necker avec les siennes, eurent la plus grande
part à la formation de la future virtuose de la conversation. Malheureusement, ces hommes à théories
n'étaient pas des maîtres en matière d'éducation et
ils n'étaient pas chargés, d'ailleurs, de celle de Germaine. Voilà comment, malgré ses parents qui
étaient loin d'être les premiers venus et un entourage d'élite, Mlle Necker se trouva manquer tout
d'abord de cette fleur d'urbanité, de cette délicatesse, de ce tact qui font la jeune fille du monde.
Elle est trop vive, elle a trop d'assurance et une
trop haute opinion de ses supériorités pour se mo-
deler — nous ne parlons ici que du ton et de la
forme — sur les femmes les plus distinguées de
Paris, qui fréquentaient le salon Necker et ne
dédaignaient nullement d'écouter les philosophes
qui y lisaient leurs ouvrages dans toute leur pri-

meur. La baronne d'Oberkirch se moque avec
une certaine acrimonie des vendredis littéraires
de Mme Necker, sans doute parce qu'elle n'y était
pas invitée, et Feuillet de Conches les railla, plus
tard, en disant qu'ils étaient « tirés à quatre épingles. » Pas tant que cela, puisque Diderot, Thomas,
Galiani et Morellet en étaient. Mais c'est surtout du
salon Necker que s'échappaient les idées commen-
tées ensuite dans les autres salons et qui leur donnaient une vie d'intelligence qu'ils n'avaient jamais
eue jusqu'alors.

Mme de Genlis a critiqué la méthode d'éducation
suivie pour Germaine. Sans doute y avait-il à
reprendre ; mais depuis qu'elle a dirigé la petite ins-
titution de Bellechasse, la mère de la belle Paméla
critique toute éducation qu'elle n'a pas faite. Elle
déclare que « Mme Necker l'avait fort mal élevée » et
ajoute modestement qu'elle eût fait beaucoup
mieux : « Souvent, en pensant à elle, j'ai regretté
sincèrement qu'elle n'eût pas été ma fille ou mon
élève ; je lui aurais donné de bons principes littéraires, des idées justes et du naturel. »

Il est plaisant d'entendre « la fée de la pédante-
rie » dire qu'elle eût donné tout cela à celle qui en
avait plus qu'elle : elle eût simplement étouffé en
elle ce don si rare, l'originalité, prise dans son sens
élevé et artistique, pour la rendre simplement « correcte » comme la première sotte venue.

Mme Necker aussi était éprise de correction mondaine, mais la petite échappait à toute autorité et
n'en faisait qu'à sa tête. Son père applaudissait aux
fantaisies de cet esprit précocement éveillé, redres-

sait peu ses erreurs de perspective quand il ne les partageait pas, et s'en amusait. Ses caprices, d'ailleurs, étaient peu frivoles et, malgré son jeune âge, toujours tournés vers l'étude du cœur humain, de la philosophie, de la littérature tragique... De là ce mot de l'enfant : « Je ne m'amuse que de ce qui me fait pleurer. »

C'est dans cette sorte de camaraderie avec son père, que Germaine lui voua cette affection passionnée, ce culte dont on remarque l'expression exagérée et voulue, semblable à une « pose », à une attitude. Mme Necker de Saussure croit même, chez sa petite cousine, à un coin de jalousie pour sa mère et ajoute que celle-ci finit par s'en apercevoir. D'où peu de cordialité entre elles. — Cette tendresse admirative pour son père provoqua un jour chez l'enfant une bien singulière idée. Mme Necker avait été jadis fiancée à M. Gibbon. Passant par Paris, celui-ci, crut pouvoir faire visite à la jeune femme, qui le présenta à son mari. M. Necker prit goût à sa conversation, au point que Germaine, alors âgée de dix ans, pria son père de la marier avec M. Gibbon. De cette façon, il l'aurait près de lui pour jouir à tout instant de la conversation de l'historien. Légende peut-être, comme on se plaît à en répéter, sans en trop approfondir l'origine, sur l'enfance des gens célèbres.

Il faut le dire, la petite laissait assez à désirer du côté des agréments extérieurs et peut-être s'en était-elle déjà aperçue. Deux grands yeux de velours d'où s'échappaient parfois les feux du diamant, illuminaient sa physionomie extrêmement mobile; mais

le visage, avec un nez peu fin, manquait de cette
fleur d'enfance, de cette ingénuité, de cette grâce
qui sont le charme des petites filles, et aussi des
grandes. Sa croissance semblait s'être arrêtée à mi-
chemin ; au lieu de s'élancer souple et flexible, sa
taille s'était ramassée sur elle-même et l'enfant était
demeurée un peu paquet, ce qu'on appelait alors
une courtaude. Ses portraits ne donnent pas cette
impression, mais ils ne sont pas plus *vrais* que ses
biographies.

On aurait pu lui souhaiter des cheveux plus
soyeux que les « crins noirâtres » que se plaît à lui
reconnaître son amie, Mme de Charrière, une peau
plus blanche et d'un grain plus fin, un peu de rose
aux joues, quoique Mme d'Oberkirch dise que sa peau
est bien. Germaine savait, elle, que sa peau
n'était pas « bien » (1). Et en ce temps, où la blan-
cheur et l'éclat du teint étaient fort prisés, où des
mères faisaient saigner ou purger leurs filles la
veille d'un bal (certes c'était idiot, mais est-ce bien
à celles qui se font maigrir à le dire ?) une figure de
pain d'épices avait de quoi faire enrager sa titulaire.
Est-ce pour cela que la petite noiraude n'aimait pas
se mêler aux autres fillettes ? Craignait-elle qu'elles
ne lui fissent douloureusement sentir cette infér-
rité pour la punir de ses supériorités d'esprit et d'instruction ? Une enfant intelligente ne s'abaisse pas
volontiers à frayer avec la médiocrité d'un entou-

(1) « Mme de Staël, qui avait la peau de nos bottes à revers
quand nous en portions, disait que ce n'était pas sur sa figure
que Dieu avait mis son vrai visage. » (Barbey d'Aurevilly,
Une vieille maîtresse, II, 312).

rage de rencontre ; au milieu de ce petit monde incapable de la comprendre, c'est elle qui aurait eu l'air d'une sotte. N'ayant aucun goût pour ce rôle, Germaine ne recherchait pas l'occasion de le jouer.

Passionnée pour l'étude, elle lisait tout, se faisait expliquer tout, voulait savoir tout. A quinze ans, les tragédies, la philosophie, les ouvrages les plus abstraits, les livres les plus passionnés faisaient ses délices. Peut-être eût-on bien fait de mettre un frein à pareille ardeur : sa mère le pensa, l'essaya, mais ne sut se faire écouter. Le père était trop habitué à faire toutes les volontés de sa fille, trop flatté aussi de ses brillantes et précoces aptitudes, pour la contrarier. Mme de Rémusat a raconté par ouï-dire que le célèbre Franclieu, de Genève, la trouva un jour derrière son rempart habituel de livres, un Jean-Jacques Rousseau à la main. Etonné, il ne put s'empêcher de dire à Mme Necker : « Prenez-y garde, Madame, vous rendrez votre fille folle ou imbécile. »

Nous avons vu que Mme Necker n'avait pas attendu cet avis pour s'en alarmer : sa sollicitude maternelle était en éveil. Ecoutez plutôt : la petite Germaine avait imaginé, comme récréation, entre ses heures d'étude, de découper des personnages en carton représentant dans sa pensée les rois et les reines des tragédies qu'elle lisait ou apprenait par cœur. Elle déclamait les rôles et les faisait jouer par ses pantins. C'était charmant. Mais quelle lubie prit subitement Mme Necker d'interdire ce jeu où rien n'était répréhensible ? Elle l'interdit pourtant et l'on mit sur le compte de scrupules religieux exagérés ce qui n'était qu'une précaution dont la portée nous échappe chez cette excellente personne.

Déçue du côté pantins, la petite Germaine voulut bien laisser ceux-ci au repos, mais non son esprit. Le théâtre continuait à l'obséder. On sait quelle place le théâtre occupait, en ces temps de loisir, dans la société parisienne. Ne pouvant plus faire mouvoir ses personnages de carton, la fillette les faisait parler et Grimm nous apprend qu'elle composait de petites comédies et point enfantines du tout.

Il est étrange qu'à une époque où l'on bannissait les enfants du salon et de la salle à manger, Mme Necker en permit l'accès à sa fille. Peut-être eût-il été hasardeux de le lui interdire : la petite avait déjà sa volonté et, devant elle, son père en avait si peu ! Mais comme l'enfant s'y montrait d'une sagesse exemplaire, et qu'elle valait à ses parents une moisson de compliments, on l'y laissait. Assise sur un petit tabouret de bois ou sur cette fameuse chaise envoyée à M. Necker par Mme Geoffrin, que Germaine battait pour en obtenir la possession, la fillette, à côté du fauteuil de sa mère, s'évertuait à se tenir droite afin d'éviter toute observation. Elle examinait alors les amis de son père, les étudiait curieusement comme des textes à déchiffrer et l'on pouvait lire dans ses beaux yeux le plaisir qu'elle prenait à les écouter. Aucun de ces hommes, dont le plus effacé n'était pas sans valeur, ne la traitait en enfant, tant elle s'imposait déjà par son intelligence. On aimait à provoquer ses réflexions, toujours originales, naturelles, sans apprêt ni arrière-

pensée, et c'était un rare spectacle, surtout pour
l'époque, que de la voir prendre part à des entretiens sur la politique, sur la littérature, et s'impré-
gner de la pensée de ces philosophes. Malgré quelques paroles mielleuses, Mme de Genlis critique M. et
Mme Necker d'avoir laissé venir leur fille au milieu
de ce qu'on appelait alors « les beaux esprits », écoutant des dissertations sur les passions, sur l'amour,
tandis que sa mère était obligée de la négliger pour
se donner à ses devoirs de maîtresse de maison.
Mme de Genlis estime que la solitude de sa chambre
et la compagnie de ses livres eussent été préférables
pour Germaine. Elle ne l'avait déjà que trop, cette
compagnie ; mais la maîtresse du duc d'Orléans
affirme que, dans ce milieu de « beaux esprits » la petite « apprit à parler vite et beaucoup
sans réfléchir. » Et, ajoute-t-elle, c'est ainsi qu'elle a
écrit. » Germaine parlait trop vite, c'est vrai, mais
elle réfléchissait aussi — quand elle voulait s'en donner la peine. C'est dans le salon de son père qu'elle
prit le goût de la controverse ; et ce goût, elle le gar-
dera toujours.

Sans cesse tendu par l'étude, par ses récréations
d'art dramatique, par les graves discussions et entretiens des familiers de la maison, l'esprit de Germaine fournissait un travail et une application au-
dessus de ses forces. Elle le reconnaît elle-même
quand elle dit dans sa *Notice sur M. Necker* : « On se
tromperait fort si l'on croyait que la conversation de
ces hommes supérieurs fût un plaisir sans mélange.
Bien loin de là : il fallait en acheter la jouissance

par un travail continuel, par une tension d'esprit ininterrompue... »

A ce régime — Franclieu l'avait prévu — la petite finit par ressentir une fatigue générale. On l'aurait eue à moins. Et quand on pense que la pauvrette était à l'âge où l'on a le plus besoin d'exercice et de grand air, on s'étonne que ses parents n'aient pas su l'empêcher de peiner des heures et des heures sur l'*Esprit des lois*, de faire des extraits et résumés de ses lectures et de jeter sur le papier les réflexions qu'elles lui suggéraient. Elle en écrivit sur la révocation de l'Edit de Nantes et elles parurent si fortement pensées à Raynal, qu'il lui demanda la permission de les placer dans une nouvelle édition de son *Histoire des deux Indes*. L'enfant dut en être singulièrement flattée ; mais c'est en écoutant ces hommes d'élite qu'elle réunit en elle, en les développant selon ses propres tendances et son originalité, les différentes facultés éparses chez les uns et chez les autres. Ainsi se formèrent les parties fortes de son esprit, malheureusement sans grande méthode.

C'était trop pour une enfant de son âge. Cette atmosphère d'idées, de controverses, de gloire littéraire portait au cerveau ; les facultés de Germaine étaient trop tendues. Les médecins durent s'en mêler. On fit même venir Tronchin, qui prescrivit le repos et l'air de la campagne à hautes doses.

Le banquier acheta alors une habitation à Saint-Ouen, au bord de la Seine, entre Paris et Saint-Denis. Un parc ombragé et des jardins s'étendaient jusqu'au fleuve.

M. Necker allait facilement chaque jour à Paris et ses amis continuaient à le venir voir. Tout le salon Necker se transporta à Saint-Ouen. Les nouvelles recrues, comme M. de Malesherbes, M. de Buffon, M. de Guibert, ne furent pas moins fidèles que les vieilles amitiés. « Je soupai hier avec Mme de Luxembourg à Saint-Ouen, chez les Necker, mandait M^mo du Deffand à Horace Walpole, le 21 juillet 1776 ; il y avait là assez de monde... Mmes de Lauzun, de Cambis, moi, le maître et la maîtresse de maison, les ambassadeurs d'Espagne (Grimaldi), de Naples (Caraccioli) et de Suède (Creutz), Mme d'Houdetot, M. de Saint-Lambert, M. Fox, le vicomte de Beaune, Marmontel. »

Tout avait repris son train comme à Paris. Comme à Paris, aussi, la malade avait repris études et lectures. Elle s'en délassait en jouant les petites comédies de son institutrice et aussi ses pièces à elle, afin de ne pas se fatiguer à apprendre des rôles. C'est ainsi que, comparant la vie de la campagne à celle de Paris, elle composa une petite pièce en deux actes, *Les Inconvénients de la vie de Paris*, qui fut fort admirée de Grimm.

Germaine s'y était, comme de juste, réservé un rôle : Marmontel, qui l'y vit, ne songea pas à dire ce jour-là ce qu'il écrivit depuis dans ses *Mémoires*, que Mlle Necker était « une aimable étourdie ». Il fut touché jusqu'aux larmes. Comme J.-J. Rousseau, comme Diderot, comme tout le monde, il avait l'attendrissement facile et les larmes coulaient

(1) *Correspondance,* IV, 290, Sept. 1778.

aussi aisément de ses yeux que les doux sentiments dans la pièce de Germaine. L'exagération sentimentale était un des travers de l'époque ; n'allons pas nous flatter que nous n'avons pas les nôtres, ce ne sont pas les mêmes, voilà tout. Necker, homme d'Etat, mettait de la sensibilité jusque dans ses rapports financiers et dans ses comptes, comme si l'on gouvernait un peuple et si l'on tenait ses ennemis en bride par des phrases et des bêlements à la Berquin ! Mais une dangereuse épidémie d'idéologie verbeuse sévissait alors sur le peuple français et partout on « utopisait » à qui mieux mieux. La petite Germaine versait des larmes d'attendrissement devant les colonnes de chiffres de son père, lequel lui rendait sa politesse en en versant à son tour devant sa sensibilité. C'était déjà la marotte humanitaire.

C'est alors, sans doute, que Mlle Necker eut cette idée saugrenue que les larmes devraient être de couleurs différentes selon qu'elles étaient de joie ou de douleur.

Mme Vigée-Lebrun, dans le même temps, trouvait que les bruits ont, non pas une couleur, mais une forme qu'elle pouvait retracer d'après l'impression qu'elle en recevait ; elle en connaissait de ronds, de carrés, de pointus, tout comme le caractère des gens. Mme de Charrière et son ami Benjamin Constant prétendaient juger un livre d'après sa seule couverture; plus tard, Mme de Staël avait même prétention et ne comprenait pas que le philosophe Joubert voulût absolument lire un ouvrage avant de le juger. Mais J.-J. Rousseau ne pensait-il pas comme Germaine en prétendant connaître à l'odeur un livre de médecine ? Le plus plaisant de la chose, ajoutait-il, c'est qu'il ne se trompait que rarement.

Mais laissons ces amusettes. C'est donc par un nouveau surmenage que la jeune surmenée se reposait à Saint-Ouen. Les parents, cette fois, avaient su se faire obéir et ils obtinrent qu'elle passât ses journées au plein air.

La poésie vivante de la campagne, toute nouvelle pour elle, répondait à une autre poésie qui s'éveillait non moins nouvelle et non moins vivante en tout son être. Plus tard, lorsque l'amour, la politique, l'ambition, la célébrité, d'autres mauvaises drogues encore auront étouffé cette fleur de jeunesse et de poésie, elle fera profession de mépriser la campagne, mais en ce moment, elle en subit le charme en sa voluptueuse plénitude.

On avait fait quelques connaissances dans le voisinage ; on s'était lié avec les Frénilly, entre autres, dont la propriété touchait celle de M. Necker. Germaine qui aimait à voisiner, s'amusait bien quand elle y allait, et elle y allait beaucoup. « Elle passait sa vie chez nous, a écrit plus tard un de ses petits camarades de jeu, et nous aimait autant qu'elle pouvait aimer. » Retenez bien ce mot : la caractéristique de la grande amoureuse que devait devenir Mme de Staël, fut précisément une certaine sécheresse de cœur, pour ne pas dire l'égoïsme. Germaine avait trouvé dans cet aimable voisinage le futur mémorialiste Frénilly, sa sœur et leurs deux cousines Adèle et Félicité de Chazet. Après des parties de cerf-volant, on faisait des compositions littéraires. Il y fallait plus de gravité et cela n'était pas pour déplaire à Germaine. Comme dans une classe d'école, on donnait un texte, d'histoire la plupart du temps, à développer, et chacun, dans un cabinet séparé, faisait trotter sa plume à sa fantaisie sur le sujet proposé. On distribuait des prix aux compositions jugées les meilleures : le premier prix était une couronne de roses, le second, un bouquet. M. de Frénilly a oublié de nous dire si Germaine obtint souvent la couronne. On allait ensuite promener fièrement son front couronné dans le village, et cela n'était pas fait pour diminuer chez la fillette son amour en germe pour la gloire — et pour les couronnes. Il se développait aussi dans de petites représentations intimes où la jeune académie de Saint-Ouen jouait les pièces de Mlle Bernard, vertueuses et larmoyantes, selon le goût amolli du temps. Un autre engouement de l'époque était pour les *folles*. On donnait ce nom à des contes, également vertueux et larmoyants, dont une folle, mais par amour, comme dans le drame de Marsollier, *Nina ou la folle par amour*, dont on ne connaît plus guère que la touchante romance de Dalayrac, était l'héroïne. Naturellement, Germaine prenait part au concours des *folles*. « Un jour que le chevalier de Chastellux entrait chez elle, elle courut à lui en lui disant : « Chevalier, j'ai fait une folle ! » . — Oh ! répondit-il gravement, je croyais que c'était Madame votre mère » (1).

(1) Baron de Frénilly. *Souvenirs*. — Mme de Staël, à vingt ans, écrivit un conte dans ce genre, dont la mode durait encore. *La folle de la forêt de Sénart*. Henri Meister, protégé et ami de Necker, continuateur de la *Correspondance littéraire* de Grimm, l'y fit insérer (juin 1786). — *Lettres inédites de Mme de Staël à Meister*, p. 76.

Un jour, au lieu d'aller chez les Frénilly, Germaine emporte pour le lire dans la solitude d'un coin favori du parc, le premier volume de *Clarissa Harlowe*, le célèbre roman de Samuel Richardson. La mode voulait qu'on pleurât en le lisant. Mme du Deffand, qui avait le cœur trop sec pour s'enthousiasmer de quelque chose et pleurer à quoi que ce fût, même pour obéir aux exigences de la mode, avoue que l'ouvrage lui plut. Son ami Voltaire le déclarait le plus sot des romans où quatorze volumes (le roman n'en a pas davantage) servent à faire entrevoir que Mlle Clarisse aime un débauché nommé M. de Lovelace. Dès les premières pages, Germaine fut de l'avis de Mme du Deffand, mais avec un enthousiasme délirant en plus. C'était de son âge et de son tempérament. Lord Byron, qui était de l'avis de Voltaire, dit dans ses *Mémoires* : « Mme de Staël a découvert que Clarisse était la perfection même ; à chacun son goût : pour ma part, j'abandonne à leur jugement et à leurs disputes ceux qui peuvent lire l'histoire de Miss Harlowe, dont je n'ai jamais pu lire que quelques pages. » Germaine les lut toutes. L'enlèvement de Clarisse par Lord Lovelace fut, elle l'avoua plus tard, un des grands événements de sa jeunesse. Mais est-ce la vertu de Clarisse, son cœur passionné, ou le sentiment et l'art avec lesquels Richardson présente son héroïne qui la séduisit le plus ? A son âge, on admire en bloc : ainsi fit-elle sans doute, et c'est ce qu'il y a de mieux à faire. Elle associa de ce jour, la lecture des romans à ses études, ce qui les saupoudra d'une bonne dose de poésie.

Clarisse avait donc déclanché la sensibilité chez la jeune Germaine. Trop, à en croire cette bonne langue de Mme de Genlis qui, étant allée faire visite à Mme Necker, abusa de la situation pour lui lire un de ses manuscrits dont elle avait toujours, comme par hasard, un assortiment dans son sac ou dans son manchon. « Sa fille, a-t-elle écrit, était en tiers avec nous. Je ne puis exprimer l'enthousiasme et les démonstrations de cette jeune personne pendant cette lecture ; elle m'étonna sans me plaire ; elle pleurait, faisait des exclamations à chaque page, me baisait les mains à toute minute. Elle m'embrassa beaucoup... » Et, revenant dans ses *Mémoires* sur les exagérations d'attitude et de langage de Germaine, que sa plume exagérait encore, elle ajoute : « Mme Necker m'amena plusieurs fois sa fille à Belle-chasse : elle me témoignait une amitié extraordinaire ; il y avait toujours de l'exagération de fait dans ses démonstrations passionnées, mais il n'y avait jamais de fausseté ». Non, il n'y eut jamais en elle que de la franchise, trop même parfois.

Depuis ce mémorable été, on remarque du changé dans son caractère. Au lieu d'être raide, méthodique, gourmée, un peu mannequin, comme le voulait l'éducation de ce temps, la voilà naturelle, avenante, aimable, le sourire aux yeux, le mot aimable aux lèvres. La voilà jeune fille. Aussi son père fait-il de plus en plus ses volontés. De son côté, Germaine prend en adoration chaque jour davantage un père si docile ; et comme elle voit les hommages que chacun rend au ministre, à ses capacités financières, à son talent littéraire, à ses connaissances en politique, l'admiration doublée par l'exaltation naturelle aux jeunes personnes de son âge, se mêle à la tendresse et se transforme, comme chez sa mère, mais sous d'autres influences, en un véritable culte.

Mme Necker ne voyait pas d'un bon œil, nous l'avons dit, cet excès de manifestations affectueuses chez Germaine et cet excès d'indulgence chez son père. Elle avait raison. Mais ne s'est-on pas trompé en attribuant à la jalousie, c'est-à-dire à une passion basse — et si Mme Necker avait quelques travers, elle était incapable de rien de bas — ce qui n'était que la désapprobation, non de sentiments, mais d'une expansion dépassant le ton de cette douce et cordiale gravité qui doit exister entre un père et sa fille ? Germaine manquait ainsi à la mesure, par conséquent au bon goût et aux égards qu'elle devait aux justes susceptibilités de sa mère. Ne l'entendit-on pas un jour, dans un de ses élans d'enthousiasme admiratif, s'écrier : « Oh ! père, je vous aime tant qu'il y a des moments où je me surprends à être jalouse de ma mère ! » Trop plein des sentiments vagues et mystérieux de son âge, le cœur de Germaine trouvait une soupape dans ces épanchements qui surprenaient les gens : simple conséquence de ses premiers « rêves bleus » de jeune fille.

A ces explosions d'une nature si en dehors, M. Necker répondait par une attitude railleuse. Il subissait les baisers et les bras autour du cou avec patience, mais ces débordements de tendresse ne l'aveuglaient pas au point de ne pas adresser à son petit démon de fille les observations nécessaires. Il les décochait sous une forme ironique, la meilleure pour calmer les emballements irréfléchis. L'excellent père voyait juste, la flèche d'ironie touchait le but, car la fillette battait en retraite, mortifiée de n'être pas prise plus au sérieux. Elle se confinait alors dans une maussade bouderie et M. Necker s'amusait fort de la petite comédie.

M. Necker était depuis cinq ans à la tête de l'administration des finances. D'abord adjoint, le 22 juin 1776, comme directeur du Trésor, à M. Taboureau des Réaux, contrôleur général, il lui succéda le 29 juin de l'année suivante avec le titre de directeur général des finances. Mais dans un temps où l'on estimait indispensable d'avoir étudié en théologie pour être contrôleur général des finances, on ne voulait pas donner ce titre à un protestant. M. Necker se contenta de l'emploi. Son passage aux affaires fut marqué par d'importantes réformes. Celles-ci portaient sur certains abus et privilèges dont une femme d'esprit devait dire pendant l'émigration, que c'était « ce qu'il y avait de meilleur. » On m'affirme qu'il n'y en a plus : tant mieux ! Toujours est-il qu'alors il y en avait, chaque ministère héritant des abus des précédents et y ajoutant les siens. Aussi des réformes étaient-elles bien nécessaires. C'est Mme de Staël qui écrivit plus tard ces lignes, dans ses *Considérations sur la Révolution* : « Les femmes d'un certain rang se mêlaient de tout... M. Necker s'en tenait à la justice et ne se permettait point de prodiguer l'argent acquis par les sacrifices du peuple. « Qu'est-ce que mille écus pour le roi ? » disaient-elles. — Mille écus, répondait M. Necker, c'est la taille d'un village. » Les assemblées actuel-

les, si dépensières et si prodigues, devraient bien
méditer ces sages paroles, car le poids de leurs gas-
pillages retombe sur les malheureux auxquels nos
humanitaires ne songent guère :

Quidquid delirant reges plectuntur Achivi.

Mais à propos de ces « femmes d'un certain
rang » et de leurs intrigues, Mme de Staël, qui les rappelle, oublie qu'elle n'agit pas autrement, comme
on le verra plus loin, pour faire donner par Louis
XVI un portefeuille à son ami Narbonne, un autre
sous le Directoire, à son ami Talleyrand, sous le Consulat un siège de tribun à son ami Benjamin Constant, en Suède une place de chambellan et une de
conseiller d'ambassade à son fils âgé de vingt-deux
ans.

En attendant, les réformes provoquaient les malé-
dictions de tous les profiteurs. Que de duels à propos
de Necker !... Germaine subissait le contre-coup de
ces colères. Sous prétexte de leur répondre, son père
publia en 1781 son fameux *Compte-rendu*, qui n'é-
tait au fond qu'une attaque violente contre la ges-
tion des finances royales, ou plutôt contre la monarchie elle-même. Pour l'en féliciter et l'engager à
persévérer, Germaine, qui n'avait encore que seize
ans, lui écrivit une longue lettre de louanges. Le
Compte-rendu, par sa nouveauté et sa hardiesse, faisait l'objet de toutes les conversations. Mlle Necker
avait assez entendu parler finances pour écrire sur
ce sujet. Elle adressa donc sa lettre à son père, après
l'avoir fait copier et sans la signer. Vaines précau-

tions ! Necker connaissait trop la pensée et le style de sa fille, formée à son école, pour s'y tromper.

Germaine fut un peu déconcertée, mais que de rires ensuite, et de tendresses pour se faire pardonner !

Il faut avouer une chose : elle était trop portée à l'indépendance, avait trop d'assurance, et personne n'aurait songé à la prendre pour une timide, bien qu'elle prétendît l'être. Il y avait au contraire dans toute sa personne quelque chose de déterminé, un déplaisant aplomb même, qui n'était pas encore admis chez les jeunes Françaises. Malgré toute son assurance, Mlle Necker était d'une pusillanimité extrême. Elle avait peur du tonnerre, des voleurs, de tout... Elle-même raconte dans ses *Considérations*, que lorsqu'elle traversait le bois de Boulogne, la nuit, pour se rendre à Versailles, elle avait une peur horrible d'être attaquée par des voleurs, « car il me semblait, écrit-elle, que tout le bonheur que me causait l'élévation de mon père devait être compensé par quelques accidents cruels. Les voleurs ne m'attaquèrent pas, mais le destin ne justifia que trop mes craintes. » Elle a tort de se plaindre du destin, car il semble au contraire s'être beaucoup intéressé aux affaires de M. Necker et avoir particulièrement favorisé les siennes.

Cependant, la réforme des abus, les projets financiers de Necker pour l'avenir, avaient déplu aux Parlements, chez lesquels certains intérêts personnels avaient quelquefois le pas, alors, sur ceux du pays. Ils se coalisèrent et forcèrent le ministre à se retirer. Sa retraite à Saint-Ouen fut triomphale comme l'avait été, sous le règne précédent, celle de Choiseul à Chanteloup. La *Correspondance* de Grimm en donne le détail.

Cet engouement apaisé, la vie reprit à Saint-Ouen comme par le passé. Si M. et Mme Necker se plaisaient à recevoir, Germaine aimait beaucoup le monde : le rang de son père, son immense fortune, lui assuraient un succès que ne lui aurait sans doute pas valu sa seule supériorité d'intelligence et de savoir. Aussi parla-t-on de bonne heure de son mariage. Mais un mari, pour Germaine, n'était pas chose facile à trouver. Si les jeunes filles pauvres sont peu aisées à caser, excepté quand elles suppléent par la coquetterie et même l'effronterie à l'absence de plus d'une chose, dot, intelligence, naissance, instruction, beauté, vertu... les jeunes personnes trop riches et trop intelligentes sont d'un placement plus difficile encore. Ah ! si Germaine avait été une médiocre, rien n'eût été plus simple : le premier imbécile venu eût parfaitement fait l'affaire. La vulgarité n'est pas chose rare en ce monde et Dieu n'en a pas ménagé la graine. Mais pour une jeune fille douée des plus belles facultés, il n'en va pas de même : un homme d'élite peut seul lui convenir.

On mariait alors les jeunes filles de très bonne heure ; remplissant son devoir de mère, Mme Necker cherchait déjà partout un mari pour Germaine. Elle tenait absolument à la caser — et sa fille, sur ce point, était de son avis — dans cette caste privilé-

(1) T. V., 297. — Mai 1781.

giée qui avait été jadis l'objet de ses plus ardentes convoitises et où elle n'avait pu pénétrer que comme demoiselle de compagnie.

Avec la dot royale qu'on annonçait, cinq cent mille livres, le parti rêvé n'eût pas été impossible à découvrir en France, mais, outre que les Necker exigeaient de lui un apport à peu près égal, ils voulaient aussi qu'il appartînt à la religion réformée, ce qui restreignait le champ des recherches. Aussi furent-ils bientôt convaincus qu'ils ne trouveraient leur gendre qu'à l'étranger. M. Necker avait de grandes relations en Angleterre, il eût fort souhaité de bailler sa fille à M. William Pitt, fils de Lord Chatham, le célèbre homme d'Etat. Il l'avait rencontré à l'un des voyages de la Cour à Fontainebleau et avait apprécié son caractère. Mᵐᵉ Necker désirait beaucoup ce mariage, mais sa fille ne s'en souciait pas. Elle refusa.

Il n'avait guère été question d'amour en ce projet ; il n'entrait pour rien non plus dans une autre proposition. La reine Marie-Antoinette avait présenté un candidat qui paraissait acceptable, le comte de Stedingk. Petit-fils par sa mère du feld-maréchal prussien von Schwerin, lieutenant-colonel au Royal-Suédois, recommandé par le roi Gustave III, il faisait honorablement figure à Versailles et jouissait de la faveur de Louis XVI et de Marie-Antoinette ; mais on le jugea trop âgé.

Deux autres projets furent ensuite examinés, l'un pour le comte de Fersen, que Germaine aima, l'autre pour le baron de Staël, dont elle fut aimée.

Le baron de Staël était lié à Paris avec le comte
Axel de Fersen, fils du maréchal de Fersen, venu,
comme tant d'autres, à la Cour de France, où les
Suédois étaient assurés d'un bon accueil. Reçu avec
bienveillance par la reine Marie-Antoinette, il avait
été frappé pour la jeune et charmante reine d'un
amour coup de foudre, un de ces amours profonds
comme le ciel et comme la mer, dont on vit en silence quand on n'en meurt pas, et qu'on garde
jalousement en son cœur jusqu'à son dernier jour.
Pour ne pas alimenter cette folie d'un amour sans
espoir, M. de Fersen ne paraît plus à la cour et cherche à se changer les idées en fréquentant les salons.
Son ami Staël, qui le voit soucieux, l'emmène chez
les Necker où se rencontre tout ce qu'il y a de plus
élevé à Paris par le rang et la naissance comme dans
les lettres et la politique. Il l'avertit en même temps
qu'il courtise Mlle Necker et a des vues sérieuses sur
elle.

Grande imprudence que d'introduire un ami chez
une jeune fille à qui l'on veut plaire ! C'est toujours
l'ami qui est préféré. Assurément M. de Staël est
agréable de visage, sa tournure est élégante ; mais
indépendamment d'une fortune plus brillante, M.
de Fersen a au moins autant de séduction : sa figure
est belle ; ses yeux profonds, qui semblent regarder
en dedans de son âme comme au fond de la vôtre,
lui donnent un air de mystère un peu triste, un air
fatal, bien propre à faire tourner une tête féminine.
Mlle Necker semble touchée : il y a affinité entre le
velours sombre de ses yeux et celui des siens. Et,
quoique M. de Fersen ne lui accorde que la dose de

courtoisie et d'hommages indispensable, — peut-être à cause de cela — Germaine le remarque. Elle se demande pourquoi ce beau ténébreux se tient à l'écart, indifférent à tout et comme figé en une contemplation intérieure. Attirée par sa façon suprême et ses grands yeux de rêve, la jeune fille s'approche. Dans un regard rapide, comme deux épées qui s'engagent, leurs yeux se frôlent, leurs âmes aussi. Celle de Germaine serait toute prête à s'abandonner, mais M. de Fersen, devinant à sa parole saccadée, à son sein houleux et à un battement précipité de l'artère du cou une disposition trop accentuée à la combustion, installe sur son visage l'air de gravité le plus imposant que peuvent lui procurer ses vingt-cinq ans et ne se montre auprès d'elle que d'un empressement très contenu. On cause. La conversation traîne d'abord, mais sous la câlinerie du regard de Germaine, elle s'élève vite au-dessus des niaiseries de la mode et des banalités de salon. Le beau Suédois est émerveillé de toutes les belles choses qu'il entend. C'est un feu d'artifice ininterrompu. Mais, une fois les fusées éteintes, celui en l'honneur de qui elles ont été tirées les oublie et se replonge dans son rêve intérieur. De nouvelles et aimables avances ne parviennent pas à l'en faire sortir. Germaine se pique au jeu, elle se jure de l'amener à ses pieds. Ses manières ont déjà ce je ne sais quoi de déterminé, acquis dans la société des hommes, qui se joue des usages et convenances du monde, et, tandis que sa voix s'essaie aux plus douces intonations de la tendresse, elle accentue ses moyens de séduction. Vains efforts : le beau Suédois lui glisse entre les mains comme une anguille.

Est-ce amour ? Est-ce dépit ? Mlle Necker ne cesse de voir à toute heure de jour, de nuit, les traits de celui pour qui elle s'est daigné mettre en frais de coquetterie ; elle se répète avec une stupeur ravie, à tout instant, les mots qu'elle a pu lui arracher, elle se les redit même tout haut, elle imite le son de sa voix... Oh ! c'est par dépit, bien certainement. Elle le croit. Et c'est par dépit aussi qu'elle aura demain recours au grand jeu. Car elle est ferrée maintenant sur la théorie des passions. Plus appliquée à en observer la marche sur le vif en se laissant emporter par elles qu'à les réprimer ou à les diriger, comme l'eût exigé sa dignité, elle était cynique parfois, déconcertante souvent dans ses propos. Mais tant de romans lui ont passé sous les yeux depuis la mémorable *Clarisse* et elle a tant écouté les philosophes discuter sur l'amour, sur la liberté du commerce, de celui des grains comme des autres, sur la suppression des barrières... Eh ! elle le sait bien qu'il est peu séant à une jeune fille de se jeter à la tête des gens, mais elle sait aussi qu'un homme ne se refuse guère à d'aimables avances féminines : s'il est timide comme semble l'être le comte de Fersen, la charité ne commande-t-elle pas de lui tendre la perche ?...

Un jour, donc, le comte de Fersen se présente à l'hôtel Necker. Il est introduit dans un salon où Germaine, qui comptait bien sur sa visite, s'était ménagé, dans un demi-jour discret, un tête-à-tête avec lui. En cette rencontre décisive où s'allait jouer

sa destinée, Germaine a préparé sa victoire. M. de
Fersen la trouve accoudée, le front entre les mains,
sanglotant dans un angle de la pièce, devant une
table. Il recule, craignant d'être indiscret, balbutie
quelques mots, veut se retirer... On le retient, on
l'invite à rester, on s'excuse. Les beaux yeux essu-
yés : « Je dois vous paraître bien ridicule, dit Germaine ; mais puisque vous m'avez trouvée en pleine
crise de larmes, il faut que vous en sachiez la cause.
Je viens de refuser ma main à un noble jeune
homme, M. William Pitt, dont, en toute autre circonstance, j'aurais accepté avec enthousiasme de
partager la vie, mais.....

Ici, la jeune fille cache à nouveau sa tête dans ses
mains ; son sein se soulève, ses artères battent...

— Mais ?... fait M .de Fersen avec intérêt.

— Mais, poursuit-elle avec un regard mouillé, il
faut bien que je vous le dise... mon cœur n'est pas
libre. J'aime... oui, j'aime un jeune gentilhomme...
et celui-ci ne semble pas s'en douter et son indifférence me désespère.

Et les larmes de revenir.

Surpris de l'aveu, M. de Fersen ne sait comment
sortir d'embarras. Il a très bien compris : c'est pour
lui que pleurent ces yeux de velours, pour lui qu'a
jailli l'étincelle sacrée, pour lui que cette voix se
fait si douce. Et soudain, il devient très pâle et pas
une parole ne sort de sa bouche. Mlle Necker qui
cherche à lire en ce cœur fermé, interprète cette
attitude comme un aveu.

Fersen sent l'erreur de la jeune fille. Trop galant
homme pour souffler sur les illusions qui dorent sa

seizième année et lui infliger la douloureuse humiliation de la détromper, il profite de l'arrivée d'un
tiers et se retire.

En route, il rêve à ce drame de cœur. Comment
s'en dégager ? Il a beau se dire qu'il n'y a pas de
sa faute, il s'accuse cependant de s'être laissé entraîner dans une maison où se trouvait une jeune fille
qu'il ne pouvait pas épouser, d'abord parce que son
ami de Staël, qui l'avait présenté, l'aimait et désirait
se faire agréer, ensuite parce que lui-même avait le
cœur pris ailleurs. De toute façon il lui fallait faire
une malheureuse ou un malheureux, et lui-même
l'était beaucoup de cette alternative. Il l'était d'autant
plus que, précisément à ce moment, d'affreuses médisances sur la Reine se chuchotaient dans les salons
et il savait qu'on y mêlait son nom. Désespéré, il
pense que, si l'on annonce tout d'un coup son mariage, ces médisances tomberont d'elles-mêmes.

Il y a dans le dévouement, dans le sacrifice, quelque chose de grand qui enflamme les belles âmes.
« L'amoureux de la Reine » se sacrifiera et épouse-
ra Mlle Necker, mais son devoir est avant tout de
donner à Staël l'explication de sa conduite. Il va
le trouver, la lui donne et écrit à son père, en Suède, pour obtenir l'autorisation d'épouser celle qu'il
n'aime pas. En même temps, d'un cœur sombre et
déchiré, il sollicite de M. et de Mme Necker la main
de leur fille. Et c'est la mort dans l'âme qu'il se
voit agréer.

Il est convenu, en conseil de famille, que cet
accord sera tenu secret jusqu'à la réponse du maréchal de Fersen. Qu'on se figure les transports d'allé-

gresse de Germaine pendant ce temps, mais ses inquiétudes aussi en se heurtant au calme mesuré et
courtois par lequel son beau fiancé accueille ses
joies et expansions de paroles !

M. de Fersen a bien fait de demeurer sur une
réserve toute diplomatique. La réponse de son père
arrive et telle que pouvait, que devait la souhaiter
le jeune comte dans la complication de sa situation
et de ses sentiments. C'est un refus. Respectueux
de la volonté paternelle, il va présenter l'expression de ses regrets aux Necker et ses fiançail-
les sont rompues. Mais on les avait connues et cela
avait suffi pour faire tomber le bruit de ses relations avec la reine. Il répondit à son père : « Vous
avez déjà vu que l'idée que j'avais eue quant à Mlle
Necker n'aurait pu avoir lieu, quand même vous y
auriez consenti, à cause de mon ami Staël à qui elle
convenait particulièrement et beaucoup mieux qu'à
moi ; je n'y avais pensé que pour vous plaire, mon
cher père, et je ne suis pas du tout fâché que cela
ne puisse pas se réaliser. » (1).

La pauvre Germaine en était, elle, cruellement
fâchée. Ce fut du désespoir... Heureusement que la
douleur trouve chez les femmes un apaisement dans
les larmes : la jeune fille délaissée en versa beaucoup et finit par faire comme la plupart des autres
jeunes filles dans des cas plus ou moins analogues :
pour ne pas avoir l'air de pleurer M. de Fersen et
pour lui faire croire que son goût pour lui n'avait

(1) Baron de Klinkowström. *Le comte de Fersen et la Cour
de France*. — Princesse de Schahowskoy-Strechneff. *Le comte
de Fersen*. — Vicomte d'Haussonville. *op. cit.*

été qu'un déjeuner de soleil, elle décida sur l'heure qu'elle épouserait, comme on dit, le premier chien coiffé qui la demanderait. Informé par Fersen de sa rupture avec les Necker, Staël avait sans désemparer posé sa candidature à la main de leur fille.

Il y avait beau temps que le baron de Staël pensait à Mlle Necker. Par amour pour sa personne ? Peut-être. Par amour pour sa dot ? Peut-être aussi. Il a sa fortune à faire, et celle des Necker est toute faite. S'il est agréé il sera à même de tenir un brillant état de maison. Dans toute carrière, surtout dans la sienne, quand on sait dépenser, qu'on ne vit pas en petit boutiquier retiré, qu'on n'est ni un pingre ni un grippe-sous, on arrive vite aux postes supérieurs. Eric-Magnus, baron de Staël-Holstein, était né en 1749. Entré de bonne heure au service militaire de Suède, il était capitaine à vingt-trois ans. Il quitta cependant l'armée pour la diplomatie, fut chambellan de la Reine de Suède et envoyé dès le commencement du règne de Gustave III comme conseiller d'ambassade à Paris. Il sut plaire à la cour, dans les salons comme dans le corps diplomatique, surtout depuis qu'il s'était lié avec M. de Fersen.

Mais cette vie de cour ne va pas sans grandes dépenses. Staël a des dettes. Le comte de Creutz, ambassadeur à Paris, écrit au roi Gustave : « Le pauvre Staël est dans une situation qui fait pitié, à bout de ressources et sans un sou vaillant. » Aussi Staël, au moyen de ses amitiés féminines, compte-t-il se remettre à flot par le mariage. Outre Mme de Châlons, la comtesse Diane de Polignac, Mme de Gontaut, Mme de Boufflers, Mme de la Marck, la maréchale de Luxembourg, amie des Necker, s'intéresse à lui ; il a su mettre le roi et la reine dans son jeu. Ne sont-ils pas les meilleurs atouts ?... Fort de leur appui, il fait part nettement de ses projets à Gustave. Le 27 juin 1779, il lui rappelle qu'il lui a déjà confié son idée de demander la main de Mlle Necker, qu'il en parla ensuite à Mme de Bouffers, laquelle se chargea de pressentir la mère. Elle n'avait pas été très encourageante, la mère : après les banalités d'usage, qu'elle « ne pouvait se résoudre à se séparer de sa fille », que celle-ci « était bien jeune », elle avait ajouté : « ni à la donner à un homme sans existence dans ce pays-ci. » Mme de Boufflers insinua que le roi Gustave pourrait promettre de le fixer à Paris ; mais, très pratiques, les Necker voulaient du solide et du certain. Alors Mme de Boufflers conseilla à Staël d'obtenir de Sa Majesté suédoise une lettre, qu'elle pourrait montrer, donnant l'assurance de son intérêt pour lui et sa carrière.

Sur plus d'un point, le roi de Suède trouvait dans ce projet son propre intérêt. Devinant qu'il le comprend, Staël découple sur lui tous ses protecteurs. Il veut enlever la chose d'assaut.

On est au 15 avril 1782 et le roi ne se prononce pas. Le comte de Creutz vient à la rescousse. Mais le roi répond : « Que Staël épouse d'abord ! » Il ne demanderait pas mieux, le pauvre homme, mais Necker a dit : « Que Staël soit nommé ambassadeur d'abord. »

On en est là, lorsqu'en février 1783, Creutz est appelé à Stockholm en qualité de ministre des affaires étrangères. Désespoir de Staël : tout est à recommencer. Il s'adresse directement au Roi et lui expose sa cruelle situation : jamais les Necker ne lui donneront leur fille s'ils le croient disgrâcié de son souverain. Creutz le soutient de mille arguments. Gustave déclare qu'il s'en tient à sa parole : que Staël épouse Mlle Necker et il sera son ministre plénipotentiaire à Paris. Il ne sort pas de là. Du reste, Staël n'a que trente-quatre ans : n'est-ce pas bien beau à son âge ?

C'est le moment de faire donner la grosse artillerie et les réserves : Louis XVI et Marie-Antoinette prennent en main les intérêts du diplomate et écrivent à Gustave III dès le mois de mars de cette année 1783. Courrier par courrier, le Roi de Suède envoie sa nomination de ministre plénipotentiaire.

Mais les Necker sont gourmands : ministre plénipotentiaire... Qu'est-ce à dire ? C'est la dignité d'ambassadeur qu'il faut à leur gendre : leur fille sera Madame l'ambassadrice, ou rien de fait. Gustave alors de faire écrire à Staël qu'il le nommera ambassadeur s'il obtient de Louis XVI la cession de Tabago, une des petites Antilles, à la Suède.

Staël se démène comme un beau diable et l'année suivante (1784) obtient pour la Suède non pas Tabago, mais une des îles du Vent, Saint-Barthélemy. Gustave est satisfait ; Staël, nommé ambassadeur, l'est aussi. Les Necker le sont-ils ? Point : ils ont de nouvelles exigences. Mme de Boufflers les expose dans une lettre à Gustave.

Necker qui se savait bien vu de la Reine, ne doutait point qu'elle ne les obtînt du roi de Suède : il exigeait derechef que son futur gendre fût nommé ambassadeur à Paris à perpétuité. Le roi Gustave accorde six ans. Necker refuse.

Là-dessus, les négociations sont suspendues. Germaine, qui se désintéresse de tout cela, laisse faire ses parents et va en Suisse avec eux. Au mois de juin, dans une fête offerte au prince Henri de Prusse, à Lausanne, elle rencontre une jeune amie d'Horace Walpole, miss Berry. Elle devait se lier l'année suivante, à Paris, avec elle et plus intimement encore à Londres en 1814. En attendant, la jeune anglaise et ses sœurs admirent « l'indépendance de son langage. » L'année suivante, elle note dans son *Journal*, sans autre date que 1785 : « Par nos relations en Italie avec le Roi de Suède, Gustave III, nous nous étions intimement liées avec son ambassadeur à Paris, M. de Staël. Il me parla en toute confiance de son mariage projeté avec Mlle Necker, me demanda mon opinion et me consulta. Mais le mariage était décidé... » (1).

En juin 1785, le roi de Suède vient à Paris. Le projet de mariage traîne depuis cinq ans. M. de Staël trouve qu'il est temps d'en finir. Mlle Necker n'en paraît pas pressée. Mme de Bouffers reprend tout de même les négociations et l'ambassadeur offre à son souverain la plus fastueuse réception. Il se met force dettes sur le corps, deux cent mille livres, écrit le 5 juillet Mme de Boufflers. Victoire ! Gustave capitule devant les Necker, Staël est nommé ambassa-

---

(1) *Voyages de Miss Berry à Paris*, traduction de Mme la duchesse de Broglie.

deur à vie. Germaine ne donne pourtant son con-
sentement qu'avec peu d'enthousiasme. Mais, comme toutes les convenances se trouvent réunies en
ce projet, moins l'amour — denrée dont on lui dit
qu'on n'avait que faire en ménage, — pour en finir,
elle avait dit oui. Lui ou un autre, que lui importait ! Le mariage par dépit avait tourné au mariage
par ennui.

Ce fut une grande nouvelle dans le monde parisien. M. de Fersen la manda à son père le 15 octobre 1785 : « M. Necker s'est enfin décidé, il lui donne sa fille ; c'est une excellente affaire et j'en suis
enchanté pour M. de Staël. Il avait de puissants et
nombreux rivaux, entre autres M. Pitt, celui qui
est à présent à la tête des affaires en Angleterre ;
mais la jeune fille a préféré M. de Staël. Je l'ai vue il
y a quelques jours : elle n'est pas jolie, au contraire,
mais elle a de l'esprit, de la gaieté, de l'amabilité ;
elle est très bien élevée et remplie de talents. Les
noces doivent se faire le 10 ou le 15 du mois prochain. »

Elles ne devaient se faire que trois mois plus
tard. Mais qu'eût dit Germaine, éprise de romanesque et d'idéal, si elle avait lu ces mots vulgairement prosaïques : « C'est une excellente affaire
pour M. de Staël. » Son mariage une affaire !...
Ce n'était pourtant que cela, d'un côté comme de
l'autre.

II. — Mariage de Mlle Necker et mauvaise allure
que prend le jeune ménage

Mlle Necker se maria le 11 janvier 1786, dans la chapelle de l'ambassade de Suède. C'est là qu'elle prononça ce serment de fidélité conjugale qu'elle devait si peu tenir. En attendant, il lui fallait se préparer à être *présentée*. Les mémoires du temps ont relaté cette cérémonie, dont elle se tira avec grâce. Son succès fut complet.

Mais la malveillance et cette sorte de jalousie, naturelle aux femmes, qui se glisse partout, surtout dans les cours, trouvèrent en cette cérémonie plus d'un motif à médisance. La baronne d'Oberkirch, qui semble prendre un plaisir particulier à se faire l'écho des méchancetés, dit que la jeune femme « avait eu peu de succès, chacun la trouvait laide, gauche, empruntée surtout. Elle ne savait que faire d'elle-même et se trouvait très déplacée, on le voyait, au milieu de l'élégance de Versailles (1).

(1) ...tout en ayant quelque chose de masculin dans le regard, elle a absolument l'air d'une femme de chambre ». (*Journal de Gouverneur Morris*).

M. de Staël est, au contraire, parfaitement beau et
de la meilleure compagnie ; il a de fort bonnes
manières et semblait peu flatté de Madame sa femme. » La vérité est que Mme de Staël, en entrant dans
le cabinet de la Reine, manqua une de ses révérences, ce qui lui avait donné un peu de confusion.

Après la présentation, la cour et la ville conti-
nuèrent à s'occuper de la nouvelle ambassadrice.
En ces temps de loisir et de stagnation, un événement de ce genre était un gâteau sur lequel s'abat-
taient toutes les guêpes ; elles en vivaient pendant
des mois et ne cessaient pas pour cela de distiller
leur venin et leur sottise. Comme on connaissait l'esprit et le savoir de la jeune femme, et qu'il n'y avait
vraiment pas moyen de la faire passer pour sotte,
la gent des salons crut spirituel de dire qu'elle était
une étourdie. On en donnait pour preuve que, rendant visite à la duchesse de Polignac, elle avait oublié son bonnet dans sa voiture. On ne le dit plus
quand on apprit que Mme de Staël riait toute la première en racontant cette histoire avec infiniment
d'esprit et de grâce. On s'en consola en traitant la
baronne d'originale. La malveillance voulait dire
par là qu'elle avait une sotte affectation de singula-
rité ; mais elle se trompait, car l'originalité de la
jeune femme consistait dans la supériorité de ses
idées et dans un sentiment, peut-être exalté pour le
beau dans l'art. Mais la mauvaise humeur de l'avoir
vue bien accueillie par la Reine persista longtemps
parmi les femmes de cour.

Dans les premiers temps, « l'ambassadrice », comme disait avec complaisance Mme Necker, recevait

chez ses parents autant qu'à l'ambassade de Suède. Son salon fut donc à peu près celui de sa mère, mais avec une nuance plus marquée de liberté, tant sur les choses de la littérature que sur celles de la politique et de la philosophie. La liberté de pensée et de parole y est complète, la tolérance aussi ; les formes y sont exquises. Tout ce que Mme de Staël a emmagasiné de savoir dans ses lectures et aux discussions théoriques entendues chez son père, lui a formé et développé l'esprit. La timidité ne la gêne guère, bien qu'elle dise le contraire. Aussi est-elle armée de toutes pièces pour tenir tête aux plus réputés causeurs. Elle est trop grande fille à présent pour écouter ; à son tour, elle se fait écouter, elle se lance dans la mêlée, émet des idées, des idées neuves ou qu'elle croit telles ; elle les soutient avec plus d'éloquence que de logique, mais avec une chaleur et une abondance qui étonnent et séduisent. Elle se fait remarquer par la hardiesse de sa parole et se lance à corps perdu dans la politique. Mais ne fait-elle pas ainsi son métier d'ambassadrice ? Chez son père, au contrôle général, elle tenait bureau d'esprit : chez elle, elle tient bureau de politique et, s'il est permis de s'exprimer ainsi, bureau d'amour. Car, à côté de son idéal d'éloquence, elle en a un autre, né de son roman à peine esquissé avec Fersen et tenant un peu à l'air du siècle. Mme de La Tour du Pin, en effet, liée avec elle, ne nous a pas laissé ignorer que l'ambassadrice était déjà « plus que liée avec Alexandre de Lameth. » Cette trop grande intimité amena la marquise à se tenir un peu sur la réserve. Sans rechercher Mme de Staël, elle ne l'évitait pas et causait volontiers avec elle : « Nous avions quelquefois, dit-elle, des conversations qui seraient amusantes à rappeler. Elle ne pouvait pas comprendre que je ne fusse pas enthousiasmée de ma figure, de mon teint, de ma taille, et quand je lui avouais que je n'attachais pas à ces avantages personnels plus de prix qu'ils n'en méritent, puisqu'ils passeraient avec l'âge, elle s'écriait naïvement que, si elle les avait possédés, elle aurait voulu bouleverser le monde. Son grand et singulier plaisir était de supposer des circonstances qui semblaient encore fabuleuses alors, puis de me demander : Feriez-vous telle ou telle chose ? » Et comme, dans mes réponses, je me montrais toujours disposée à mettre en pratique avec joie les idées de dévouement, de sacrifice, d'abnégation et de courage que sa riche imagination lui inspirait, elle affirmait que j'avais une raison romantique. Ce qu'elle concevait le moins, c'est que ce fût pour son mari que l'on se sentît disposée à tous les sacrifices possibles et elle ne pouvait le comprendre qu'en disant : « Apparemment que vous l'aimez comme votre amant. »

Ce n'est pas ainsi qu'elle aime M. de Staël. L'aime-t-elle même ? « Une femme heureuse par le cœur ne va pas dans le monde » a dit Balzac. Loin de s'enfermer dans une chartreuse conjugale, Mme de Staël se répand le plus qu'elle peut au dehors. C'est là l'indice d'un cœur médiocrement épris : le mariage n'est déjà plus du nouveau pour elle et elle veut sans cesse du nouveau. De son nouvel état elle n'apprécie que la liberté qu'il donne aux femmes. Mais a-t-elle fait autre chose qu'un mariage de vanité et d'ennui ? Elle s'évade donc du tête-à-tête tant qu'elle peut, et, comme elle n'a pas trouvé à y dépenser son trésor de cœur et que celui-ci bouillonne, toujours sous pression, elle est prête à se jeter dans les bras de qui lui fera compliment des siens, qu'elle ne haïssait pas de montrer, ou de qui elle distinguera le visage dans la foule. « C'est un singulier mélange que cette femme-là, poursuit Mme de La Tour du Pin et j'ai souvent cherché à m'expliquer l'alliance de ses qualités et de ses vices. Mais le mot vice est trop sévère. Ses grandes qualités étaient seulement ternies par des passions auxquelles elle s'abandonnait d'autant plus facilement qu'elle éprouvait toujours une sorte d'agréable surprise lorsqu'un homme recherchait auprès d'elle des jouissances dont une figure disgrâciée semblait devoir bannir à jamais l'espoir. Aussi j'ai tout lieu de penser qu'elle se livrait sans combat au premier homme qui se montrait plus sensible à la beauté de ses bras qu'au charme de son esprit. Et cependant on aurait tort de croire que je la considérasse comme une véritable dévergondée, car malgré tout, elle exigeait une certaine délicatesse de sentiments et elle a été susceptible de passions très vives et très dévouées tant qu'elles duraient ». Et elles ne duraient que le temps de s'user ; de nouvelles étaient entamées avant même que les premières ne fussent liquidées, et étaient menées concurremment.

En ces temps de *farniente* où chacun bavarde sa vie, la conversation, qui tourne cependant au monologue lorsqu'elle n'a pas un partenaire capable de lui tenir tête, est décidément le triomphe de Mme de

Staël, car pour ce qui passionne surtout le vulgaire, chiffons, modes, médisances, elle n'en est pas, quoi qu'elle sache parler robes et chapeaux aussi bien que la première sotte venue. Littérature, politique, art dramatique, constitution anglaise, liberté anglaise, voilà ce qui la passionne. Elle qui, à quinze ans, faisait des extraits, c'est-à-dire des articles sur l'*Esprit des lois*, ne s'est pas encore avisée et ne s'avisera jamais que ce qui convient au peuple anglais ne convient pas nécessairement à un autre. « Elle n'a pas suffisamment médité, observe M. Paul Gautier, ce mot de Montesquieu : les lois politiques doivent être tellement propres au peuple pour lequel elles sont faites, que c'est un très grand hasard si celles d'une nation peuvent convenir à une autre. »

Mme de Staël ne savait guère encore la politique, ce qui ne l'empêchait pas d'en parler avec l'assurance de certains hommes d'Etat qui n'en savent souvent pas davantage et dont la grandeur n'est que celle des intérêts dont ils ont la charge. Elle ne prenait ni le temps ni la peine de se recueillir, de méditer, et ne travaillait pas plus à discipliner son esprit qu'à maîtriser ses penchants. Prompte à se payer de mots, elle parlait *de chic* sur tout sujet, se leurrait de chimères, s'enivrait de son verbiage et s'enthousiasmait pour des mirages, des idées fausses et dangereuses.

Dans les quelques années de fièvre qui précédèrent la grande éruption révolutionnaire, « on était si las de la Cour et des ministres, que la plupart des nobles étaient ce qu'on a appelé depuis des démocrates. » C'est le marquis de Ferrières qui dit cela. Et tout le monde condamnait la faiblesse du roi, son manque de fermeté, d'initiative... On le tournait en dérision. La platitude, un caractère flasque, chez un homme comme dans un gouvernement, n'excitent jamais que le mépris. Surtout parmi les femmes, et celles-ci n'étaient pas les moins ardentes aux luttes oratoires de la politique, dans les salons comme dans la rue.

Mme de Staël était là dans son élément et son amour-propre mettait un grand prix à recueillir le tribut d'encens dont elle avait, dès l'enfance, contracté le besoin et dont elle ne voulait plus se passer. Sa supériorité lui en valait de savoureuses récoltes : l'esprit philosophique et mathématique de Necker s'est transformé chez elle en profondeur, tandis qu'elle tient de sa mère une vive aptitude à discerner les mobiles de nos actions et à débrouiller l'écheveau compliqué des fils qui font mouvoir les êtres et les peuples. De même que l'or, l'argent, et le bronze des statues des temples incendiés par les soldats de Mummius formèrent, en se fondant, le précieux métal de Corinthe, les qualités de ses parents, s'amalgamant chez Germaine, avaient formé un puissant cerveau, gâté cependant par une forte dose d'orgueil qui amena l'indiscipline de ses mœurs.

Cependant la jeune ambassadrice est encore sans reproche, — ou presque. Mais elle vient à peine de se marier. Les « brouillonnes de cour » ne lui en veulent encore que pour ses *Lettres sur Rousseau* et pour avoir fait montre de caractère et de piété filiale. — N'a-t-elle pas dit, après la publication du dernier mémoire de M. de Calonne, que s'il était possible que son père manquât d'encre pour répondre à ce mémoire, elle serait heureuse de lui fournir tout son sang ?

Les jours se succédaient pour Mme de Staël, ne lui apportant que les enivrements d'une jeunesse occupée de toutes façons : travail, carrière de son mari, vie mondaine, conversations de salons, soupers, succès littéraires et autres... Elle jouissait de ses triomphes. Un rayon de bonheur n'a-t-il pas passé dans ces lignes sur les douces années qui précédèrent les orages révolutionnaires ? « Ceux qui ont vécu dans ces temps ne sauraient s'empêcher d'avouer qu'on n'a jamais vu ni tant de vie ni tant d'esprit nulle part. » (1). M. de Talleyrand, connu alors sous le nom d'abbé de Périgord, écrivit plus tard, se rappelant ces années d'enchantement et de jeunesse, quelques lignes à peu près pareilles : « Quiconque n'a pas vécu alors n'a pas connu la douceur de vivre. » (2). Ajoutons un autre témoignage à ces deux-là qui, par leur rapprochement, pourraient paraître suspects, Mme de Staël et Talleyrand ayant été dès 1789 en grande intimité ; écoutons la vicomtesse de Noailles : « La société était alors la combinaison la plus exquise de tous les perfectionnements de l'esprit ; les hardiesses de la philosophie n'étaient que des stimulants pour la pensée; la philosophie n'avait pas d'apôtres plus fervents que les grands seigneurs ; la vie était délicieuse. » (3).

(1) *Considérations*, etc. I, 3oo. — Edit. Charpentier.
(2) Guizot, *Mémoires pour servir à l'histoire de mon temps*, I. 66.
(3) Vicomtesse de Noailles, *Vie de la princesse de Poix.*

La comtesse de Sainte-Aulaire, le chancelier Pasquier s'expriment de même façon.

Mais, arrivé à un certain degré de prospérité ou de détresse, l'être humain, comme les nations, est pris de vertige et perd la notion des réalités et des devoirs. Entre bien d'autres, Mme de Staël en est un exemple remarquable. En proie à une effervescence aiguë de jeunesse, d'émotions sensuelles, de curiosité de toutes choses que la fortune, le rang, l'éclat de la gloire paternelle, le pouvoir, la popularité, le plaisir de se voir jalouser, ne parvenaient pas à satisfaire, elle a secoué de bonne heure des chaînes qui eussent été si douces à tant d'autres femmes. Elle, si supérieure, fille de parents austères, la voilà qui verse dans la vulgarité des liaisons galantes. Son peu de timidité lui assure toutes les conquêtes qu'elle veut, et elle désole ce bon M. de Staël par ses caprices, ses audaces, ses amitiés subites, plus vives qu'il ne conviendrait, avec l'un, avec l'autre... C'est que les capacités nécessaires à un ambassadeur ne sont rien à côté des facultés autrement complexes de volonté, de caractère, de force et autres qu'il faudrait déployer pour maîtriser et diriger cette âme hautaine, rétive au frein, pas plus disposée à se contenter du second rang chez elle qu'ailleurs, à moins d'y être réduite par des facultés plus puissantes que les siennes. Pour faire jaillir l'amour en elle, il eût fallu un homme de fer. Mirabeau eût été le mâle de cette femelle ; il l'eût domptée, et elle aurait eu pour lui une admiration et un amour de brute.

Ce n'est pas le cas de M. de Staël : dès les premiers mois, sa femme le réduit à l'état de mari soliveau,

de mari sans conséquence. Elle manque d'un sens
pour l'avertir du peu de convenance de sa conduite.
Elle en est à la funeste doctrine de « vivre sa vie »,
doctrine de mort qu'on reprendra plus tard dans les
milieux les moins recommandables ; elle va de fête
en fête, oublieuse du devoir, se refusant aux disciplines nécessaires et ne visant que le bien-être maté-
riel, la domination et les plaisirs.

A son exemple, on se jette dans le tourbillon tant
qu'on peut, et cela donne une intensité de vie
extraordinaire aux salons. Là surtout, devant un
pouvoir qui s'abandonne, mijote la Révolution. La
parole préparait l'action. Le salon allait mettre la
rue en mouvement, et qui, plus que Mme de Staël, y
répandait les grands mots de constitution, de liberté
et d'égalité ?

Tout le monde est enragé de ces nouveautés.
C'est la mode, et les femmes, dont la mode est à peu
près la seule religion, sont les plus ardentes adeptes
du mouvement. Mme de Staël, comme de juste, est
leur chef : qui donc en est plus digne par son savoir,
son esprit d'intrigue et de domination, son audace,
son éloquence ? Le marquis de Ferrières, député
aux Etats-Généraux a dit quelques mots, dans ses
Mémoires, sur la fille de Necker et certaines grandes
dames démocrates qu'il a vues à l'œuvre : « Mme de
Staël devint une des plus zélées propagandistes de
la démocratie. Née avec de l'esprit, des sens très
actifs, une imagination vive, un grand amour de
célébrité ; entretiens secrets, billets du matin, rendez-vous du soir, plaisirs, intrigues, elle suffisait à
tout. On la trouvait à la fois à Paris, à Versailles, au

salon, au boudoir, toujours agissante et vraiment infatigable ; Mmes de Luynes, d'Aiguillon, de Lameth, de Castellane, de Tessé, de Coigny, eurent chacune leur emploi : elles donnaient des dîners, assistaient régulièrement aux séances de l'Assemblée, cajolaient les députés patriotes, commandaient des brochures, échauffaient les tièdes, soutenaient ceux qui paraissaient chanceler. Les conversations politiques remplacèrent les conversations galantes et les anecdotes scandaleuses ; le mot de liberté fut dans toutes les bouches, l'envie de dominer dans tous les cœurs. La société devint une arène où l'on se combattit sans égards et sans ménagements ; la différence des opinions fournit à des femmes qui se haïssaient en secret un prétexte de se haïr hautement. Toutes les affectations grimacées de sensibilité, de vertu, de bienfaisance, de religion, cédèrent au vrai naturel ; les masques tombèrent, la laideur morale de quelques femmes parut à nu ; l'on vit des monstres. »

Véritable cour des miracles où l'ambassadrice de Suède est reine. Mais cette royauté lui donne-t-elle le bonheur ? Plus elle se dissipe au dehors, plus il est aisé de voir que son cœur n'a pas la moindre place pour son mari.

Une première passion dédaignée pèse sur l'existence entière. N'est-ce pas en songeant à Fersen que Mme de Staël a écrit : « Le sort d'une femme est fini quand elle n'a pas épousé celui qu'elle aime... »

Cette idée la hante tout le long de son roman de *Delphine* où l'on trouve par bribes les sentiments qui la tiraillèrent si cruellement dans son union mal assortie. « Il y a dans un mariage malheureux, écrit-

elle, une force de douleur qui dépasse toutes les autres peines de ce monde. » On voit que la pauvre
femme a passé par d'amères déceptions : car c'est
bien à M. de Staël qu'elle pense — mais par contraste
— quand elle trace ces lignes empreintes d'une saine
justesse : « Le premier bonheur d'une femme, c'est
d'avoir épousé un homme qu'elle respecte autant
qu'elle l'aime, qui lui est supérieur par son esprit et
par son caractère, qui décide de tout pour elle...
Pour que le mariage remplisse l'intention de la nature, il faut que l'homme ait, par son mérite réel,
un véritable avantage sur sa femme, un avantage
qu'elle reconnaisse et dont elle jouisse : malheur aux
femmes obligées de conduire elles-mêmes leur vie,
de couvrir les défauts et les petitesses de leur mari
ou de s'en affranchir en portant seules le poids de
l'existence. »

Dans M. de Staël, elle ne voit plus que « les défauts et les petitesses. » Si elle l'avait aimé, jamais
elle n'aurait songé à lui en découvrir : Mme Necker,
sa mère, ne voyait plus les travers de son mari qu'elle
avait si bien mis en relief, après quelques mois de
mariage, dans une lettre à une amie. Ceux de l'ambassadeur auraient, de même, paru à sa femme autant de perfections, autant de motifs pour l'aimer
davantage, si elle l'avait tant soit peu aimé.

Mais après les aveux de Mme de Staël, on ne peut
plus s'étonner que le baron n'ait joué, dans sa vie,
qu'un rôle insignifiant. Il n'était en rien un homme
supérieur : avec un certain vernis mondain et une
instruction suffisante pour faire figure dans les milieux officiels et les salons, il était correct et faisait

aisément illusion. Comme tous les médiocres frottés
d'éducation, il était fort vanté ; mais dans la vie intime, sa femme avait vite reconnu ses insuffisances.
De là, désaccord. De part et d'autre pourtant, on ne
demandait qu'à s'entendre... Le baron de Staël
aimait sa femme « à la folie », il l'a dit à M. Gouverneur Morris, ambassadeur des Etats-Unis à Paris.
De son côté, Mme de Staël a affirmé sa bonne volonté :
« Je voulais m'attacher à mon mari ; il y avait dans
nos esprits et dans nos caractères une opposition con-
tinuelle. » (*Delphine.*) Voilà pourquoi le *solo* ne se
changea pas en *duo*. Mme de Staël étudia d'abord son
mari : c'était dans la tournure de son esprit obser-
vateur, critique et analytique, mais ce n'est pas là le
chemin qui mène à l'amour. Il mena Mme de Staël
à cette fâcheuse découverte que l'ambassadeur n'avait
rien de ce qu'elle eût souhaité de trouver chez son
mari, qu'il n'était en aucune façon l'être supérieur
auquel rêve d'obéir toute jeune fille au cœur noble
et généreux. Elle ne vit qu'un esclave, là où elle eût
voulu un maître. Comment son âme d'orgueil se
serait-elle mêlée, comme le vin se mêle à l'eau, à une
âme serve ?... Courant sans cesse après ce je ne sais
quoi qui ne se rencontre jamais et qui fait le désespoir de tout être épris d'idéal, son capital-passion,
pour parler le jargon du banquier Necker, s'émietta
en une menue monnaie qu'elle gaspilla, sans l'épui-
ser d'ailleurs, dans plus d'une liaison. Si elle avait
épousé Fersen, peut-être eût-elle été un modèle de
fidélité conjugale : les facultés intellectuelles de
« l'amoureux de la Reine » étaient pourtant peu brillantes ; mais l'amour produit de tels mirages !...

Oubliant que, si elle n'a pas trouvé le bonheur dans le mariage, c'est bien un peu par sa faute, elle le cherchera dans l'affranchissement du devoir, de la dignité, des convenances et de l'opinion. C'est elle cependant qui a écrit, dans *Delphine* : « La société, la Providence peut-être, n'a permis qu'un seul bonheur aux femmes, l'amour dans le mariage, et quand on en est privé, il est aussi impossible de réparer cette perte que de retrouver la jeunesse... » Elle essaya de « réparer cette perte ». Ce fut son malheur. Elle se jeta avec feu dans des amours retentissantes, et, malgré l'emportement de dépit qu'elle y mettait, ce n'était jamais qu'un feu de paille qui la laissait inassouvie : amours incomplètes, misérables, amours de vanité, de cerveau, d'épiderme, de tout ce qu'on voudra, mais de cœur, non !

Elle s'aperçut plus tard qu'elle s'était trompée en cherchant le bonheur dans la passion. On est maître de ne pas aimer : c'est affaire de volonté ; mais on n'est pas maître d'aimer : l'amour, l'amour vrai, l'amour de cœur, ne vient pas à commandement. On peut cependant, on doit même, dans le mariage, grâce à l'entraînement naturel d'un sexe vers l'autre, et sans qu'il y ait à cela hypocrisie ni fausseté, se mettre de bonne grâce à la vie commune, sacrifier ses goûts, ses préférences, sa volonté... La « vie ensemble » serait-elle possible sans ces concessions réciproques ? Il faut gagner son bonheur, et Mme de Staël ne savait pas encore qu'on ne l'acquiert que par le sacrifice. Mais elle n'eut jamais un goût bien vif pour cette denrée, et c'est pourquoi son mariage de dépit tourna très vite comme un mariage d'amour, c'est-à-dire fort mal. Ne rêvant que passion, amour de roman, sans avoir encore découvert que passion et amour sont deux états très différents de l'âme, elle était, auprès de M. de Staël, tombée du haut de ses rêves dans le prosaïsme des réalités de la vie. Ennemie du convenu, son âme capricieuse et volontaire se voyait accouplée à une âme de fonctionnaire tirée au cordeau, à un homme gauche de cœur... Elle trouvait des formules protocolaires et des phrases toutes faites, des manières correctes là où il faut surtout de l'improvisation, de la flamme, de la fantaisie, de l'abandon... Elle comprit que ce convenu sert à masquer l'infériorité des gens dénués d'originalité, de ressort et de talent et à les faire paraître à la hauteur de ceux qui en sont bien dotés. Sa nature nerveuse s'en trouvait agacée, humiliée... En aimant un autre, comment eût-elle trouvé bien une chose faite ou dite par son mari ?

C'est ce drame du cœur, poignant et silencieux, qui se retrouve toujours dans ses romans, derrière l'abondance souvent nerveuse, parfois furieuse et extravagante de sa parole, derrière le rideau de sa brillante existence... C'est dans son propre cœur qu'est la racine de son ennui. Elle s'ennuie parce qu'il est inoccupé. Elle lui donnera de l'occupation, et beaucoup : elle s'ennuiera toujours. Comme chez Mme du Deffand, l'ennui sera le fléau de sa vie. C'est là une défaillance de l'âme que d'autres défaillances ne guériront pas : les plaisirs ne ravissent que les âmes sèches, mais ils ne font pas oublier aux âmes tendres ou ardentes les rêves de leur jeunesse.

Sans doute Mme de Staël eût mieux fait d'aimer

l'ambassadeur, ce pauvre amoureux qui la suivait dans les salons avec des résignations de mari dominé, des regards de chien fouetté qui craint encore de recevoir des coups : « Cela fait son malheur, dit-elle à Gouverneur Morris, mais l'amour ne se commande pas ; je n'y puis rien. »

L'amour, en effet, ne se commande ni ne s'impose, mais comme la baronne ne peut pas se vaincre elle-même, elle se consolera de son malheur, et pas seulement par les joies austères de l'étude. Elle en aura de plus profanes : les croit-elle nécessaires à sa documentation pour écrire sur la morale ?

Une chose la tourmente, dont elle ne peut encore prendre son parti. Elle sait qu'elle n'est pas de celles dont on dit : elle est belle, qu'elle n'a même pas la beauté du diable. Et la diablesse n'ignore pas que si ses amis vantent son intelligence, ses ennemis vantent sa laideur. Cela lui est un deuil de tous les instants. M. de Norvins nous l'a révélé. N'a-t-elle pas dit un jour devant lui à sa cousine Necker de Saussure : « Je donnerais avec joie la moitié de l'esprit qu'on m'accorde pour la moitié de la beauté que vous avez. » La beauté est une telle supériorité, — est-ce que les hommes s'occupent de l'intelligence chez une femme ? — surtout dans l'opinion de Mme de Staël dont l'amour-propre surexcité aurait voulu les avoir toutes !... Si Mme de Staël place la beauté au premier rang, ce n'est pas seulement parce qu'elle a d'incoërcibles besoins d'être aimée, que son cœur aspire sans cesse à se fondre dans un autre cœur, qu'elle a surtout des sens impérieux qu'elle ne songe pas à mettre à la raison, c'est aussi parce

que son orgueil ne serait satisfait que si elle était
préférée à toutes. Elle n'est pas belle : qui le sait
mieux qu'elle ? Mais elle montrera qu'elle peut faire
tout de même des passions. Elle est roturière, bourgeoise ? Elle provoquera ces passions dans la plus
haute noblesse. Par ses talents, son savoir et son
savoir-faire, par sa fortune aussi, elle s'imposera
au monde des léttres, des salons et de la politique...
Elle aura la gloire et la gloire ne console-t-elle pas
du bonheur ?

III. — Influence de Mme de Staël dans les salons
et dans la politique

N'étant plus sous la tutelle de sa mère, qui ne
l'avait d'ailleurs guère gênée, et l'amour qu'elle avait
rêvé d'égrener comme un chapelet aux pieds de
M. de Fersen ne lui étant pas venu pour son mari,
Mme de Staël s'était jetée à corps perdu dans la vie
de salon. Mauvais dérivatif pour un jeune cœur dé-
sœuvré *quærens quem devoret*. Pour se faire regretter du beau Suédois, elle accueille — ou har-
ponne — des adorateurs, grands seigneurs de préférence, ce qui donne satisfaction à son orgueil. Se
rattachant à un mirage de bonheur, la voilà qui
s'embarque dans une de ces liaisons dont l'indulgente facilité du monde ne concevait pas alors
qu'une jeune femme se pût passer. L'étincelle qui
avait jailli pour Fersen, éteinte pour M. de Staël,
se ralluma radieuse pour M. de Lameth, pour
M. François de Pange, et enfin, dans cette même
année de son mariage, pour M. de Guibert, colonel
du Royal-Corse.

Comme tout le monde, la fille de Necker savait
que Mlle de Lespinasse, chez qui elle avait accompagné sa mère plus d'une fois, était aimée du h au

Guibert. Elle sut qu'il la négligeait. Elle sut son mariage et la mort de celle dont l'amour pour lui traversera les siècles... Devenue Mme de Staël, elle le rencontra partout. Il lui rappela qu'il l'avait vue presque enfant et la jeune femme le trouva si supérieur à la plèbe des salons qu'elle en fut frappée.

En 1786, M. de Guibert avait doublé le cap de la quarantaine (1), mais, n'ayant pas abusé de sa première jeunesse, il pouvait encore, grâce à la sveltesse de sa tournure, faire illusion dans sa seconde. C'est ce qui aida Mme de Staël à lui découvrir tout d'un coup les talents, le génie qu'elle rêvait de trouver unis aux formes d'Apollon.

Entouré de l'éclat de la gloire militaire, de ses succès mondains et de la renommée littéraire, M. de Guibert songeait à l'Académie française. Qui sait si son empressement auprès de la jeune ambassadrice ne fut pas plus diplomatique qu'amoureux ? Le portrait que M. de Guibert traça d'elle la détermina très probablement à le recommander à chacun des immortels de son salon. Et, en cette année 1786, il fut admis en l'illustre compagnie. C'est en termes enthousiastes que l'ambassadrice rendit compte au roi de Suède de sa réception à l'Académie dans le bulletin qu'elle lui adressait chaque quinzaine, comme la marquise de Boufflers, sur les menus événements de la vie parisienne, comme Grimm, Raynal et Meister en adressaient aux autres Cours du Nord.

La gloire de Guibert était grande. Mais à peine

(1) Né en 1743, il avait plus du double de l'âge de Mme de Staël.

immortalisé, M. de Guibert vit mourir cette gloire, Les détracteurs succédèrent aux admirateurs. On refusa du talent à celui dont on s'était plu à exalter le génie. Après la faveur du public, la faveur royale se retira de lui. L'amour, qui ne sourit qu'au succès et aux heureux, ne fut pas long à en faire autant. Chez Mme de Staël, il n'avait été qu'un feu de paille et la disgrâce de M. de Guibert fut aussi rapide chez elle que l'avait été l'engouement. Voici ce qu'on lit dans la lettre d'une contemporaine en situation de tout savoir à la Cour : « Le Roi a renvoyé M. de Guibert du conseil de guerre, lui a retiré son gouvernement et toutes les grâces qu'il lui avait faites et Mme de Staël lui a retiré ses bontés. » (1).

Elle ne devait pas être longue à les reporter sur un autre. Le monde avait alors des trésors d'indulgence pour ces liaisons, qu'il appelait, avec un sourire bienveillant et entendu, des *amitiés passionnées*. Pourvu qu'elles fussent avouées avec franchise et esprit, elles étaient acceptées, mais cela n'empêchait pas d'en médire. L'attitude de la jeune ambassadrice, malgré, à cause plutôt de je ne sais quoi de libre et d'assuré qu'on attribuait à son esprit philosophique dégagé de toute convention et convenance mondaine, ne déplaisait pas aux hommes, — au contraire, — agrémenté qu'elle était de propos qu'on n'avait pas l'habitude de trouver dans la conversation des jeunes femmes. Elle brava l'opinion, se mit en bataille rangée contre elle et affecta de rompre

____

(1) Mme de Lage de Volude, *Souvenirs d'émigration*, p. 185. — 21 avril 1789.

avec les convenances et les usages reçus. Plus tard, elle reconnut son erreur et la regretta : on en peut relever mille traces dans *Delphine*. Grande parleuse Mme de Staël montait sur la brèche et parlait sur la conversation et autres choses moins importantes comme la morale, la vertu : sa verve était sans fin. « Je me suis fort divertie, écrivait la marquise de Sabran au chevalier de Boufflers, à examiner les différentes manières d'avoir de l'esprit, et j'ai trouvé que M. de Thiars avait l'esprit le plus aimable, l'ambassadrice [de Suède] le plus fou... » Jamais on n'avait vu une jeune femme jeter avec une telle profusion, aux quatre vents de la conversation, de si brillantes gerbes de fusées ; son tempérament de feu laissait à chaque instant échapper quelque étincelle. Il n'y avait pas toujours beaucoup de bon sens sous ce feu d'artifice, mais ce débordement d'éloquence semblait une soupape nécessaire à son esprit sans cesse en ébullition, pour ne pas dire en déséquilibre.

C'est surtout sous le masque, aux bals de l'Opéra, si brillants en ces années où la Cour et la société, comme un feu expirant, jetaient leurs dernières lueurs, que Mme de Staël lâchait la bonde à cette verve exubérante. Mais elle y trouvait à qui parler. M. de Norvins a conté comme quoi, l'ayant rencontrée à l'un de ces bals escortée de M. de Champcenetz, cet insolent si recherché des femmes à cause de son esprit caustique et railleur, il se glissa entre eux et se montra si étourdissant de saillies folles et de boutades invraisemblables, que Mme de Staël, émerveillée d'abord, en demeura démontée. Ce jeune homme, plus intarissable qu'elle encore, ne sortit jamais de sa mémoire. Plus tard, sous la tyrannie directoriale, c'est elle qui l'arrachera à la prison et à la mort en faisant pour lui une démarche aussi prompte qu'énergique — ce qui prouve une fois de plus, quoiqu'en pensent les sots, que l'esprit peut parfois servir à quelque chose.

Quoique Mme de Staël n'ait, en bien des choses, que des demi-connaissances, son assurance, sa pensée toujours jaillissante les complètent aux yeux de ceux qui n'en ont pas davantage, et, à part la comtesse de Tessé ou Mme de Flahaut, nulle n'ose croiser le fer avec elle. Si les unes l'admirent, les autres la jalousent, par conséquent en médisent, mais toutes s'efforcent de l'imiter et leurs conversations se trouvent ainsi haussées d'un ton sur tous les sujets. Elles n'en ont pas moins d'esprit pour cela, au contraire, et elles prouvent qu'on en peut mettre dans les discussions de l'odieuse politique, comme dans les autres inepties et futilités de ce monde. N'est-ce point de politique que la pétillante comtesse de Tessé et la grave princesse de Beauvau s'entretiennent en comité secret, dans ce coin, près de la cheminée, avec Mme de Staël ? On fait cercle autour de ces rudes jouteuses : elles se livrent un combat d'esprit, le bouquet d'un feu d'artifice dont aucune fusée, aucune étincelle n'est perdue. Et c'est en sortant d'un de ces tournois que, toute éblouie encore de la lutte, Mme de Tessé dit à Mme de Staël : « Si j'étais reine, je vous ordonnerais de me parler toujours. »

Est-ce pour cela que Mme de Staël parle, chez elle,

plus qu'elle ne fait parler ? On l'en a accusée en disant qu'elle fut la première à introduire l'éloquence
dans la conversation. Mais elle sait qu'on prend plus
de plaisir à l'entendre qu'à lui donner la réplique.
Encore, malgré sa satisfaction de voir chacun pendu
à ses lèvres et aspirer ses paroles, a-t-elle la discrétion de ne pas trop abuser. Plus tard, elle ne l'aura
pas. En dépit de son caractère impérieux et dominateur, elle ne *préside* pas son salon à la façon
de Mme Geoffrin et un peu de sa mère. Elle a changé
la manière : comme une souveraine, elle circule
d'un bout à l'autre de ses salons et regarde avec une
bienveillance accueillante ses invités causant par petits groupes. Son bonheur est de s'y mêler. Ses
yeux pétillent, son cœur fait la rose quand, passant
de l'un à l'autre, elle lance une pointe spirituelle
par-ci, reçoit un aimable compliment par-là, émet
un aphorisme original, un rire perlé, un
sourire, échange de rapides paroles en passant et
s'échappe dans le salon suivant. Elle semble avoir
deviné la moderne femme du monde : elle la de-
vance de plus d'un siècle.

Cet émiettement de ses invités en petits groupes
se fondant sans cesse et se recrutant les uns par les
autres, comme cela se fait au Temple, chez le prince
de Conti, est tout à l'avantage de l'esprit de sociabi-
lité. Il suffit que Mme de Staël s'approche d'un groupe pour qu'aussitôt le ton de la conversation s'élève,
comme si sa présence suffisait à faire jaillir quelque
étincelle du feu intérieur de chacun. Un revers à
la médaille pourtant : en ces temps déjà enflam-
més, la causerie tourne bientôt à la discussion par

son trop d'animation et nuit un peu au bon ton.
Dans un salon, il ne faut qu'effleurer et non approfondir. La controverse politique, philosophique et
religieuse est ici la coupable : Mme de Staël laissera-
t-elle donc élever une tribune aux harangues dans
son salon diplomatique ?

Cependant des difficultés budgétaires se dévoi-
lent dans l'administration du royaume. Les Etats-
Généraux sont convoqués. Au mois d'août 1788,
Necker rentre au ministère. On croit tout sauvé.

L'horizon pourtant demeurait bien noir. Des si-
gnes avant-coureurs de la tempête se faisaient chaque jour plus menaçants. Les esprits étaient en
proie à cette anxiété qui annonce l'approche de quelque cataclysme, comme le corps ressent un malaise
indéfinissable à la veille d'une grave maladie. Pleine
d'une confiance sans bornes dans le génie de son
père, parce qu'elle voyait son immense popularité
et qu'elle le menait comme un simple mari, Mme de
Staël conservait une imperturbable assurance. Le
marquis de Bombelles nous documente à souhait
sur ses dispositions d'esprit dans une lettre du
1er mars 1789 à sa femme : « M. Necker, disait-il, a
poussé d'un pied dédaigneux un rocher pour que,
dans sa chute, il écrasât la noblesse ; mais ce rocher
en roulant a acquis une force dont rien ne pourra
plus bientôt arrêter les effets. Ces sinistres annonces
de malheurs n'influent point sur la gaieté de la fille
de ce grand Necker ; elle a tenu ses assises aujour-
d'hui chez son très humble serviteur, le petit Montmorin, et le comte Louis de Narbonne s'est donné
le divertissement de faire le compère.

« La conversation de Mme de Staël est comme un feu de billebaude ; jamais elle n'offre un instant de repos, et pendant que sa langue prononce tantôt juste, tantôt au hasard, mille mots qu'elle seule peut risquer de placer les uns à côté des autres, son visage ressemble à un boulet rouge. En sortant de chez M. de Montmorin, elle est allée porter ses flux de paroles chez Mme de Polignac, et là, un triple cercle de jeunes gens l'entourait pour entendre tout ce qu'elle ne cesse de dire d'extraordinaire sur l'amour, qui semble toujours l'occuper et qu'elle n'inspire à personne. » (1).

Sur ce dernier point, le comte Louis de Narbonne aurait pu démentir le marquis de Bombelles ; mais, ce que ne dit pas ce dernier, c'est que Necker, avec ses plans de modifications profondes dans l'assiette et le recouvrement des impôts, était devenu la bête noire des financiers, tandis que ses projets de réformes dans les emplois et charges de cour l'avaient rendu odieux dans certaine sphère où l'on voulait bien être libéral et égalitaire dans les causeries de salons, mais où l'on eût préféré qu'on s'en tînt aux paroles. On ne l'appelait plus que « le jongleur genevois. » Son impopularité à la cour retombait sur sa fille et dans plus d'une maison on ne la recevait plus.

Le 4 mai, veille de l'ouverture des Etats-Généraux à Versailles, les députés se rendirent solennellement en procession à l'église Saint-Louis.

(1) Comte Fleury, *La marquise de Bombelles*, II, 122. Edit. Emile Paul.

Assise à une fenêtre avec Mme de Beaumont qu'accompagnait Mme de Montmorin, sa mère, Mme de
Staël regardait avec une extase délirante défiler le
cortège des députés. « L'ardente fille de Necker a
écrit le biographe de la comtesse de Beaumont, se
livrait tout haut aux plus vives espérances en voyant
pour la première fois en France les représentants
de ses volontés. Mme de Montmorin l'interrompit
avec un ton qui lui fit quelque effet : « Vous avez
tort de vous réjouir ; il arrivera de ceci de grands
désastres à la France et à nous. » On eût dit que la
malheureuse mère pressentait les infortunes sans
nombre qui devaient l'accabler. » (1). Avec ses idées
libérales, comme on dirait aujourd'hui, Mme de
Staël, toute à la joie, ne voulait voir qu'un ciel pur
et un avenir sans nuages ; elle poussait de toutes ses
forces au grand mouvement qui entraînait une partie de la France, elle entrait avec ravissement dans
l'arène politique et son cœur battait à toutes les
questions qui passionnaient l'opinion. Quelle autre la pouvait plus passionner elle-même, dès l'ouverture des Etats-Généraux, que celle de savoir si le
vote aurait lieu par ordre ou par tête ?... « Comment osez-vous vous montrer, dit-elle, au comte
d'Allonville, après avoir parlé et écrit contre le vote
par tête ? » Son regret était de ne pouvoir, en cette
crise qui ébranlait la société et les institutions,
prendre une part personnelle ostensible à la marche
des affaires et surtout de ne pas être un homme.
Elle s'en dédommageait autant qu'elle pouvait en

(1) A. Bardoux, *La comtesse de Beaumont*, 110.

influençant son père et cherchant à influencer les
députés sur lesquels elle pouvait mettre la main.
C'est ainsi que, derrière le rideau, elle joua son rôle
lors de la mémorable journée du 23 juin, où se décida le sort de la Révolution.

Trois jours avant, le 20, avait eu lieu dans la salle
du jeu de paume, le célèbre serment par lequel les
députés du Tiers s'étaient engagés à ne point se séparer avant d'avoir donné une Constitution au pays.
Epouvantée, la noblesse avait porté le lendemain
ses plaintes et doléances au Roi. De là, mille intrigues, à la suite desquelles la séance fixée au 22,
avait été reportée au 23. On sait combien le discours
royal, se terminant par l'ordre à l'assemblée de se
disperser sur-le-champ, irrita les esprits. Ce qu'on
sait moins, c'est que ce discours, œuvre de Necker,
avait été retouché et modifié par ses collègues
Barentin et Villedeuil, qui avaient omis de lui
demander son assentiment. Justement froissé, dé-
sapprouvant en outre les modifications apportées,
Necker n'alla point à la séance.

La détermination était grosse de conséquences.
Cette abstention, dont il n'avait point calculé la portée, le mettait en révolte ouverte contre le Roi, dont
il était ministre, et on la lui a reprochée avec raison. Il est certain, en effet, qu'il eût mieux fait de
donner sa démission avant la séance : mais, ne
l'ayant pas donnée, son devoir l'appelait à siéger au
banc du Conseil (1). Son absence de son poste, alors

(1) Voir à ce sujet les excellents *Mémoires de Malouet*, I, 285-
287.

que le Roi s'était rendu au sien, sembla sonner le glas de la monarchie. M. Coster, premier commis des finances, le sentit. Dès qu'il apprit la résolution de Necker de ne pas aller à Versailles, il courut le trouver et lui représenta en termes émus les malheurs qui allaient· résulter de son coup de tête. Il commençait à ébranler la détermination de son chef, lorsque tout à coup une porte s'ouvre. Mme de Staël qui, de la pièce voisine, avait tout entendu, se précipite dans le cabinet. Au fond de toute femme ardente, passionnée et dominatrice, sommeille une furie ; il s'agit de la laisser dormir. La furie, chez Mme de Staël, s'était éveillée : « Ivre de colère, elle injurie M. Coster, lui reproche d'être d'accord avec les ennemis de celui à qui il doit tout et de trahir à la fois la reconnaissance et l'amitié. S'adressant ensuite à son père, elle lui représente que, s'il avait la faiblesse de céder à de perfides conseils, sa popularité serait à l'instant perdue. » (1).

Mme de Staël connaissait le point faible de son père : elle l'avait touché au bon endroit. Pour lui comme pour elle, la popularité était tout. De plus, n'y avait-il pas un grain de jalousie et de vengeance insoupçonné contre la Reine, au fond de cette violente sortie de Mme de Staël ? Elle avait gardé un ferment d'animosité contre Fersen pour l'avoir dédai-

---

(1) Comte d'Allonville, *op. cit.* II, 152. — Ce n'est pas ainsi que Mme de Staël raconte l'événement dans ses *Considérations sur la Révolution*, mais il semble bien qu'ils se passèrent comme l'expose d'Allonville. — Le marquis de Bouillé dit lui aussi que l'influence de Mme de Staël seconda « les fatales erreurs si ce n'est la perfidie de M. Necker son père ». (*Mémoires*, I. 440).

gnée : son amour pour lui s'était changé en haine, laquelle n'est au fond que de l'amour au rebours. Fersen était l'ami de la Reine, il la menait. La Reine était l'âme de la cour, qu'elle menait, gracieusement mais haut la main tout de même. Se mettre en bataille rangée contre la cour, c'était témoigner de l'opposition à la Reine, au Roi qui ne faisait que ce qu'elle voulait : c'était, aussi, montrer à Fersen qu'il avait à compter avec celle dont il avait méprisé l'amour.

Necker s'était incliné devant la volonté de son impétueuse fille. Il n'assista pas à la séance royale. Cette abstention lui valut des louanges, tandis qu'elle causait une violente alerte à la famille royale. Il y avait eu d'abord un mouvement de triomphe au château ; mais devant le danger, le Roi et la Reine firent appeler Necker et le supplièrent dans les termes les plus pressants de reprendre son portefeuille.

Necker se rendit à leurs prières et la monarchie bénéficia ainsi un peu de la popularité du ministre. Mais c'est de ce jour que date le véritable commencement de la Révolution, parce que l'autorité royale fut bravée, méconnue et supplantée par la volonté de la représentation nationale. De ce jour la monarchie eut du plomb dans l'aile. C'était l'œuvre de Mme de Staël.

Après un long apprentissage où elle avait eu pour maîtres les philosophes du salon de son père et son père lui-même, elle venait de faire ses premières armes en politique. Qui, à son âge, avait plus étudié qu'elle ? Qui, plus qu'elle, avait été mêlé au monde miné d'abus et aux événements de cette fin de règne ? Aussi est-elle la première qu'on puisse véritablement appeler une femme politique. Elle le demeurera jusqu'à son dernier jour.

Quel revirement depuis 1781 ! Quittant le pouvoir, Necker avait emporté avec lui les sympathies de la cour et Senac de Meilhan dit qu'entraînée par le sentiment général, la Reine crut que sa disgrâce était un malheur public et passa la journée à pleurer dans sa chambre au milieu de ses dames.

Devant l'hostilité déchaînée de toute la cour, Necker avait plus d'une fois offert sa démission au Roi. Après un conseil secret tenu le 9 juillet, Louis XVI décida son renvoi. Le 11 au soir, le ministre reçut un billet de lui disant qu'il acceptait sa démission et lui ordonnait de quitter Paris en cachant à tout le monde son départ. Respectueux de l'ordre royal, Necker était parti pour la Suisse, sans dire mot, même à sa fille. Il se déroba ainsi à des manifestations possibles qui auraient causé des embarras au Roi, car il savait que le peuple est prompt à la colère et aux violences.

Cependant, le bruit de son renvoi se répand : émeute au Palais-Royal, paroles enflammées de Camille Desmoulins, buste de Necker promené dans les rues, charge du régiment Royal-Allemand, évacuation du jardin des Tuileries, terreur dans Paris... Telles étaient les premières conséquences du renvoi de Necker. Le peuple pille les magasins d'armes et, le 14, la Bastille capitule. Effrayé, Louis XVI ordonne le retour de Necker. L'abbé de Balivière, partant avec les dames de Polignac, est chargé de remettre au ministre sa lettre de rappel. Un peu plus tard, M. Dufresne Saint-Léon fut dépêché à sa poursuite.

C'est à Bâle que son ordre de rappel toucha Necker. Il s'y reposait avant de gagner Coppet et attendait Mme de Staël qui, dès qu'elle avait appris la disgrâce de son père avait sauté en voiture et courait après lui. Tout le long de la route, aux relais de poste, la population faisait des ovations à la fille du ministre.

Cet enthousiasme donna lieu à une singulière méprise : les dames de Polignac, la duchesse Jules et la comtesse Diane, la duchesse de Guiche et la comtesse de Polastron, accompagnées de la marquise de Lage de Volude, dame de la princesse de Lamballe, qui avaient quitté Paris sur l'ordre formel de la Reine pour s'aller mettre à l'abri en Suisse, furent prises plus d'une fois pour Mme de Staël et sa suite allant rejoindre Necker. Ces dames riaient beaucoup de l'erreur et la marquise de Lage a écrit avec une petite pointe bien amusante de malice féminine : « Il était absolument impossible de nous montrer sans qu'on reconnût la méprise : nous avions toutes trois, ainsi que nos femmes, une figure passable. » (1).

Malgré les « piqueries » et « pointilles » de partis, Necker et sa fille allèrent faire visite aux dames de Polignac. Ils savaient pourtant qu'elles ne pardonnaient pas au ministre ses réformes, non plus que sa popularité. Dans leur cercle on s'amusait à tourner

(1) Comtesse de Reinach-Foussemagne, *Une fidèle : la marquise de Lage de Volude,* 60.

sa figure en ridicule ; on disait qu'il « affectait d'avoir la goutte pour se faire porter chez Mme de Polignac » ; on riait des « mille bassesses prodiguées par Mme de Staël à la duchesse de Guiche. »

Tout cela n'était ni bien spirituel, ni bien méchant. Encore sous l'épouvante des événements de Paris, et ayant quelque confiance que la présence de Necker ramènerait l'ordre dans les esprits et dans la rue, ces dames le virent cependant repartir pour la capitale avec satisfaction. Mme de Staël, qui l'avait rejoint, l'accompagnait. Leur retour était triomphal. Les habitants, précédés souvent d'un râcleur de violon, venaient en foule au-devant d'eux, un rameau vert à la main. En traversant plus d'une ville et même plus d'un village, le peuple détela leurs chevaux et traîna leur voiture. Le bon Necker, qui n'était pas ennemi des manifestations d'enthousiasme, quand il s'en voyait l'objet, ne s'y opposait que mollement : il en était touché jusqu'aux larmes et ne cessait de prêcher l'ordre, la paix et la fraternité.

Sa fille rayonnait : mêlant sa voix à celle de son père, elle s'essayait à l'éloquence en plein vent et prêchait aussi l'apaisement. A Chaumont, les manifestations furent délirantes.

Les voyageurs descendirent à l'auberge de la *Fleur de Lys* quelques instants avant que la comtesse de Brionne, qui arrivait de Paris et gagnait la frontière, n'y descendît elle-même. Necker qui connaissait Mme de Brionne, sollicita l'honneur d'être reçu d'elle. M. Beugnot a raconté l'entrevue.

Ils remontèrent en voiture et la population reprit

ses acclamations : «... M. Necker et sa fille, tout en paraissant pénétrés jusqu'aux larmes, mais confus de cet excès d'honneur, s'y livrèrent, probablement pour ne pas perdre de temps à le tempérer. » (1).

Le peuple leur paraissait alors le plus doux des flatteurs : ils n'allaient pas tarder à apprendre qu'il est surtout le plus terrible des despotes.

(1) Comte Beugnot, *Mémoires*.

IV. — Mme DE STAËL AUX PREMIERS TEMPS DE LA
RÉVOLUTION

Mme de Staël ne connaissait que les sourires de la fortune et les adulations du monde. Favori de la popularité, son père était en douce intimité avec la gloire lorsqu'ils revinrent de ce voyage. Mme Necker était allée à leur rencontre, comme si elle avait voulu elle aussi prendre sa part du triomphe. C'est avec elle qu'ils arrivèrent à Versailles. « Une bataille gagnée, rapporte un témoin oculaire, une province conquise eussent produit à Versailles et à Paris une sensation moins vive et moins consolante... » (1).

Le Roi reçut son ministre avec embarras, l'Assemblée avec enthousiasme, le peuple avec délire. La famille Necker était dans l'enivrement du bonheur. Saturée de toutes les prospérités, on eût pu la croire blasée sur des ovations auxquelles les âmes fortes sont plutôt disposées à se soustraire. Mais, avec son faible pour la louange, pour les manifestations et niaiseries révolutionnaires, l'encens populaire com-

(1) *Correspondance secrète inédite* (Lescure) II, 375.

mençait à lui monter à la tête : à son exemple, sa femme et sa fille s'y laissèrent aller avec une parfaite complaisance. Oh ! pas pour eux, mais pour faire plaisir à ce bon peuple.

Montgaillard, dans ses *Souvenirs*, raille toute la famille de tant de complaisance. « Une multitude immense l'attendait à la barrière de la Conférence. A son arrivée dans la ville, Necker perd toute retenue et s'offre avec empressement aux admirations du peuple, ayant à ses côtés sa femme et sa fille. Il traverse Paris aux cris mille et mille fois répétés de *Vive la nation ! Vive Necker, le père du peuple, le sauveur de la France !* Le ministre, resplendissant d'orgueil, salue la populace, tend vers elle une main protectrice et s'écrie de distance en distance *Vive la nation !* Sa femme et sa fille se prosternent devant lui, baisant avec respect ses genoux, ses mains, ses vêtements, et lui rendant un véritable culte ; on eût dit deux prêtresses devant leur Dieu ! »

Mme de Staël nageait en pleine gloire. Tant de bonheur lui fit mal et « quand son père parut au balcon de l'Hôtel de Ville, entre sa femme et sa fille, celle-ci succomba à la plénitude du sentiment et s'évanouit de bonheur. » (1). Ou fit semblant : les femmes de ce temps avaient toujours, pour faire croire à leur sensibilité, quelque évanouissement à leur disposition et la mode était d'en user avec grâce.

Plus enthousiaste encore que le peuple, avec sa nature ubéreuse et tout en dehors, Mme de Staël ne

____

(1) Michelet. *Les femmes de la Révolution.*

sortait pas de son ravissement. Chaque jour lui
apportait de nouveaux sujets de joie : elle en déli-
rait, elle en perdait le sens des réalités, celui de la
mesure et celui des convenances. Il est juste de dire
qu'elle n'était pas seule atteinte de cet affolement :
beaucoup le subissaient comme elle, chacun suivant
son tempérament. C'est ainsi que pendant la sinistre journée du 5 octobre 89, la marquise de la Rochejaquelein vit au château de Versailles, dans
l'œil-de-bœuf, « certaines personnes qui ne montraient ni crainte ni affliction, entre autres M^{mo} de
Staël, ornée d'un gros bouquet et riant aux
éclats. » (.).

Les salons donnaient les preuves d'un affolement
pareil : ceux de l'hôtel de Beauvau, où Necker était
révéré comme un Dieu ; de l'hôtel de Tessé, dont sa
fille était la divinité ; de l'hôtel de Noailles, où elle
apparaissait dans tout le despotisme de son orgueil,
de son succès et de sa renommée. Il en était de
même chez Mme de Sully, chez la duchesse de Lauzun, née Amélie de Boufflers ; chez la duchesse de
Bouillon, née princesse de Hesse ; chez la princesse
d'Hénin, qui rivalisait avec elle d'esprit dominateur;
chez la duchesse de Choiseul, la femme la plus finement spirituelle de ce temps ; chez la duchesse de
Gramont, sa belle-sœur ; chez Mme de Simiane,
sœur des Damas, cette fière beauté que « n'avait pas
qui voulait », comme l'a écrit Chamfort ; chez la
duchesse du Chastelet, sa tante, etc., salons dont

(.) Marquise de la Rochejaquelein, *Mémoires*, 13e édition,
I, 45.

Mme de Staël, à peine concurrencée par Mme de Condorcet, était l'oracle et qui se faisaient les **élégants** protagonistes des idées nouvelles.

Dès ce temps, Mme de Staël avait pris l'habitude de s'entourer de tout un état-major de jeunes gens. Il semble qu'elle ait eu besoin de ce brillant entourage pour tenir son esprit en haleine et à plein rendement. Elle savait recruter son peloton d'escorte parmi les plus distingués et les plus à la mode ; le comte Alexandre de Tilly, le duc de Fitz-James, le comte de Ségur, le duc de Lauzun, le vicomte Mathieu de Montmorency... en étaient les plus huppés chefs de file. D'une morale peu austère, ardents au plaisir, et, quelques-uns à l'étude aussi, sceptiques, spirituels, ces aimables épicuriens, tout en jouissant des privilèges de leur naissance, qui leur en valait quelques autres en sus, avaient été plus ou moins touchés des idées du jour. Presque tous étaient **allés** porter aux *insurgents* d'Amérique le concours de leur épée et de leur brillant courage. Ils en étaient revenus dans les meilleures dispositions pour passer aux constitutionnels.

Mme de Staël eut-elle quelque préférence pour M. de Ségur ? Sénac de Meilhan le laisse entendre : « Il s'empressa, dit-il, de venir à Paris armé de sa tragédie de *Coriolan*, d'une douzaine de fables et de cinq à six chansons. L'ambassadrice alla au-devant de lui, *Jane Grey* (1) à la main, et tous deux s'électrisèrent en faveur de la démocratie. » De la démo-

---

(1) Tragédie en cinq actes et en vers, écrite en 1787 ; elle figure dans les *OEuvres complètes de Madame de Staël.*

cratie seulement ? On ne pourrait le croire lorsqu'on
connaît les mœurs de ce temps, celles du spirituel
gentilhomme démocrate, celles de la Genevoise et
son goût déterminé pour la démocratie, pour les
gentilshommes et pour l'esprit. Ses liaisons n'étaient
pas souvent platoniques. L'amant était la *pièce* prin-
cipale de sa maison ; aussi, de peur d'en manquer,
en avait-elle toujours un ou deux de rechange. Mais
elle les choisissait dans un milieu propre à lui faire
honneur : « L'ancien évêque d'Autun, le comte de
Ségur et le comte de Narbonne lui font une cour
assidue, dit la *Correspondance secrète* (i), mais le
dernier est l'amant en titre. » Le premier le fut,
comme le dernier ; pourquoi le second ne l'aurait-il
pas été également ? M. de Ségur aimait le monde ;
il savait que c'était là que se donnaient les ambassa-
des et, comme il en désirait une, courtisan qu'il
était de la puissance et de l'opulence, il fréquentait
le salon de Mme de Staël. Avec son joli visage, sa
taille svelte et souple, avec ce ton avantageux et cet
art de l'impertinence mis à la mode chez ces « princes de la jeunesse », comme les appelait Fontanes,
par ce vieux jeune homme qu'était le maréchal de
Richelieu, la faveur de M. de Ségur ne fut que de
courte durée, si tant est que faveur il y eut, ce dont
il s'est défendu. On sait que si l'ambassadrice, avec
sa figure « comme un boulet rouge », qui annonçait
bien des ardeurs, s'était avisée d'attendre les avances, elle les eût attendues longtemps. Elle le savait
aussi et en évitait charitablement l'ennui aux hom-

(i) II, 5o3. Plon, édit.

mes en les devançant. Pour M. de Ségur, il semble
bien qu'elle ait voulu s'en offrir la fantaisie. Elle
s'évertuait à lui faire comprendre qu'elle n'avait pas
le cœur fermé à triple verrou. « Je vais chez Mme de
Staël, note Gouverneur Morris dans son *Journal*. On
y fait de la musique. Elle chante et fait tout ce qu'il
faut pour produire une impression sur le cœur du
comte de Ségur. » Mais elle y perd ses peines,
comme jadis Catherine II. « Il m'assure, poursuit le
chroniqueur, de sa fidélité à sa femme. » (1) M. de
Ségur ne comprenait pas ou faisait mine de ne pas
comprendre. Voyant qu'elle ne pourrait lui passer
son harnais, qu'il ne se laisserait pas faire, Mme de
Staël estima que les succès de salon ne sont nullement garants de la valeur d'un homme, ce qui était
fort juste, et elle jugea le diplomate rétif avec la
même sévérité que Sénac de Meilhan dans son
roman (2).

C'est le comte Louis de Narbonne qui maintenant
règne en maître dans son cœur, si tant est qu'un
homme peut être maître de quelque chose quand il
se donne une maîtresse, surtout aussi impérieuse
et aussi dominatrice que Mme de Staël. En ce moment il n'est qu'un des plus distingués mauvais
sujets de Paris et cumule le métier d'homme à bonnes fortunes avec celui de chevalier d'honneur de
Madame Adélaïde et celui de colonel de Piémont-
Infanterie.

Esprit peu original, plus subtil que fin, plus recherché que naturel, il était homme de boudoir et

(1) 4 décembre 1789.
(2) *L'émigré*. p. 33. Edit. Funck Brentano.

de salon plus qu'homme de guerre, — *vir belli*, comme disaient les Romains. Avec moins d'agrément dans le visage et dans la tournure que M. de Ségur, il affectait par bon ton plus de légèreté qu'il n'en avait réellement.

La reine ne l'aimait pas, soit qu'elle l'englobât dans son aversion pour tout ce qui touchait à Mesdames Tantes, soit qu'elle lui reprochât son attitude politique favorable à la majorité de l'Assemblée ou ses tapageuses dissipations qui faisaient tort au gouvernement royal si ébranlé par tant d'autres causes.

Mme de Staël en raffolait. S'étant jetée à sa tête afin de la lui faire perdre, elle n'avait eu de cesse qu'elle ne l'eût amené à ses pieds. Il vécut dès lors cousu à ses jupons. Chacun le savait et l'on savait aussi que la littérature et la politique n'en étaient pas les seuls rivets. Mais quel intérêt a poussé M. de Narbonne à accepter les avances de Mme de Staël ? Quand on a eu, entre autres, Mlle Contat pour maîtresse, qu'on est le mari d'une jolie femme et qu'on a la quarantaine, les charmes de Mme de Staël auraient dû le laisser froid. Mais sa vie de dissipation l'a ruiné : il songe à refaire sa fortune et la fille du ministre Necker pourra l'aider puissamment à entrer dans les affaires : un portefeuille de ministre ferait particulièrement la sienne. Voilà pourquoi il est devenu constitutionnel ; voilà pourquoi il est l'ami si intime de Mme de Staël : en cette liaison chacun trouve son avantage. Quand Louis XVI voulut expédier à ses tantes, à Bellevue, l'autorisation de sortir du royaume en vertu de la longue et ridicule

délibération de l'Assemblée à leur sujet, il demanda
M. de Narbonne pour le charger de la mission. Et
comme il s'impatientait de ne pas le voir, quelqu'un
lui dit en plaisantant : « Sire, si vous voulez le trouver, il faut l'envoyer chercher chez Mme la baronne
de Staël. » Le roi, qui ne voit pas malice à la chose,
envoie aussitôt chez l'ambassadrice de Suède : le
chevalier d'honneur de Madame Adélaïde s'y trouvait en effet.

Il s'acquitta de la mission royale bien qu'il pen-
sât, comme Mme de Staël, que Mesdames ne cou-
raient aucun danger et que le mieux pour elles
était de rester en France. Mme de Narbonne, sa femme (1), pensait autrement : sa jalousie bien légitime, combinée avec son amour-propre, « voulait à
toute force l'éloigner de Mme de Staël ». Aussi le
départ de Mesdames (19 février 1791), que son fils
accompagna jusqu'à Arnay-le-Duc, la combla-t-il
de joie, — mais de douleur Mme de Staël qui fut si
contrariée, dit-on, du départ de M. de Narbonne,
qu'elle en tomba malade et dut prendre le lit (2).

Les consolateurs pourtant ne lui manquaient pas.
Au premier rang de ceux-ci était le vicomte Mathieu
de Montmorency-Laval. Il était, en 1790, un grand
jeune homme de trente ans, souple et mince, d'un
visage aux traits réguliers un peu pâle, un peu hautain aussi, et à qui un grand front encadré de cheveux blonds donnait une remarquable distinction.
L'abbé Siéyès avait été son précepteur. Après avoir

---

(1) Née Montholon. Il l'avait épousée en 1782.
(2) *Correspondance secrète inédite* (Lescure) II, 509.

fait la guerre en Amérique, Mathieu était revenu
féru d'idéologie républicaine. C'était de son âge :
les formules démocratiques n'ont-elles pas de tout
temps séduit la jeunesse qui prend si volontiers,
comme le peuple, ses passions, ses utopies et même
ses intérêts pour des opinions ?

Marié, par convenances de famille, avec Mlle de
Luynes, d'une beauté médiocre et pour laquelle son
attachement fut plus médiocre encore, il dépensa le
trop-plein de tendresse d'un cœur sans emploi dans
la vie dissolue qui était alors le complément obligé
d'une éducation distinguée. Elu aux Etats-Généraux,
il se jeta dans le parti des réformes, ce qui lui rendit difficile le séjour à la cour. Dans la fameuse nuit
du 4 août 1789, M. de Montmorency vota, sur la
motion du vicomte de Noailles soutenu par le duc
d'Aiguillon, l'abolition des privilèges. C'était bien :
nos assemblées actuelles devraient, tous les dix ou
douze ans, refaire la nuit du 4 août et supprimer
les abus et privilèges, à commencer par les leurs,
si elles ne trouvaient, comme cette dame d'ancien
régime dont nous avons parlé, que les abus et privilèges sont aussi ce qu'il y a de mieux dans le nouveau.

Avec son goût pour la noblesse, la démocrate
Mme de Staël voulut avoir cet original dans sa ménagerie. Elle le harponna, le cajola, l'embobelina et
contribua à développer chez lui les ferments démocratiques qu'il tenait de l'abbé Siéyès et de sa campagne d'Amérique. C'est sous ces influences qu'il
vota, le 16 juin 1790, la suppression de la noblesse
et qu'il renonça publiquement à la sienne, donnant

ainsi l'exemple, dans un entraînement qui lui a été
amèrement reproché et qu'il s'est plus tard reproché non moins amèrement lui-même, de l'anéantis-
sement « de ces distinctions anti-sociales, afin de
voir effacer du Code constitutionnel toute institu-
tion de noblesse et la vaine ostentation des livrées ».
Il était cependant « extrêmement fier », et c'est un
peu à lui et davantage au duc de Laval que pense
Chateaubriand lorsqu'il parle de « l'air protecteur
méprisant qui composait, avec l'extrême politesse,
les manières inimitables du grand seigneur ».

L'empire de Mme de Staël sur M. de Montmorency,
lequel, d'après le duc de Broglie, « n'était à coup
sûr ni un grand esprit ni un grand caractère » (1),
ne s'exerçait pas seulement sur les choses de la littérature et de la politique. S'il entrait dans le goût de
Mme de Staël pour lui plus qu'un grain de cette vanité bourgeoise qui aime à faire parade de beaux
noms dans son salon, il ne faut pas perdre de vue
qu'il y avait au fond de son cœur toujours ulcéré
une âpre volonté de faire voir à M. de Fersen qu'il
avait été mal inspiré en la dédaignant. Elle n'ignore
pas qu'en Suède, comme en Allemagne, tout ce qui
n'est pas « né » égale zéro. M. de Fersen ne devait
donc avoir qu'une piètre considération pour elle.
Dans son dépit et dans son orgueil, elle tient à ce
qu'il sache que de plus grands seigneurs que lui,

----

(1) Duc de Broglie, *Souvenirs*. III, 32. — « Prenez garde,
c'est un bien petit esprit doucement passionné et entêté ».
(Paroles de Louis XVIII à M. de Villèle. rapportées par M. Guizot dans ses *Mémoires pour servir à l'histoire de mon temps*.
I, 249).

des gentilshommes appartenant aux plus illustres
maisons de France, se trouvent honorés de frayer
avec sa roture. Et qu'y a-t-il de plus noble qu'un
Montmorency ? Par leur valeur personnelle, ces
jeunes gentilshommes sont loin, d'ailleurs, d'être
les premiers venus. Quant à elle, avec son éducation étrangère, endiablée après les hommes, elle
avait pour habitude d'aller au-devant des hommages.

Par la flamme de son regard elle encourageait
les bonnes volontés hésitantes ou trop lentes à se
prononcer, et même faisait croire aux gens qui n'y
songeaient nullement qu'ils avaient pour elle une
insurmontable passion. Avec l'étincelle magnétique
d'une excitation sensuelle s'échappant de ses yeux,
c'était si simple !... C'est ainsi qu'elle attaqua le
grand seigneur député et emporta la place de vive
force. Mme Lenormand a dit que « la jeunesse de
Mathieu de Montmorency avait été livrée à une
passion vive ». Il avait eu, en effet, une inclination
très prononcée pour la jeune Mme de Laval, sa cousine. Enthousiaste comme lui de la Révolution, elle
avait gagné à la fête de la Fédération, au Champ de
Mars, un refroidissement qui l'emporta en peu de
jours. M. de Montmorency fut au désespoir. En
psychologue experte, Mme de Staël sut profiter de
cette période de poésie triste qui suit un deuil, où
le cœur de l'homme s'ouvre si complaisamment aux
consolations féminines, pour s'insinuer à la place
toute chaude encore de la pauvre morte et consoler
cet inconsolable. Faut-il croire que c'est par égard
pour sa douleur que Mme de Staël consignait sa porte
à tout le monde quand elle attendait M. de Montmo-

rency ? Elle avait bien Narbonne, mais comme l'a dit M. Paul Gautier, elle « n'était pas exclusive et ne le fut jamais ».

Cependant les royalistes purs tournent Necker en dérision. La licence de leurs journaux n'a pas de bornes. Lisez les *Actes des Apôtres* : cette feuille déteste Necker ; Mme de Staël est sa bête noire. Elle l'a prise à partie, elle la harcèle de ses brocards et ses attaques sont d'une violence !.. C'est par pelletées qu'on lui jette l'injure à la face, par charretées qu'on déverse sur elle les plaisanteries ordurières, et quelles !.. On la raille sur sa lune de miel, de « miel de Narbonne », etc. D'autres feuilles non moins royalistes, comme l'*Apocalypse*, comme la *Chronique du Manège* font, dans le même style, les délices de leurs lecteurs. Leurs propos sont, en général, plus orduriers que spirituels. En voici un pourtant qui peut être reproduit :

> J'en veux à qui t'admire et je plains qui te cède.
> Pour avoir des amants on n'en est pas moins laide.

Ce qui s'écrit n'est rien auprès de ce qu'on dit : on se répète que le 14 juillet, ou la veille, elle est allée dans les casernes des gardes françaises haranguer les soldats et leur verser à boire en tenant des propos à faire rougir une chambrée. D'autres mots sont moins méchants, celui-ci par exemple : Mme de Staël disant un jour avec plus d'amour filial que de modestie que tous les ouvrages de son père étaient immortels, quelqu'un de répondre en la fixant :

« Ah ! Madame, j'en connais pourtant de bien fragiles ! » (1).

C'était la touchante manie de Mme de Staël que de sans cesse vanter son père (2). Elle aurait pu cependant s'en dispenser, M. Necker ayant une trop bonne opinion de sa personne pour ne pas se charger lui-même de ce soin, et il s'en acquittait en toute conscience, semblant remplir un devoir. Mais jamais Mme de Staël n'eût terminé une conversation sans provoquer des louanges à l'adresse de M. Necker. La récolte en était-elle trop maigre ? Elle la complétait elle-même, — ce qui a fait dire à Mme d'Oberkirch que les Necker s'étaient érigés en thuriféraires les uns des autres. C'était bien ridicule. On eût pardonné ce travers à la piété filiale si l'on n'avait aperçu, au fond de cette exagération de tendresse, l'orgueilleuse volonté de poser M. Necker comme un homme au-dessus de l'humanité, afin de donner l'extraordinaire spectacle du génie sous toutes ses formes, apanage de l'unique famille Necker. C'est ainsi que, se croyant supérieure à tout le monde, elle prêchait l'égalité.

M. Gouverneur Morris connaissait ce travers : pas plus que Mirabeau qui disait : « M. Necker se croit du génie, mais il n'est fort qu'en finances et les finances ne sont pas tout dans l'Etat », il ne le prenait pour un génie : « Il est, disait-il, ce qu'on peut

(1) Cité par M. E. Dard, dans *Choderlos de Laclos*.
(2) Elle l'appelle « le plus grand administrateur de son siècle... celui que la postérité, comme son siècle, désignera par tous les titres du génie... celui que la France a nommé son ange tutélaire... » Etc., etc.

appeler un rusé... son caractère est indécis... il n'entend rien à l'administration et connaît encore moins l'humanité... J'ai beaucoup de peine à le croire un grand homme. » Il avait d'ailleurs entendu dire, et Senac de Meilhan a rapporté ces bruits en détail, que M. Necker était de ces spéculateurs entendus et modérément scrupuleux qui ne regardaient pas aux moyens pourvu qu'ils fissent une grosse et rapide fortune. Quant à ses talents de financier, Napoléon pensait comme M. Morris : après avoir eu à Genève, en 1800, un entretien avec M. Necker, il dira qu'il est « un lourd régent de collège, bien boursoufflé » et qu'il ne sait pas même « comment se fait le service avec des obligations du Trésor ». A la suite d'un dîner chez les Necker, M. Morris résumait ainsi les propos de Mme de Staël : « L'unique chose à faire, serait de satisfaire les désirs de M. Necker et l'on ne peut douter de la réussite de ses plans. »

Quelques lignes du *Journal* de l'Américain nous donneront le ton de la conversation avec elle : « Après dîner, Mme de Tessé ayant dit à Mme de Staël que j'étais un homme d'esprit, elle me rechercha pour causer avec moi et me demander si je n'ai pas écrit sur la constitution américaine. Non, madame, j'ai fait mon devoir en assistant à la formation de cette constitution. — Mais, Monsieur, votre conversation doit être très intéressante, car je vous entends citer de toute part. — Oh ! Madame, je ne suis pas digne de cet éloge ! — Comment avez-vous perdu votre jambe ? — Ce n'était malheureusement pas en servant mon pays comme soldat. — Monsieur, vous avez l'air très imposant ! et ces mots

sont accompagnés d'un regard qui, sans être ce que
sir John Falstaff appelle « l'œillade engageante »
revient à la même chose. Je réponds de la même
façon et m'en serais tenu là, mais elle me dit que
M. de Chastellux lui a souvent parlé de moi. Cela fait
durer la conversation au milieu de laquelle arrivent
des lettres dont l'une est de son amant (M. de Narbonne) qui vient de rejoindre son régiment. Cela
lui donne des sujets de réflexions qui disparaîtront
bientôt, je crois, et il est extrêmement probable que
quelques entrevues pousseraient sa curiosité à tenter l'expérience de ce que peut faire un indigène du
Nouveau-Monde, qui y a laissé sa jambe. »

Mme de Staël était fort animée ce soir-là. Elle
venait d'assister à une séance de l'Assemblée, et
Mirabeau y avait fait une attaque à fond de train
contre Necker et son administration. C'était une langue que l'ambassadrice entendait difficilement. Surprise d'abord qu'on osât critiquer le grand homme,
— son père ! — la colère, puis la fureur l'envahirent
lorsque les arguments de l'orateur tournèrent aux
reproches. La liberté de la tribune, décidément,
n'était bonne que pour les têtes anglaises ; il fallait
se garder d'introduire à Paris cette vilaine drogue.
Mais peu à peu l'art, la fougue, la passion qui formaient l'éloquence du tribun eurent raison de sa
fureur et l'empoignèrent à tel point que toute hostilité cessa chez elle contre l'homme qui savait ainsi
s'imposer à l'Assemblée. Mirabeau termina ses critiques dans un ouragan d'idées et de paroles tellement violent, d'éclairs et de tonnerres si imprévus,
que la jeune femme en oublia son père. Toute à son

admiration pour le grand orateur, elle se penche hors de la tribune au risque de tomber et applaudit comme une folle ; tant l'art et la puissance de l'éloquence, — peut-être aussi le désir de se singulariser — avaient de prise sur son âme ardente et vaniteuse.

Rentrée chez elle, Mme de Staël parle de Mirabeau, vante son éloquence... « Elle engage, dit Gouverneur Morris, une conversation avec Mme de Tessé qui blâme sans détour son admiration pour Mirabeau, et ces dames s'animent jusqu'aux extrêmes limites de la politesse. » La politique n'a jamais adouci les mœurs.

Gouverneur Morris retourne souvent chez Necker et chez Mme de Staël : leurs salons sont des centres d'information et d'observation qu'un diplomate ne doit pas négliger. Les gens du monde, d'ailleurs, l'intéressent, mais il semble, lui, les intéresser davantage. Et pourtant, il écrit, le 30 octobre 1789, en sortant de chez l'ambassadrice : « Conversation trop brillante pour moi... Je ne plairai pas ici, parce qu'on ne me plaît pas assez...

... C'est le triomphe du style sentencieux. » Mais aussi ce style, plus cousin de celui de Rousseau que de celui de Voltaire, est le triomphe de Mme de Staël, élève de Necker. Et comme elle n'a pas une plus mauvaise opinion de ses mérites que son père des siens propres, que tous deux ont la fièvre d'orgueil à l'état aigu et chronique, voyez comme elle l'encense ! « Je crois, écrit M. Morris, que je n'ai jamais vu vanité aussi exubérante que celle de Mme de Staël au sujet de son père. » Talleyrand a présenté un rapport à l'Assemblée sur les biens du clergé : elle en fait l'éloge. « Il y a là, assure-t-elle, deux pages dignes de M. Necker. » Quelques instants après, elle ajoute que la sagesse est une qualité très rare et qu'elle ne connaît personne qui la possède au suprême degré, sauf son père. » C'est un point sur lequel elle ne cherchera jamais à rivaliser avec lui.

Toujours enthousiaste, visant à l'effet, au mot historique, Mme de Staël se grisait de son sujet autant que de ses propres paroles ; aussi lui arrivait-il de parler de choses qu'elle ignorait, avec autant d'assurance que si elle les savait à fond. Ce qui fit dire un jour à M. Morris qu'elle montrait « beaucoup de génie et peu de savoir. » Il l'eût pu dire à un dîner chez elle où l'abbé Siéyès ayant parlé « avec beaucoup de suffisance » du gouvernement, Mme de Staël, qui ne ménageait pas la louange aux louangeurs de son père, dit que « ses écrits et ses opinions ouvriront une ère nouvelle en politique, comme ceux de Newton en physique. »

Dans un train de vie si envahi par les gens du dehors et par la représentation, si propre à dissimuler les petites intrigues et à étouffer le cliquetis d'amants en pied, supplémentaires et intérimaires, le baron de Staël y voyait-il clair ? c'est probable : Nous avons dit l'humilité de son attitude devant son étonnante femme. M. Morris, sur ce point délicat, va encore nous documenter à souhait. A un dîner, le 9 novembre 1789, Mme de Staël, dit-il, « me demande de parler anglais ; son mari ne comprend pas, mais en jetant les yeux autour de la table, je remarque chez lui une grande émotion. Je le dis à Mme de Staël. Elle me répond qu'elle le sait, et que cela fait son malheur. Je la plains un peu de son veuvage, M. de Narbonne étant absent, en Franche-Comté. Nous parlons longuement de l'évêque d'Autun. Je lui demande si elle accepte ses avances, car en ce cas je profiterais de l'observation en faisant ma cour à Mme de Flahaut. Il serait difficile de poser une question plus étrange à une femme, mais tout est dans la manière de la faire, et elle passe. Elle me répond qu'elle invite plutôt qu'elle ne repousse ceux qui sont disposés à la courtiser, et bientôt après elle ajoute que je pourrais *devenir un de ses admirateurs*. Je réplique que ce n'est pas impossible, mais comme première condition, elle doit consentir à ne pas me repousser. Elle le promet. »

Ces propos de table, pris sur le vif, donnent bien une idée du tour d'esprit ultra-galant et d'un goût plus que douteux dans une société d'élite en ce XVIIIe siècle expirant. Mais n'est-il pas singulier de voir Mme de Staël permettre de fureter aussi indiscrètement dans sa vie intime, — et cela tout naturellement, sans plus de gêne que s'il se fût agi du mari et des amants d'une autre ? Le génie a ses licences et Mme de Staël laissait modestement entendre que le génie ne lui manquait pas.

Il faut reprendre le récit du ministre d'Amérique : il nous ouvre une curieuse échappée sur le cœur de ce bon baron de Staël qui fait là une assez pauvre mine. Il aime sa femme, le malheureux, mais le cœur de celle-ci lui demeure obstinément fermé à clef, et on ne peut reprocher à Mme de Staël de traiter son mari avec des excès d'égards. Il se désespère de son éloignement pour lui et de son empressement auprès des autres hommes. « Après dîner, poursuit le diplomate américain, je cherche à lier conversation avec lui, ce qui le met à l'aise. Il se plaint amèrement des manières de ce pays et de la cruauté d'aliéner les affections d'une épouse. Il dit que les femmes d'ici sont plus corrompues d'esprit et de cœur qu'autrement... Et il conclut... que je ne contribuerai pas à le rendre malheureux. »

« Femme d'ici »... Mme de Staël ne l'était pas. « Corrompues d'esprit et de cœur » n'est déjà pas si mal, mais ces femmes l'étaient aussi « autrement ». Quant à contribuer « à le rendre malheureux », ce pauvre mari qui cherche à détourner de lui la foudre, ne se doute pas que l'Américain à la jambe de bois venait précisément de dire à sa femme, sur son œillade engageante, qu'il ne demandait qu'à faire le contraire et à devenir un de ses collaborateurs conjugaux.

On a raconté, et Mme Sophie Gay l'a répété, — mais est-ce vrai ? — que, tout amoureux qu'il était de sa femme, M. de Staël avait conservé à son endroit sa pleine lucidité. En tout cas, il n'en avait pas perdu l'esprit. Après le départ de Mesdames de France, lesquelles pourvoyaient sur leur cassette aux prodigalités sans cesse renouvelées du comte de Narbonne, celui-ci ayant un pressant besoin d'argent, poursuivi qu'il était pour une dette de 30.000 francs qu'il ne savait comment payer, fit part de son embarras à son amie. C'était jouer de malheur : la bourse de l'ambassadrice se trouvait en ce moment aussi à sec que la sienne. Tenant cependant à obliger Narbonne, elle ne voit d'autre moyen de le tirer d'affaire que de s'adresser à son mari. Elle le prie de lui avancer, à lui, Narbonne, la petite somme dont il a besoin : « Très enchanté, Madame, de vous faire ce plaisir, aurait répondu l'ambassadeur ; et moi qui le croyais votre amant ! »

Cependant Mme de Staël pense plus que de raison à l'évêque d'Autun. Elle n'a pas oublié ce qu'elle en disait tout à l'heure. L'admiration pour ses deux pages « dignes de Necker » rejaillit naturellement sur leur auteur. Pour le remercier, elle l'invite à dîner le 11 novembre 1789. Le voilà chez elle et le voilà tout de suite comme chez lui. Mais voilà aussi M. Morris qui a noté ce qui s'est dit à table.

« Mme du Bourg m'avoue tout bas que Madame l'ambassadrice fait les doux yeux à Monsieur l'évêque. » Je l'avais déjà remarqué, ainsi que la crainte que je ne fusse trop clairvoyant. » Par plus d'une expérience, Mme de Staël savait que la femme *qui veut* émet à son gré par l'attitude, par la parole, par le regard surtout, interprète éloquent du cerveau et du système nerveux tout entier, un véritable rayonnement électro-magnétique. L'homme se trouve alors inondé d'effluves dont la puissance est formidable : ses sens s'irritent et il tombe immanquablement, — à moins qu'il ne soit doué d'un grand empire sur lui-même et d'une puissante volonté de résistance — dans les filets de la tentatrice. Mme de Staël ne dépense pas en vain son magnétisme et son fluide vital auprès de l'évêque : il capitule dès la première sommation. On peut donc, sans risque de se tromper, dater de la fin de 1789, le commencement

de la liaison de Mme de Staël avec M. de Talleyrand.
Mme de Flahaut eut la bonté de ne pas se fâcher avec
l'infidèle. Elle était trop de son temps pour ne point
pardonner une défaillance. On se prenait par
caprice, ou par intérêt, sans que cela vous engageât
à rien, dans le présent ni dans l'avenir : une fois la
fusée éteinte, pourquoi s'en vouloir si l'un ou l'autre
passait à une nouvelle fantaisie ? On s'était juré une
éternelle fidélité ?... Possible, probable même :
c'est l'usage. De part et d'autre on avait été sincère,
ou cru l'être. Mais l'éternité, en amour, combien
cela dure-t-il ? Pas plus qu'en politique. Ce même
Talleyrand a prêté en sa vie treize serments de fidélité politique : on ne sait combien il a pu en prêter
d'autres sortes.

L'année 1790 se passa, amenant chaque jour dans
le salon de l'ambassadrice de Suède des discussions
passionnées. Brillante comme toujours, inconsidé-
rée aussi, Mme de Staël y exprimait ses idées en paroles de feu ; sa volubilité, l'éclat de son éloquence,
celui de sa conduite aussi, il faut bien le dire, per-
çaient au dehors. Les royalistes purs, regardant les
constitutionnels, qu'ils appelaient *monarchiens*,
comme les pires ennemis de la monarchie, ne sup-
portaient point la fille de Necker et continuaient de
la déchirer à belles dents. Ah ! si elle aimait la noto-
riété, elle dut être satisfaite : elle faisait parler
d'elle ! Une gloire de cette sorte, pourtant, n'avait
rien de bien enviable. Les journaux royalistes, la
Chronique scandaleuse entre autres l'attaquaient
avec plus de violence que jamais. A l'occasion de
la fête de la Fédération, sa vie privée fut exposée à

nu et passée au crible d'une critique aussi discourtoise que peu mesurée. Avec une virulence de plume incroyable, chaque jour, ou presque, on donnait en toutes lettres les noms de ses amants ; on associait son propre nom à celui de la courtisane Théroigne de Méricourt ; on lui prêtait des aventures plus que scabreuses, on dégoisait sur elle mille plaisanteries grasses, plus assaisonnées de piment de carrefour ou de corps de garde que de fin sel attique.

La vie, pour elle, n'était plus tenable à Paris.

Et pour son père ! plus d'encens, plus d'acclamations, plus de popularité : en défiance auprès du peuple, auprès des ministres ses collègues, auprès du Roi, Necker n'était plus écouté de l'Assemblée qui commençait à ne voir en lui que ses ridicules, à se moquer de son ton solennel, à rire des révérences qu'il se faisait à lui-même... Il n'avait été qu'une de ces outres pleines de vent, propres seulement à déchaîner les tempêtes révolutionnaires chez les peuples. C'est alors que Mme de Staël écrivait au roi Gustave : « Si cet état durait, la France serait détruite et sa dissolution serait terrible ; mais j'espère encore, j'espère que mon père la sauvera....Si cette attente doit être trompée, il faut fuir à jamais la France. Constantinople serait un asile plus sûr qu'un pays abandonné à la liberté sans frein, c'est-à-dire au despotisme de tous. »

Elle avait raison, et ce ne fut pas sans une satisfaction mêlée de soulagement et de regret, qu'elle accueillit la détermination de son père de planter là les affaires, la politique et son portefeuille. Le 4 septembre 1790, le Roi acceptait sa démission.

V. — Influence politique de Mme de Staël

Necker était donc parti pour Coppet d'où « il contempla une Révolution qu'il était plus propre à observer, écrit Thiers, qu'à diriger. » Déchaîner et diriger une force, cela fait deux.

Son habitation n'est pas à proprement parler, un château : c'est une maison, fort grande à la vérité, mais d'une architecture très simple. Elevée sur les bords du Léman, entourée de beaux ombrages, à peine ses toits pointent-ils au-dessus des arbres. Deux ailes flanquent à angle droit les extrémités de la façade, encadrant une cour intérieure qui s'ouvre sur un jardin. On le traverse pour arriver au parc. La façade ne donne pas sur le lac, mais les chambres ont presque toute vue sur sa vaste étendue, limitée seulement par les neiges des montagnes. De nombreux bateaux de pêche et de plaisance vont, viennent, se croisent sur cette eau baignée d'une douce lumière. Dans la lourde chaleur des soirs d'été, on passerait des heures à contempler inlassablement ces calmes paysages, ces crépuscules glissant peu à peu du jaune d'or au rose, du rose au lilas et du lilas au mauve avant de tomber dans le

noir de la nuit. Toutes les mélancolies du soir et de
la solitude flottent doucement sur l'immensité du
lac et ont certainement inspiré M⁰ᵉ de Staël sans
qu'elle s'en doutât. Ce n'était pourtant ni de rêve,
ni de solitude qu'elle était amoureuse. Les plus
puissantes natures sont celles que l'amour agite
le plus fortement ; celle de M⁰ᵉ de Staël, exaltée,
indisciplinée, voluptueuse, en proie à de vaines tendresses toujours inassouvies, en est troublée jusqu'à la souffrance. Elle n'est pas femme à se laisser
bercer par les poésies de la campagne, à aimer sa
solitude et à se replier sur elle-même en consolant
son père d'une disgrâce dont elle est, elle-même inconsolable (1).

Elle ne pouvait se voir loin de Paris. Habituée à
une vie active de démarches, d'intrigues, de luttes
sans trêve, la douce placidité de Coppet sommeil-
lant au bord du lac endormi, l'exaspérait. Il lui fallait les causeries ardentes de la table et du salon,
les tumultes de l'Assemblée, de la rue, des clubs,
les âpres discussions politiques ou religieuses, les
querelles amoureuses et même — faut-il le dire ? —
les virulentes attaques des feuilles royalistes. Aussi
grognait-elle avec une sorte de rage concentrée :
« On vit ici dans une paix infernale ! »

Fut-ce pour échapper à cette atmosphère de paix
qui lui était odieuse ? Sa coquetterie, à jeun depuis
quelques semaines, était-elle lasse de pareille absti-
nence ? Son cœur rêvait-il d'un nouveau roman ?...

____

(1) « Elle souffre énormément du renvoi de son père ».
(Gouverneur Morris).

On ne sait, mais voici ce qu'écrivait de Suisse le vicomte de Mirabeau, Mirabeau-Tonneau : «... Vous saurez que Mme de Staël est amoureuse d'un jeune Genevois effilé, qui ne lui rend pas même désir pour sentiment et qui donne ses lettres à une petite marchande de modes, laquelle les communi·que à un Monsieur qui les rend publiques. Cet heureux mortel s'appelle Calendrier... » (1) A force de se distraire de son échec auprès de Fersen et du mariage de dépit qui s'en était suivi, Mme de Staël, véritable Don Juan femelle, avait pris goût à ces distractions et s'y livrait sans gêne aucune, trop occupée à réformer les mœurs politiques de la France pour songer à réformer les siennes.

Mme de Staël revint à Paris le 26 janvier 1791 et ouvrit de nouveau son salon à toutes les célébrités et supériorités, comme si son père avait été toujours ministre. Elle se plaisait à discuter avec eux, en phrases sonores, un peu gâtées par la rouille emphatique de son temps, mais traversées souvent par des traits de feu, comme une pluie d'orage par des éclairs. D'ailleurs, indépendamment des événements, son entourage l'inspirait : ne comptait-elle pas dans son salon tout ce qu'il y avait de plus élevé à Paris, la duchesse de La Rochefoucauld en tête ? C'est devant cet aréopage d'élite qu'elle donna lecture, le 13 avril 1791, de sa tragédie : *Le connétable*

----

(1) E. Berger, *Le vicomte de Mirabeau*, p. 320. — Nom sans doute mal écrit ; il s'agirait plutôt de M. de Calandrini, d'une famille patricienne de Genève, mêlée dans les commencements du xviiie siècle, aux amitiés des Bolingbroke, des Villette, des Ferriol et surtout de Mlle Aïssé.

de Montmorency, trait d'union entre elle et M. Mathieu de Montmorency ; car elle ne l'avait écrite que pour faire la conquête du gentilhomme libéral, avoir de plus fréquentes occasions de le recevoir chez elle et consolider cette conquête.

Le départ soudain de la famille royale, son arrestation à Varennes et son lamentable retour à Paris lui enlevèrent sa belle confiance. Elle eut la vision d'un avenir de violences et de sang et l'on retrouve, dans ses *Considérations,* en quelques pages éloquentes, un écho de sa généreuse émotion. On l'accuse d'avoir contribué au départ du Roi, dont elle aurait découvert le secret en trahissant la confiance de son mari, car on raconte que celui-ci était dans la confidence de M. de Fersen, ainsi que de M. de Simolin, ambassadeur de Russie (1). Mais elle ne s'émeut pas de ces bavardages ; peu à peu ses appréhensions sont moins vives et son esprit s'accommode aux circonstances, tout en continuant à défendre le régime royal constitutionnel. Pour le mieux défendre, elle songe à mettre ses amis au gouvernement. A force d'attiser l'ambition de M. de Narbonne, qui se laisse faire, elle le décide à solliciter un portefeuille. C'est ce qu'il voulait. Après l'avoir embrigadé, lui, ennemi de la Révolution et peu enthousiaste de Necker, parmi les dévots de la Constitution, elle le fait entrer dans la faction Lameth. La manœuvre était bonne : c'était là un titre pour obtenir le département des Affaires étrangères. Ses aptitudes pouvaient y rendre des services, ses rela-

(1) *Correspondance secrète,* etc. (Lescure), II, 539.

tions à l'extérieur aussi ; ses goûts l'y portaient...
N'avait-il pas, de plus, travaillé, ou du moins été
attaché aux bureaux de ce ministère ?

Pourtant, Mme de Staël ne voyait pas juste ; son
amour pour M. de Narbonne lui causait des erreurs
de perspective ; elle se trompait sur la solidité d'é-
toffe de ce fat de Cour. Elle consulta M. Gouverneur Morris. Le diplomate ne s'apercevant pas,
comme de juste, que la jeune femme recherchait
une approbation et non un conseil, n'abonda nullement en son sens. Aussi lui en voulut-elle, et Narbonne également, de si peu de clairvoyance. Elle
confessa ensuite Talleyrand. L'évêque, comme on
l'appelait dans cette petite église, encouragea fort
le candidat et sa protectrice, dit *amen* à leur désir,
mais la chose n'allait pas sans soulever des difficultés. L'intimité de Narbonne avec la fille de Necker,
loin d'être un atout dans son jeu, le fit tout d'abord
écarter. « M. de Montmorin me dit, écrivait Morris
le 8 novembre 1791, que ce qui empêche la nomination de Narbonne aux affaires étrangères, c'est sa
liaison avec Mme de Staël. » Pourquoi ? « A cause,
ajoute l'Américain, de la grande indiscrétion de
Mme de Staël. » Il y avait une autre raison, et M.
Morris ne la cache pas, c'est « qu'il y disposerait
de grosses sommes sans avoir à en rendre compte. »
Et c'est peut-être ce qui fit écarter la candidature de
Narbonne, qu'on savait endetté.

Devant le refus du Roi, on tourna ses batteries
vers le portefeuille de la guerre. Mme de Staël ne
ménagea pas sa peine. « Point de ministre encore,
écrivait la Reine à Fersen ; Mme de Staël se démène

bien pour M. de Narb... Je n'ai jamais vu d'intrigue plus forte et plus embrouillée. » (1). Cette intrigue faisait la joie des diplomates : le ministre de Russie à Paris, Simolin, écrivait : « Personne n'a l'esprit plus brillant en société que ce nouveau candidat... Mme de Staël a longtemps possédé le cœur de M. de Narbonne, elle l'a quitté il y a deux ans pour l'évêque d'Autun, son meilleur ami. » (2).

Elle ne l'avait pas quitté pour cela. En ces temps où l'intrigue faisait tout — comme en d'autres — Mme de Staël finit par l'emporter. Ce que femme veut !... Au lendemain de la nomination de Narbonne, à laquelle le Roi s'était résigné pour donner des gages aux Constitutionnels, la Reine mandait à Fersen, non sans un petit grain de malice égrillarde : « Le comte Louis de Narbonne est enfin ministre de la guerre, d'hier. Quelle gloire pour Mme de Staël, et quel plaisir pour elle d'avoir toute l'armée... à elle ! » (3).

Encore un mot sur Talleyrand. Le diseur de messe à la fête de la Fédération, qui, sur l'autel, dit à La Fayette : « Ne me faites donc pas rire !... », était ami intime de Narbonne. Son meilleur ? C'est probable, car il n'en a pas dit grand bien. Et puis, ne lui prit-il pas Mme de Staël, sa maîtresse ? « Il y eut

---

(1) 7 nov. 1791. — Klinkowström, *Le comte de Fersen et la Cour de France*, 112.

(2) 4 nov. 1791. — *Ibid.* M. de Simolin à Mme Sullivan.

(3) Klinkowström, *op. cit.* — 7 décembre 1791. — Ce joli mot de la Reine ne demeura pas enfoui dans les correspondances diplomatiques : on le retrouve dans les *Mémoires de la baronne d'Oberkirch*, formés de tous les on-dit de son temps, ce qui prouve qu'il avait été recueilli et courait les salons.

plus tard, raconte Morris, une certaine froideur
entre lui et l'évêque, en partie à cause de la politique et en partie parce que, d'accord avec tout le
monde, il croyait Talleyrand trop bien avec sa
maîtresse. » En donnant l'évêque pour coadjuteur
à leur ami commun Narbonne, Mme de Staël se
donnait du même coup la savoureuse jouissance
d'enlever un amant à sa propre amie Mme de
Flahaut, car, si celle-ci était en bons termes avec
l'ambassadrice de Suède, elle était en termes bien
autrement intimes avec Talleyrand. Indépendamment de ce qu'il avait emboîté le pas derrière
Necker et s'était embrigadé parmi les constitutionnels ; indépendamment de la sympathie qu'elle avait
pour son genre d'esprit, ce qui lui assurait un ad-
mirateur de plus, la jeune protestante, depuis un
an qu'elle le connaît, a pris sur l'évêque toute l'influence qu'elle voulait prendre. C'était le principal
but de sa liaison avec lui. Elle lui dicte son attitude
à l'Assemblée dans les questions religieuses, dans la
discussion des relations de l'Etat avec l'Eglise, dans
son rapport sur les biens du clergé, sur le serment
des prêtres. Tout cela porte l'estampille de la Genevoise. D'un autre côté, qui sait ?... Pour une jeune
huguenote passionnée en tous ses sentiments, un
prélat catholique, très peu édifiant prélat, c'est vrai,
à se mettre sous la dent, n'était-ce pas un plat particulièrement piquant ? Henri IV considérait, a-t-on
dit, comme une victoire sur le papisme, le fait de
mettre à mal une religieuse ou une abbesse.

Mme de Staël, qui avait ses desseins secrets, se
défendit pourtant devant Morris d'avoir Talleyrand

pour amant : « Elle me dit qu'il n'en est rien, écrit le diplomate, et, naturellement, moi, qui suis charitable, je la crois. »

Contrairement à ce qu'attendait Mme de Staël — Talleyrand l'avait prévu et c'est pour cela qu'il avait poussé à sa nomination, — Narbonne ne fut pas très brillant comme ministre de la guerre. « M. de Narbonne, mandait la Reine à Fersen, le 7 décembre 1791, a fait à son entrée à l'Assemblée un discours d'une platitude peu croyable pour un homme d'esprit. »

Etait-ce pour l'aider de ses propres lumières ? Etait-ce simple amusette d'ambitieuse qui veut mettre la main en toutes affaires et tenir surtout le gouvernail ? Toujours est-il que Mme de Staël, qui avait la fringale du pouvoir autant que de la popularité, poussait M. de Narbonne à conquérir une influence égale, si ce n'est supérieure à celle de La Fayette, afin de rétablir peu à peu et sans trop heurter les passions populaires, l'autorité du roi, appuyée sur la Constitution.

Pour soutenir l'invitation de Louis XVI aux princes allemands de disperser les rassemblements d'émigrés qui se formaient sur les bords du Rhin, Narbonne décida de concentrer trois corps de cinquante mille hommes à la frontière. Puis il voulut s'assurer par lui-même de l'état des places fortes. C'était sage. Ce qui ne le fut pas, c'est qu'il se laissa accompagner par Mme de Staël dans sa tournée d'inspection. On a dit qu'elle ne le suivit que dans la généreuse intention de veiller à sa sûreté, qu'elle avait même pris un déguisement pour le suivre...

Dans l'état d'indiscipline des troupes, auxquelles Mme de Staël pouvait se reprocher *in petto* d'avoir elle-même travaillé, quelque exalté ne tenterait-il pas d'assassiner son ami qui, maintenant, songeait à rétablir la discipline ? (1). Elle tenait à être auprès de lui, afin de prévenir et détourner les périls auxquels il dédaignerait de prendre garde. Et c'est pour cela qu'elle aurait suivi le ministre dans son voyage d'inspection.

Narbonne voulait faire vite. Quelques heures ne suffisent pas à un homme intelligent, instruit et expérimenté dans son métier, pour inspecter sérieusement une place de guerre ; mais le titre de ministre conférait alors une compétence immédiate et universelle. Cependant, le voyage était trop rapide pour que Narbonne trouvât le temps de faire de bonnes choses.

Il en trouva pour en faire de mauvaises. Elles lui valurent des compliments, entre autres de son ami, le duc de Biron (Lauzun), émerveillé de voir un ministre se donner l'air de faire quelque chose.

Mais il y avait des ombres au tableau : tout n'y était pas admirable. Par égard pour les révolutionnaires, par déférence pour les mauvais sujets et pour les niais, par désir de popularité, misérables mobiles auxquels un homme d'Etat ne devrait jamais obéir, le ministre de la guerre alla à l'encontre de son but, qui était de rétablir la discipline, « en dansant des rondes avec les soldats » (2). Est-ce cette

(1) Comte de Fersen, *Journal*, 7 juin 1792.
(2) Comte d'Allonville, *Mémoires secrets*, II, 318.

défaillance qui fait dire à son ami Biron que « les troupes sont enchantées de lui ? » Et Biron, mari de la charmante, vertueuse et spirituelle Amélie de Boufflers, qui avait à Metz sa maîtresse du moment, Mlle Laurent, de la Comédie-Française, n'était pas moins enchanté que le soldat de voir son ministre, en vrai paladin des temps passés, mener de front l'amour et la guerre comme un héros du Tasse, et mêler une maîtresse à de graves devoirs militaires.

Il n'est pas d'hommes plus calamiteux pour un pays que ces ministres improvisés, réformateurs au pied levé et courtisans du bas peuple. Il y avait, dans le désarroi général, un tel relâchement de la discipline, qu'une sage sévérité eût été bien nécessaire. Mais comment se montrer sévère pour les autres quand on l'est si peu pour soi-même ? Le diplomate américain n'avait-il pas raison d'écrire à ce moment, ce qui aurait pu être écrit plus d'une fois depuis : « Les malheurs des Français sont dus à leur folie. » ?

Mme de Staël devinait chez Marie-Antoinette une hostilité contre elle. Elle eût souhaité de l'apaiser et de lui faire comprendre qu'elle n'était pas son ennemie en désirant pour la France un gouvernement constitutionnel comme celui de l'Angleterre, que la monarchie ainsi entendue serait plus solide et assurerait mieux sa tranquillité et celle du pays que tout autre régime politique.

Quant à Talleyrand, sur le conseil de Gouverneur Morris, il recherchait une ambassade. Depuis les événements du 10 août et l'internement de la famille royale au Temple, il avait hâte de fuir Paris où il se sentait peu en sûreté. Mme de Staël demanda pour lui l'ambassade de Londres à M. de Lessart, ministre des Affaires étrangères. Celui-ci lui fit observer qu'un ancien constituant ne pouvait devenir fonctionnaire. Respectueux de la loi, on la tourna et Talleyrand reçut mission, à titre privé et temporaire, d'aller à Londres afin d'obtenir la neutralité de l'Angleterre dans le cas où la France serait amenée à faire la guerre dans les Pays-Bas. Après six mois d'efforts, il comprit que l'Angleterre ne s'engagerait jamais pour des principes, mais seulement pour des intérêts. C'est ce que ne comprirent pas, plus tard, certains successeurs de Talleyrand.

La collaboration de Mme de Staël avec les ministres et sa main-mise sur la politique n'échappaient pas au public. On connaissait l'influence de l'ambassadrice de Suède sur Narbonne et l'on disait qu'elle dirigeait l'armée. Mais on disait également que la Reine avait la direction des affaires étrangères et la princesse de Lamballe celle de l'intérieur, qu'il n'y avait rien de changé à ce qui se passait sous les règnes précédents, que les femmes menaient tout — comme s'il en a jamais été autrement ! — et l'on frondait le « triumvirat féminin ».

Cependant les événements se précipitaient : le 10 mars 1792, Narbonne était débarqué; le 20 juin, la populace envahissait les Tuileries. Le roi était outragé, menacé... Des appréhensions sur le sort qui pouvait l'attendre vinrent hanter l'imagination de Mme de Staël. En certaines crises décisives où toutes les passions entrent en jeu, les femmes souvent deviennent des voyantes ; l'ambassadrice pressentit une prochaine violation de la demeure royale, la déposition du souverain, son emprisonnement... **Les précédents** de l'histoire d'Angleterre lui firent peut-être entrevoir dans toute son horreur la fin du drame. Ses illusions sur le peuple, sur ses représentants et sur la Constitution commencèrent à l'abandonner, et c'est sous une impression de terreur, peut-être aussi de remords, car elle se reconnaissait une certaine part dans l'origine de cette épouvantable crise, qu'elle imagina un plan d'évasion pour le roi et la reine et non, comme l'a dit Michelet, **parce qu'elle devint royaliste.** Elle le fût devenue, que c'eût été tout à l'éloge de son cœur et de son courage, car les temps s'annonçaient singulièrement dangereux pour les partisans de la monarchie. Pénétrée de son projet, elle pria donc dans les premiers jours de juillet M. Malouet de passer chez elle et lui soumit un plan pour sauver le roi et la famille royale.

Malouet loua fort le projet et la généreuse initiative de Mme de Staël. Sans perdre un instant, il alla trouver M. de la Porte, intendant de la liste civile, qui avait ses entrées auprès du Roi, lui exposa l'objet de sa démarche et le pria de l'introduire chez le souverain. Sa requête ne fut pas accueillie. « Le Roi et la Reine, dit tristement M. de la Porte en revenant, n'accepteront jamais aucun service de Mme de Staël ; ils me chargent cependant de lui dire qu'ils sont très sensibles à ce qu'elle veut faire pour eux. » (1).

(1) Voir Malouet, *Mémoires*, II, 221-223. — Bertrand de Molleville, et J. de Norvins, *Mémorial*, II, 81.

Il faut ajouter, pour l'excuse des souverains, que
M. de Narbonne, qui avait son rôle dans ce plan
d'évasion, ne leur inspirait aucune confiance : ses
légèretés et pas seulement celles de sa jeunesse,
nuisaient à l'idée qu'ils se faisaient de sa capacité,
et sa popularité à celle de sa fidélité. La Reine
aima mieux s'en remettre à M. de Fersen, le dévouement même, mais « qui n'était qu'un sot », affirme
M{^me} de la Tour du Pin.

Le roi et la reine ne croyaient pas non plus à la
sincérité de celle dont ils ne connaissaient que l'inconduite et les idées qu'on disait subversives ; ils
ignoraient son intelligence.

Tandis que M{^me} de Beaumont quittait Paris avec
sa mère, M{^me} de Staël, son amie, se croyait bien à
l'abri : n'était-elle pas étrangère, inviolable comme
femme d'un ambassadeur ? Mais, si elle ne craignait rien pour elle, elle tremblait pour ses amis.
Depuis le 10 août l'épouvante était partout, les plus
sombres inquiétudes avaient remplacé l'enthousiasme des premiers jours. Les angoisses de M{^me} de
Staël pour les Montmorin et quelques autres qu'elle
savait suspects ou poursuivis, étaient maintenant de
tous les instants. M. de Narbonne, à qui l'Assemblée
avait naguère voté des couronnes civiques, était
décrété d'accusation et n'échappait aux recherches
qu'en se réfugiant à l'ambassade de Suède et grâce
à un faux passeport donné par M{^me} de Staël, il réussit à gagner l'Angleterre. Lally, conduit à l'Abbaye,
parvint aussi à mettre la Manche entre lui et la
France en folie.

Le 2 septembre, Paris apprenait avec stupeur la

prise de Longwy et de Verdun. « On entendait de nouveau et de toutes parts, a écrit Mme de Staël, cet effrayant tocsin dont le souvenir n'était que trop gravé dans mon âme par la nuit du 10 août. » Elle ne devait reconnaître que plus tard le logique enchaînement du 6 octobre, de ce 10 août et des journées de septembre, avec la journée du 14 juillet à laquelle elle avait si fort applaudi trois ans avant. Courant à Paris des dangers inutiles, elle se décida à partir et, munie de passeports en règle, monta le 2 septembre dans une berline à six chevaux avec ses gens en livrée. Qu'avait-elle à craindre ? Elle ne savait pas encore que le luxe ameute la populace, et que « les bêtes, comme l'a dit Benjamin Constant, sont une corporation respectable, car elles forment toujours la majorité et c'est elles qui gouvernent les démocraties ».

Des mégères, furieuses du luxe de sa voiture, l'arrêtèrent et la conduisirent à l'Hôtel-de-Ville. C'est là qu'elle vit les massacreurs revenir de leur sinistre « travail », chantants, les bras nus dégoûtants de sang... Manuel la sauva en l'enfermant dans un cabinet et, le soir venu, la conduisit hors de Paris. Postillonnant nuit et jour, elle arriva le 7 septembre à la frontière suisse. Elle était sauvée, mais elle pouvait dire qu'elle l'avait échappé belle !

VI. — Après un voyage en Angleterre, Mme de Staël se rallie au gouvernement du Directoire

Après d'aussi fortes émotions, Mme de Staël qui venait de voir de près le sinistre « carnaval révolutionnaire », n'était pas tentée de répéter ce qu'elle avait dit un jour, étant petite fille : « Je n'aime que ce qui me fait pleurer. » Etant, de plus, dans un état de grossesse avancée, elle avait besoin de tranquillité. Elle en trouva dans sa belle résidence de Coppet. Mais, cette fois, l'idée ne lui vint pas de dire qu' « on y jouissait d'une paix infernale. » Les journées de sang étaient trop près d'elle, les cris féroces des massacreurs vibraient encore à ses oreilles.

Il lui fallait se détendre tout d'abord les nerfs dans une atmosphère de sécurité. Mais sa nature, toute de mouvement et d'agitation, se lassa vite du repos. A peine remise de ses couches, — elle venait d'avoir son second fils, Albert, — l'amitié, la politique, l'amour, la reprirent de nouveau, à tel point que le bonheur de se trouver réunie à ses parents après tant de dangers, ne lui suffit plus. Le désir de revoir M. de Montmorency, M. de Narbonne, M. de Talleyrand « les trois hommes que j'aimai le plus depuis l'âge de dix-neuf et vingt ans, » comme elle l'écrivait à M. de Gérando, et qui attendaient en Angleterre la fin de la tourmente, la détermina à les y aller rejoindre. Rien ne put l'arrêter, pas même la douleur de son père qui la suppliait de rester. Et M. Necker écrivait à son ami Meister : « Ma fille va nous quitter pour aller passer quelques mois, non pas à Londres, mais dans la campagne d'Angleterre, où plusieurs de ses amis se sont réunis. Ce n'est pas à vous que nous aimons et qui nous aime (*sic*) que je cacherai combien ce voyage nous afflige. J'ai fait ce que j'ai pu pour l'empêcher, mais en vain. Ma fille ne pourra plus éviter de passer par la France : cette circonstance augmente nos inquiétudes, quoiqu'elle ne touchera (*sic*) point Paris. » (1).

Après être restée quelques jours à Londres, Mme de Staël alla s'établir dans un petit domaine qu'elle loua à Norbury, à côté de Mickleham, dans le comté de Surrey, au Sud-Est et non loin de Londres. Cette propriété de campagne avait nom Juniper-Hall (*juniper*, genévrier, *Hall*, manoir), à cause des genévriers ornant les jardins et le parc...

S'appelant les uns les autres, les Constitutionnels qui avaient réussi à fuir la Révolution formaient

---

(1) Lady Blennerhasset, *Madame de Staël et son temps*, II, 182. — *Lettres inédites de Mme de Staël à Meister.*

en ce coin du Surrey une véritable petite colonie.
On a dit que Mme de Staël avait voulu rejoindre Malouet, Mounier, d'Argenson, Jaucourt, Lameth, Talleyrand, Narbonne, Mathieu de Montmorency, et
autres constitutionnels réfugiés au pays de la Constitution, pour se concerter avec eux sur les moyens
de sauver Louis XVI. C'est une erreur, car elle n'arriva en Angleterre qu'après le 21 janvier. En voici
la preuve : Mlle France Burney ayant appris à Mickleham, la mort du Roi, écrivit à son père une lettre
où elle lui dit le chagrin et l'indignation de M. de
Narbonne, mais pas un mot de Mme de Staël. Quelques jours après, elle lui mande : « Mme de S..., fille
de M. N... est maintenant à la tête de la colonie de
la noblesse française établie dans les environs de
Mickleham... »

La vie de Mme de Staël, au centre de cette petite
colonie, nous est connue par les lettres de la célèbre
Fanny Burney, qui épousa plus tard un émigré, le
général d'artillerie d'Arblay, et par celles de sa sœur,
Mme Suzan Philipps. Filles du docteur Burney, toutes deux étaient d'aimables et spirituelles personnes.

Mlle Constance Hills, écrivain connu et estimé en
Angleterre, qui savait de quel intérêt ces lettres
seraient pour l'histoire de la fille de Necker, en a
publié de précieux extraits (1) qui nous permettent

______

(1) Dans son curieux et intéressant ouvrage : *Juniper Hall.
A rendez-vous of certain illustrious personnages during the
french revolution including Alexandre d'Arblay and Fanny
Burney.* — London. John Lane, édit. in-8°. 1904. — Nous ve-
nons d'en citer quelques lignes ; nous allons en citer davantage.

de suivre Mme de Staël durant ce séjour en Angleterre.

A peine arrivée à Juniper-Hall, où sa réputation
l'a devancée, Mme de Staël est le point de mire de
tout le pays. On l'observe, on épie ses faits et gestes,
on écoute ses moindres paroles avec attention, on
les enregistre... Les demoiselles Burney sont d'a-
bord frappées de son extrême activité. On sympa-
thise. Mme de Staël invite Mlle Fanny à passer un
mois chez elle. Mais le docteur Burney, aux oreilles
duquel sont parvenus quelques échos de la vie tapa-
geuse de l'ambassadrice de Suède, ne lui permet pas
d'accepter. Il se borne à observer cette *émigrette* de
passage, à écouter ce qu'on en dit... et tout était
excentricités. On racontait avec admiration qu'elle
passait presque toutes ses heures au travail, n'en
accordant que très peu au sommeil ; qu'elle écrivait
sans trêve, dès son réveil, au lit, en déjeunant, pendant qu'on la coiffait...

M. de Talleyrand, qui avait dû quitter l'Angleterre en vertu de l'*Alien Bill*, y était revenu avec un
passeport de Danton et s'était empressé de se rendre
à Mickleham. M. de Narbonne et lui, M. de Montmorency, M. Malouet, M. Mounier, le général d'Arblay,
ancien aide-de-camp de La Fayette, formaient la
petite cour de Mme de Staël et la famille Burney était
ravie de se voir dans cette société aussi mondaine
que politique et littéraire. « Je trouve M. de Talleyrand, écrit Mlle Fanny, un des membres les plus distingués de cette délicieuse colonie ; nous avons dîné
à Juniper... Nous y sommes restées jusqu'à minuit,
mais jamais je ne pourrai me rappeler la vingtième

partie de toutes les belles choses qui y ont été dites.
Mme de Staël nous a lu les divers chapitres de son
ouvrage sur le *Bonheur* : il me paraît admirable. » (1).

Une autre chose aussi lui paraît admirable jusqu'à
ce qu'elle s'aperçoive du contraire. « Mme de Staël
écrit-elle, aime M. de Narbonne ; elle l'aime beaucoup même, mais si franchement, avec tant de
simplicité, si peu d'affectation, tant de franchise,
une telle absence de coquetterie que, s'il s'agissait de
deux hommes ou de deux femmes, leur affection,
ce me semble, ne saurait être plus franche. Elle est
bien laide, il n'est pas beau, l'intelligence supérieure de Mme de Staël constitue son seul attrait. »

Et la jeune fille ajoute : « M. de Talleyrand est
de sa société ; elle lui paraît également attachée. Elle
aime M. de Montmorency comme un frère. Celui-là
fait partie de la brillante constellation : il est fort
estimé à cause de ses talents... Enfin toute cette
petite colonie vit ensemble en frères et sœurs. Mme
la marquise de La Châtre, qui vient de retourner
en France, est l'amie de cœur de Mme de Staël et
de toute la société ; on l'estime fort et on la trouve
très élégante. Une fille du malheureux Montmorin
massacré au mois de septembre dernier, est également de la partie (2). Bref, il me semble que vous
ne sauriez passer vingt-quatre heures dans leur société sans vous apercevoir que leur commerce est

(1) *De l'influence des passions sur le bonheur des individus
et des nations.* Mme de Staël publia cet ouvrage en 1796.
(2) Il s'agit de Mme de la Luzerne.

celui de l'amitié la plus pure, la plus élevée et la plus élégante. »

Elégante, si on veut ; mais la plus élevée, la plus pure... c'était s'avancer beaucoup : elle allait bientôt s'apercevoir que l'amitié entre Mme de Staël et ces émigrés français était fortement teintée d'un sentiment plus tendre, que l'ambassadrice ne se piquait de fidélité pour aucun et, en amour, aimait assez l'école buissonnière. Dans ses liaisons, d'ailleurs, l'amour-propre, l'amour des titres nobiliaires, la vanité, la littérature, les sens surtout avaient la plus grande part : le sentiment, bien peu.

Dans cette colonie d'amoureux, comme à Paris sous la monarchie défunte, la mode était de se faire une réputation de causeur, à table, au salon... La conversation y était devenue un art : chacun étudiait le matin et écrivait le jour, la conversation qu'il devait servir le soir à souper. Telle était la méthode de Narbonne, c'était aussi celle de Talleyrand et, en général, de tous ceux qui faisaient métier d'avoir de l'esprit : comme un professeur qui prépare son cours, ils peinaient durant des heures, sur les légèretés qu'ils voulaient dire, les mots spirituels qu'ils devaient improviser, et ils n'arrivaient au salon qu'armés de toutes pièces pour éblouir leur monde.

Rivarol, l'illustre causeur, ne faisait pourtant pas autrement et Montlosier a dit qu'il n'y avait que Mme de Staël qui lui parût approcher de lui. Rivarol ne l'aimait pas : sans doute entrait-il un peu de jalousie dans son aversion pour celle qu'il a appelée *la Bacchante de la Révolution*, car c'était une

rivale non à dédaigner ; elle avait une langue !...
C'est bien pour cela, et aussi pour ses opinions,
que ce rédacteur des *Actes des Apôtres* la poursuivait de ses sarcasmes : mais avec ménagement, on
pourrait presque dire avec crainte; il semblait redouter sa griffe ou des représailles. Mais où donc Mme
de Staël a-t-elle appris à préparer ces joutes plus
oratoires que spirituelles ? L'esprit s'improvise et
ne se prépare pas ; il doit jaillir spontanément du
choc des idées ou des mots, de même que l'étincelle
jaillit du choc de l'acier contre la pierre. Mme de
Staël le sait, mais quand il s'agit d'un entretien
important, pour être plus sûre de ne pas être prise
au dépourvu, comme ses amis elle le prépare. Elle-
même le dit : « Je fus priée chez le général Ber-
thier un jour où le premier consul devait s'y trouver... J'écrivis à tout hasard, avant de me rendre
à la fête, les diverses réponses fières et piquantes
que je pourrais lui faire selon les choses qu'il me
dirait. » (1).

C'était la méthode de Mme Necker, Mme de Genlis
nous en a livré le secret : racontant comme quoi
M. de Chastellux, invité à dîner chez les Necker,
arriva un peu tôt, elle dit qu'il resta seul quelques
minutes au salon. Apercevant un carnet sur un meu-
ble, il l'ouvre sans y penser et voit son nom inscrit
sur un feuillet, avec des sujets de conversation à
soutenir. Et pendant le dîner, il les entendit précisément exposer et développer par la maîtresse de
maison.

(1) *Dix années d'exil*, 1re partie, chap. VI, p. 35.

On ne pouvait cependant pas soutenir tout le temps des thèses à Juniper-Hall. Pour varier ses plaisirs, on faisait des lectures. Cnacun tirait de sa poche, le soir, ce qu'il avait écrit le jour, et c'est ainsi par exemple, que M. de Lally, qui était venu à Juniper avec la princesse d'Hénin — naturellement — y lut sa tragédie de la *Mort de Stafford*. C'est ainsi que ces proscrits, s'inspirant des événements de ces temps tragiques et souillés, se consolaient entre eux. Toujours en éruption d'esprit, Mme de Staël — car c'est pour elle autant que pour soi que chacun se mettait en frais, — écoutait, applaudissait, critiquait... Sa présence était un aiguillon pour tous et les soirées se passaient ainsi le plus agréablement du monde.

Les journées aussi. La petite colonie avait acheté un cabriolet à deux places avec un siège de domestique par derrière. Ce siège était occupé à tour de rôle par M. de Talleyrand, M. de Narbonne, M. d'Arblay... Et comme aucun ne voulait perdre une parole de la grande causeuse, on avait imaginé — suprême flatterie ! — de casser la vitre du fond pour l'entendre. On a dit que jamais causeries ne furent plus remarquables d'idées et de forme que celles qui se tinrent en cette voiture.

Mme de Staël se montra toujours aimable et attentionnée pour ses jeunes amies anglaises, étincelante pour tout le monde. Non pas qu'elle fût gaie, la gaieté était peu son genre, mais elle était vive, trop même, violente et emportée quelquefois. Ses mots brillaient comme une flamme et échauffaient les esprits les plus modérés. Elle éblouissait les constitutionnels lorsqu'elle leur résumait, en traits vifs et lumineux, non seulement les idées qu'ils avaient exprimées, mais aussi celles qu'ils croyaient avoir eues et même celles auxquelles ils n'avaient pas songé du tout. Sa puissante personnalité absorbait toutes les graines jetées au vent de l'entretien ; elles germaient, grandissaient, mûrissaient instantanément dans son cerveau et sa conversation les rendait sous forme d'une abondante moisson de fruits parés de fleurs. Bref, elle était, dans ses monologues, étourdissante de verve et de *brio*. Un reproche cependant : contrairement à certaines femmes d'élite pourvues de ce genre d'amabilité qui sait faire valoir l'esprit des autres, Mme de Staël s'occupait trop de faire valoir le sien, de montrer ses supériorités ; elle voulait s'imposer et dominer le salon. Un peu de discrétion sur tout cela eût été plus séant.

Ce n'était pas, nous l'avons dit, une conversation légère et enjouée que la sienne et sa parole n'était ni prude ni tirée à quatre épingles comme celle de son amie Mme Récamier. N'ignorant pas qu'on la citait pour sa conversation, et ne dédaignant aucune louange, elle en avait fait la grande affaire de sa vie. C'était surtout après dîner qu'elle se mettait « sur son beau dire », mais il lui fallait un partenaire capable de l'amorcer et de la mettre en train. « J'ai besoin, disait-elle, d'un premier mot. » On le lui donnait, mais on était sûr avec elle de n'avoir jamais le dernier.

De ses beaux bras ponctuant ses belles phrases, elle faisait sans cesse tourner entre ses doigts une

branchette garnie de ses feuilles. Par contenance ?
Parce qu'il avait été de mode à Athènes, comme
nous l'apprend Aristophane dans ses *Nuées*, que
celui qui chantait à table prît en main une branche
de myrte ou de laurier ? Peut-être ; mais surtout
afin de mettre en valeur son bras, que ses amis disaient merveilleux, et de montrer cette main dont
elle était aussi vaine que Napoléon l'était de la
sienne, sans avoir l'air de vouloir la montrer. Armée
de sa branche verte, elle entrait en action, prenait
tout de suite ses coudées franches et ne s'inquiétait
pas de savoir s'il y avait là des jeunes filles : elle
parlait comme si l'on était « entre hommes » et,
parlant sans cesse, il lui échappait souvent quelque
sottise. Au-dessus des convenances qu'elle traitait de
grimaces, elle disait : « La vertu se forme d'éléments
plus forts et doit s'élever jusqu'à des régions où ne
parviennent pas les petits préjugés de salon. » Vertueuse à sa façon, elle s'était débarrassée de ces
« petits préjugés » et ses conversations rappelaient
parfois celles des dîners de Mlle Quinault avec
Duclos et ses autres amis, et personne ne s'offus-
quait des libertés grandes que cette enragée prenait avec les convenances comme avec la morale.
A cause de son talent littéraire ? On s'en souciait
peu. Alors, pourquoi ? Balzac, qui, lui, avait du
génie, l'a dit : « Ce monde... a constamment salué
Mme de Staël malgré ses farces, parce qu'elle avait
deux cent mille livres de rente. » Balzac avait vu
juste.

Cependant, cet éternel *tic* de se faire valoir déso-
lait ce bon M. de Narbonne et amusait ce moins

bon M. de Talleyrand, toujours prêt à se moquer de tout et de chacun. Il la taquinait sans cesse sur ce qu'elle lisait, sur sa manière de lire : « Vous lisez la prose très mal, lui disait-il de son petit ton à la fois clairet et nasillard ; le ton de votre voix ressemble au plain-chant des prêtres, — une espèce de rhythme mêlé d'une intonation monotone qui n'est pas du tout joli... Cela fait un fort vilain effet. »

Il s'amusait ainsi à la faire doucement enrager. Mᵐᵉ de La Châtre se récriait à ces mots et faisait taire le peu galant évêque. Quant à la princesse d'Hénin, qui s'était faite en quelque sorte l'Egérie des constitutionnels à cause de sa liaison avec Lally, elle applaudissait comme traits de génie toutes les paroles, tous les gestes, toutes les actions de Mᵐᵉ de Staël, — ce qui avait donné à celle-ci une si haute idée de ses facultés, qu'elle s'était liée intimement avec elle. Son titre de princesse n'y avait peut-être pas été étranger.

Elle s'était liée, en coup de foudre aussi, avec Mˡˡᵉ Burney. Ces amitiés subites ne durent guère. Fut-ce pour obéir à son père demeuré méfiant ou au cri de l'opinion publique ? Les libertés de Mᵐᵉ de Staël avec ses amis et avec les convenances, comme aussi avec la plus élémentaire politesse, blessèrent-elles parfois les justes délicatesses de Mˡˡᵉ Fanny qui, tout d'abord, n'avait rien vu du revers de la tapisserie ? Toujours est-il que la jeune Anglaise lui battit froid tout d'un coup et marqua sa réprobation de liaisons qu'elle avait crues d'abord de pure amitié. Mᵐᵉ de Staël remarqua le changement. Elle en devina la raison, haussa les épaules et, avec ce ton libertin d'une femme galante tournant en dérision les scrupules de la vertu, de l'honnêteté et de la délicatesse : « Est-ce que les femmes de ce pays, dit-elle à Mme Philipps, restent en état de tutelle toute leur vie ?... On dirait que votre sœur n'a que quatorze ans ! »

Le souvenir de Juniper-Hall, qu'elle quitta en juin 93, demeura gravé dans le cœur de Mme de Staël. C'est depuis ce voyage qu'elle appela l'Angleterre « le pays par excellence, le pays du bonheur domestique et de la liberté publique. » Elle ne s'était pas bornée à bavarder durant ces quatre mois; sa vie intellectuelle, dont la conversation n'était qu'une brillante facette, avait été très intense. Elle avait étudié, un peu à la diable c'est vrai ; mais son esprit intuitif devinait ce qu'elle ne voyait pas. Elle avait mis le pied dans quelques salons de Londres, grâce aux relations que son père y entretenait depuis des années. Elle avait entendu Pitt, pour lequel elle montrait une sympathie toute particulière depuis qu'il avait été question de son mariage avec lui. Elle avait causé avec Fox, pour qui ses affinités politiques se doublaient d'une admiration toute personnelle : elle recueillit soigneusement ses pensées sur la Révolution de France et il va sans dire qu'elles furent discutées à fond dans la petite colonie des constitutionnels. Fidèle à son habitude de jeter le soir sur le papier les idées de la journée, elle trouva dans ses notes les éléments de son grand ouvrage des *Considérations*. Elle travaillait aussi à son livre *de l'influence des passions sur le bonheur*, dont elle avait donné la primeur à son petit cénacle. Elle prenait enfin des notes pour son futur roman de *Corinne* qu'elle méditait déjà.

Quelques Français de Juniper-Hall, proscrits par les Jacobins comme amis de la liberté, se cachaient sous des noms suédois et des passeports suédois « que M. de Staël, a écrit l'ambassadrice, leur attribuait pour avoir le droit de les protéger. » Ils suivirent la fille de Necker en Suisse, tels M. de Montmorency, M. de Narbonne... Ils se réunissaient souvent à Chavannes (1), près de l'île Saint-Pierre, illustrée par le séjour de J.-J. Rousseau, sur le lac de Bienne. Ils s'y rencontraient avec d'autres émigrés du parti constitutionnel, l'abbé de Montesquiou, le marquis de Jaucourt, frère du comte de Jaucourt, qui avait été sauvé des prisons au moment des massacres de septembre, par le zèle de Mme de Staël. L'ambassadrice se mêlait à leurs réunions. Elle ne se bornait pas à y parler, elle rendait mille services, services d'argent surtout, de ces services que ceux qui sont le plus à même de rendre, aiment si peu qu'on leur demande.

Non contente de sauver des émigrés du désespoir, elle sauvait aussi des vies humaines en faisant évader de France des suspects. « Elle choisissait en Suisse, a raconté M. H. Forneron, une femme dont le signalement pouvait ressembler à celui de l'amie qui devait s'échapper, elle la faisait partir pour Paris avec un passeport suisse. Le passeport était cédé à la Française et plus tard la Suissesse se faisait réclamer par ses magistrats. »

(1) Fauche-Borel, *Mémoires*, I, 208.

C'est ainsi qu'elle parvint à sauver la princesse d'Hénin sous le nom d'une marchande de modes de Genève, et Mme de Poix, qui rentrèrent en France après un séjour en Angleterre ; Mme de Simiane, sœur des Damas, « la plus jolie femme de son temps. » Elle avait aussi facilité le départ de Mathieu de Montmorency qui s'était réfugié à l'ambassade de Suède, dans sa chambre, pendant les massacres de septembre et qui y avait été vu par Tallien ; celui de M. François de Jaucourt, de M. Achille du Chayla, son neveu ; de Mme de Laval, mère de Mathieu. Avec l'aide de Lameth, elle sauva la princesse de Broglie et, avec le concours de M. de Vallière, elle put sauver la comtesse Charles de Noailles, née Laborde, et sa mère. Les occasions d'adoucir les douleurs humaines ne manquaient pas en ces tristes temps et Mme de Staël ne recula jamais devant cette tâche toute de charité.

Indignée, révoltée du procès de Marie-Antoinette, elle voulut essayer de la sauver. Elle écrivit ses éloquentes *Réflexions sur le procès de la Reine*, où elle faisait appel, en faveur de l'épouse et de la mère, à la justice et à la pitié. Mais où était la justice, où était la pitié en ces jours de sang et de crimes ?

Tant de préoccupations n'empêchaient pas Mme de Staël de chercher dans les lettres d'apaisantes distractions. Elle paraît avoir pris à cette époque un vif plaisir à la lecture des ouvrages de Mme de Charrière. Elle entra même en correspondance avec elle, comme elle se plaisait à le faire avec les personnalités de son temps. Relevons, en passant, ce mot si juste par lequel se termine l'une de ses lettres :

« Adieu, vous êtes bonne comme la vraie supériorité. »

Ces distractions ne suffisaient pas toujours à remplir le vide de son existence et de son cœur. Le courant de ses idées était triste, surtout au sujet des
récents événements. Elle pouvait s'accuser d'avoir
en partie amené cette révolution, lorsqu'elle poussait son père à en favoriser l'explosion. Les constitutionnels, ses amis, pouvaient aussi, comme elle,
faire leur *meâ culpâ* : ils commençaient à se rendre
compte que c'étaient leurs rêveries humanitaires qui
avaient fait sombrer dans le sang la révolution com-
mencée au nom de la liberté et de la fraternité.
Mais Mme de Staël n'aimait pas s'attarder à ces
réflexions ; elle préférait agir et, pour elle, agir,
c'était parler. Tout en parlant, elle observait sur
elle-même et sur ses amis, les mouvements de
l'âme ; elle les saisissait au vol et, qu'elle vît juste
ou non, couchait ses impressions toutes vives sur
le papier.

Certains êtres privilégiés ont l'instinct d'une telle
finesse, d'une telle pénétration, qu'on a pu le quali-
fier de génie. Le génie, comme le caractère, d'ailleurs, n'est que l'instinct développé à sa plus haute
perfection sous diverses influences dues les unes à
la nature, les autres aux circonstances de lieu, de
milieu, d'éducation, d'instruction... On ne peut
dire de Mme de Staël qu'elle fut, femme de génie.
Elle-même se rend justice et, modeste, dit simplement : mon talent... mon genre de talent... mes
talents... Mais elle le dit trop souvent et avec trop

de conviction, sans grâce ni réserve ; elle ne sent pas qu'il serait mieux de le laisser dire aux autres.

Une amitié, dans laquelle entra aussitôt, comme toujours, un sentiment plus vif, l'aida à prendre en patience son éloignement de Paris.

On sait que la fille de Necker, si gloutonne sur le chapitre de la galanterie, se piquait de philosophie, ce qui était une manière d'excuse de ce qu'elle suivait son goût sans s'embarrasser d'autre chose. C'est avec cette idée qu'elle rencontra, dans un salon de Genève, le comte de Ribbing, « le beau Ribbing », comme on l'appelait, dit-elle, gentilhomme suédois, lequel avait pris une part active au complot qui aboutit à l'assassinat du roi Gustave III.

Arrêté, Ribbing avait été condamné, puis grâcié et exilé. C'est ainsi qu'il était venu en Suisse (1). En sa qualité de Suédois, peut-être aussi de « joli homme », comme on disait alors, l'ambassadrice l'avait accueilli avec enthousiasme. Elle parle dans une lettre à son ami Meister, des « fameux cheveux blonds du comte Ribbing » et ajoute : « aucune histoire ne m'a autant intéressée que la sienne. Son courage, son aristocratie tout à fait dans votre genre, l'honneur de la noblesse entière de Suède contre un roi qui voulait l'avilir, lui donnent dans mon opinion plus de droits à l'admiration qu'au blâme. » (2). Son admiration ne se borna pas à

---

(1) Il vint plus tard à Paris. Nous l'y retrouverons chez le baron de Staël, qui le chassa de sa maison. Il existe à Gripskolm un superbe portrait du « beau Ribbing » dans sa jeunesse.

(2) Mme de Staël à Meister, 18 mai 1794. — *Lettres inédites à Meister*, p. 113.

ces détails. M. de Staël, informé de leur liaison, ne trouva rien de mieux, pour y mettre un terme, que de demander diplomatiquement au gouvernement de Genève l'expulsion du conspirateur grâcié, qui conspirait maintenant contre son repos de mari. Ribbing reçut l'ordre de quitter la Suisse. Mme de Staël était trop fine mouche pour ne pas deviner d'où venait le coup : elle avait d'ailleurs reçu de son mari une lettre lui interdisant toute relation avec cet exilé politique ; femme de l'ambassadeur de Suède, une grande réserve lui était imposée au sujet de ce Suédois. Cet épisode de la vie de l'ambassadrice, mêlée à des négociations d'ordre diplomatique, rend infiniment piquant le récit que Mme de Staël elle-même en fait à M. de Rosenstein, devenu ministre des affaires étrangères de Suède. Donnons-en quelques extraits ; aussi bien cette lettre est-elle inédite (1) :

« Lausanne, 20 mars [1794].

» Je vous ai écrit deux ou trois fois, Monsieur, sans que vous ayez reçu mes lettres. Je croyais que M. de Staël allait partir. Je vous écrivais des nouvelles de France. Un siècle s'écoulait en quinze jours, un siècle non en avant, mais en arrière, plus près des temps de barbarie, et ma lettre ne valait plus la peine d'être envoyée.

. . . .

» ... On a, dites-vous, beaucoup parlé sur le voyage de M. de Staël à Paris. Je suis bien sûre qu'il n'est pas plus démocrate que moi ; que si, comme moi, il a aimé, il

(1) Elle l'était en 1902, quand M. le professeur R. Lonnerberg, de Stokholm, nous en envoya copie. Nous ne savons si elle l'est encore à ce jour.

a espéré un heureux effet des premiers mouvements de
la Révolution, il déteste cette atroce anarchie qui n'est
organisée que par le crime et n'a de formes légales que
dans l'assassinat.

. . . .

» Je passe au deuxième objet, de calomnies que vous
appelez plus graves.

» M. de Staël n'a point reçu chez lui le comte de R.
[ibbing] ; il ne l'a pas reçu une seule fois. Vous devez
d'autant plus m'en croire que je vous dirai, relativement
à moi, ce que peut-être M. de Staël vous a caché. J'ai
rencontré le comte de R. dans des sociétés suisses où il
vivait, et son caractère m'a inspiré l'intérêt qu'il inspirait à tous les Suédois qui sont ici et qui le recherchaient
extrèmement. Il a rendu, par complaisance pour moi,
des services sans nombre à de mes amis français échap-
pés de France ; enfin, rencontrant un aristocrate qui parlait mal de mes opinions, il m'a défendue avec l'énergie
que vous lui connaissez ; et, de l'affaire qui en est résul-
tée, selon les lois de ce pays, il a reçu l'ordre de sortir
de Suisse. Depuis ce temps, je ne l'ai plus vu et je ne le
verrai peut-être jamais. Mais je lui conserve une amitié
inviolable ; et, trop intéressée par ma propre situation,
par celle de tout ce que j'aime, à respecter le malheur,
j'avoue que le sien ajoute au besoin que j'avais de vous
parler de mon estime pour lui.

» Mais, dites-moi, de grâce, comment un homme que
toute la Suède *a vu dans sa prison* ne doit plus être seulement rencontré dans les pays étrangers par ses com-
patriotes. Comment un homme qui adore le Régent, qui
lui doit tout, qui parle de lui avec un enthousiasme si
raisonné et si senti, peut être interdit aux zélés admirateurs du sage gouvernement de la Suède ; comment un
homme qui a pour ennemis tous ceux qui sont aujour-
d'hui impliqués dans la conspiration contre le Régent,
comment cet homme serait devenu odieux à son bienfaiteur ? J'étais si loin de croire qu'il y eût un inconvénient

réel à [le] voir, et M. de R. est le fils d'une des femmes
les plus intéressantes de la Suède (1), que je n'ai rien
compris à la sévérité de M. de Staël à cet égard, et qu'en
m'y soumettant, je la regardais comme une de ces volontés diplomatiques qui exagèrent la prudence humaine.
Enfin, ce pauvre comte de R., si oublié maintenant par
ses amis, si persécuté par tant de gens qui n'étaient peut-
être, ni plus, ni moins coupables que lui, il est en Italie
depuis deux mois, et je ne serai jamais dans le cas de
délibérer sur ce que je dois faire par rapport à lui, mais
j'ai voulu que vous sûssiez par moi et la scrupuleuse exac-
titude de M. de Staël et ma conduite personnelle.

» En finissant ce sujet, il faut encore que je vous dise
que dans le peu de temps que j'ai vu le comte de R., il
n'a cessé de me parler de vos talents, de vos vertus, et
que je l'aurais recherché pour le seul plaisir de lui parler
de vous.

. . . .

» Je ne pense point que j'aye changé d'opinion en ayant
en horreur aujourd'hui la Révolution de France : c'est
comme despotisme qu'elle me révolte, et plus j'aimais la
liberté, plus je me crois le droit de haïr ces hommes qui,
à l'aide de son nom, n'ont cessé de faire des découvertes
dans la carrière de la tyrannie. » (2).

M. de Rosenstein ne pouvait tolérer la liaison
publique de l'ambassadrice avec l'ancien conspirateur exilé ; quant à elle, appartenant au corps diplomatique, elle savait que dans certains pays, on ne
se croyait pas, en diplomatie, tenu à la sincérité.

Les vacances de Mme de Staël à Coppet avaient été
gâtées par une alerte tragi-comique. On a raconté

─────────────

(1) La comtesse de Ribbing, née Leuwen.
(2) *Collection Rosenstein.* — Cette lettre n'est pas signée.

que M. de Narbonne, arrivant de Londres, se rencontra à Coppet avec M. de Ribbing. Redoutant quelque éclat entre les deux rivaux, l'imagination de Mme de Staël lui fit croire qu'ils se regardaient en chiens de faïence : à peine échangeaient-ils quelques mots, comme par convenance. Aussi multipliait-elle les attentions pour l'un comme pour l'autre, de façon à ne pas faire de jaloux. La journée se passa sans incident et, après le dîner, Mme de Staël put aller se coucher l'esprit tranquille. Le lendemain, au déjeuner, ni le Français, ni le Suédois ne paraissent. Elle envoie à leurs chambres : elles sont vides. On cherche dans le parc : personne ! Voilà Mme de Staël aux cent coups ; sûrement, les deux rivaux sont allés se couper la gorge... Plus de doute... un habitant du pays déclare avoir rencontré, à la pointe du jour, deux hommes, — il en donne le signalement — marchant l'un derrière l'autre, et portant quelque chose de long et mince dans une serge verte. Ils ne se disaient pas un mot. De plus en plus angoissée, Mme de Staël est maintenant au désespoir : si ces malheureux allaient s'enferrer, un seul coup les enlèverait l'un et l'autre à son affection !... Dans son affolement, elle fait part de sa terreur à qui veut l'entendre ; elle envoie à la découverte sur tous les chemins, elle fait venir un médecin... M. Necker essaie de calmer les inquiétudes de sa fille, mais il y perd son éloquence. Les heures passent, la journée s'avance... toujours pas de nouvelles. Mais voici M. Coindet, secrétaire de M. Necker. Mme de Staël se précipite : « Parlez !... Mais parlez donc !... »

Etonné de ce ton tragique, M. Coindet prend son temps, raconte bien posément qu'il a vu ces messieurs descendre de bateau avec leurs lignes et paraissant avoir fait bonne pêche. D'ailleurs, les voici. — En effet, ils arrivaient — « Quelle peur vous nous avez faite !... » — « Peur ? Comment cela ? » Et M. de Narbonne explique comme quoi, au moment de s'aller coucher, il avait vu M. de Ribbing préparant des lignes. — « Vous aimez la pêche ? — Passionnément, monsieur, et je me propose d'y aller demain matin à la première heure. — Me permettez-vous de me joindre à vous ? J'adore moi aussi la pêche. — Comment donc ? Mais avec plaisir. Je n'aurais pas osé vous le proposer. » Et ils étaient partis dès l'aurore : le vent contraire avait retardé leur retour. M. Fédor Golowkine, qui a transmis cet épisode à la postérité, ajoute qu'on fut deux jours, dans le château de Coppet, sans avoir le courage de s'entre-regarder.

Avant la Révolution, il faut bien le dire, et la marquise de La Tour du Pin l'a écrit dans son *Journal d'une femme de cinquante ans*, « les femmes de la haute société se distinguaient par l'audace avec laquelle elles affichaient leurs amours ; ces intrigues étaient connues presque aussitôt que formées... » Mme de Staël, qui vit beaucoup chez ses parents la maréchale de Luxembourg, arbitre du bon ton en sa maturité, mais non des bonnes mœurs en ses jeunes années, semble s'être modelée sur la jeunesse de cette femme célèbre durant toute sa vie.

Elle venait de perdre sa mère. Elle ne paraît pas

en avoir éprouvé une douleur insurmontable, à en juger par ces lignes, peu convenables, à Meister :

« Lausanne, 18 mai 1794.

» Vous avez su le malheur qui a accablé mon père. Mais peut-être ne savez-vous pas que ma mère a donné des ordres si singuliers, si extraordinaires sur les différentes manières de l'embaumer, de la conserver sous une glace dans l'esprit de vin, que si, comme elle le croyait, les traits de son visage eûssent été parfaitement conservés, mon malheureux père eût passé sa vie à la contempler. Ce n'est pas comme cela que j'entends le besoin de n'être pas oubliée. »

Ne pouvant, à cause de son deuil, tenir salon à Coppet, Mme de Staël avait loué près de Lausanne, à Mezery, une grande habitation qu'on appelait « le château ». Elle y donnait de petites et même de grandes réunions où l'on causait politique et philosophie et où l'on échangeait ses vues sur les événements. Elle avait auprès d'elle, Mme Rilliet-Huber, sa vieille amie de jeunesse, Mme Necker de Saussure sa charmante et distinguée cousine . les lettres qu'on a d'elle donnent la plus haute idée de son esprit, de sa bonté et de sa rectitude de jugement, son *Précis sur la vie de Mme de Staël*, une idée non moins haute de son amitié dévouée. Mais hélas ! Mme de Staël échappait toujours à sa sagesse et à celle de M. de Montmorency, qui n'avait de prise sur elle que lorsque sa folie était passée.

A ces deux excellentes amies, Mme de Staël avait joint de nombreux hôtes, vieilles connaissances du

lecteur. Narbonne, Mme de Laval, Mathieu de Montmorency, son fils, la comtesse de Jaucourt et son
mari... Tout ce monde vivait, ou du moins paraissait
vivre en parfaite harmonie. Mme de Laval n'avait
jamais aimé Mme de Staël : ayant eu un sentiment
tendre pour Narbonne, ce n'est pas sans un dépit
jaloux qu'elle le voyait s'émanciper auprès d'une
autre et faire sa cour à la maîtresse de céans ; l'attitude de son fils Mathieu devant elle lui déplaisait
également. Désirant fort que son ancien amant re-
vînt, repentant, à ses pieds, elle avait formé le projet, assez machiavélique, de faire prendre par un
nouvel amant, auprès de Mme de Staël, la place de
Narbonne. Celui-ci, alors, lui reviendrait.

Précisément en ce temps, le 19 septembre 1794,
Mme de Staël rencontra dans un salon de Lausanne
un jeune homme qui semblait devoir remplir les
vœux de la duchesse de Laval. Avec un langage brillant, il se mit en frais pour elle et fut invité à Mé-
zery. Arrivé depuis peu de la petite cour de Brunswick où il était chambellan et avait épousé par
amour la baronne Wilhelmine de Chamm, dame
d'honneur de la duchesse régnante, M. Benjamin
de Constant de Rebecque, après quatre ans de bonheur, ou plutôt de mariage, venait de divorcer. Il
en était tout heureux, si heureux aussi d'avoir fait
la connaissance de Mme de Staël, qu'il écrivait le 21
octobre 1794, à sa vieille amie, Mme de Charrière, —
ce qui lui fut peut-être agréable puisqu'il y avait
tout de même là une flatterie : « C'est la seconde
femme que j'ai trouvée qui m'aurait pu tenir lieu
de tout l'univers, qui aurait pu être à elle seule un

monde pour moi. Vous savez quelle a été la première. »

Né à Lausanne en 1767, Benjamin Constant des-
cendait d'une de ces familles françaises protestantes
qui s'expatrièrent à la révocation de l'Edit de Nantes. Sa mère, Henriette de Chandieu, mourut en le
mettant au monde. Il avait un esprit très vif, aimable et gracieux, quand il voulait bien ne pas se
montrer sceptique, dogmatique, ironique, caustique et autres adjectifs en *ique*, qui lui faisaient une
si bizarre originalité. Nul comme lui ne décochait
le sarcasme et l'épigramme. Son mariage lui avait
un peu desséché le cœur ; puis, longtemps attaché à
la même jupe, il avait ensuite gaspillé sa vie à tort
et à travers, ce qui avait achevé l'œuvre de dessè-
chement. Il avait, dès lors, tourné au désenchante-
ment de tout et au suicide chronique, maladie
morale allemande qu'il avait rapportée de Brunswick. Il ne s'en portait d'ailleurs pas plus mal.
Son portrait physique ? « Qu'on s'imagine, a écrit
Philarète Chasles, un grand corps fluet, surmonté
d'une petite tête pâle que couronnait l'auréole de
vastes cheveux blonds. » M. Chasles est indulgent ;
Mme Lenormand, qui a épuisé son trésor d'indulgence pour Mme Récamier, sa tante, pour Mme de Staël,
pour les ducs et les princes de leur cour, les dit
« roux » et ajoute qu'il avait dans sa tournure « la
gaucherie d'un étudiant allemand. » Il était étroit
d'épaules, sa jeunesse studieuse ayant trop méprisé
les exercices du corps. Un assez noble profil avec
cela, pas d'yeux, ou du moins si petits et d'un bleu
si effacé, qu'il eût fallu lui emprunter ses lunettes,

toujours à cheval sur son nez, pour les voir. Plus grosse que ses yeux, mais pas beaucoup, la tête était fine, les lèvres fines, la peau fine, blanche et rose, l'air fin et moqueur.... Il était l'antithèse vivante le la puissante Mme de Staël, avec son épaisse carrure, sa taille hommasse, son gros visage bourgeonné, ses yeux de charbon, ronds comme des marrons d'Inde, ses lèvres de négresse, et ses bras de bouchère, qu'il était convenu de trouver admirables. Bienveillant, malgré sa causticité, aimable, d'une politesse exquise, malgré l'éternelle désillusion d'un regard bleu très doux qui semblait conserver le souvenir de romans non oubliés et pardonnés, et le désir aussi de donner de nouveaux tomes à ceux déjà écrits d'une jeunesse passablement tourmentée.

D'un timbre de voix très séduisant, en dépit d'une parole incisive et froide, parfait homme du monde, il parlait mieux qu'il n'écrivait, — et il écrivait bien. Son imagination galopait sans cesse en croupe de chimères. Aussi manquait-il de réserve ; il ne savait pas plus maîtriser sa conduite que ses sentiments, et mérita le nom qu'on lui donna : *la brillante girouette de Mme de Staël.*

Il était à peine sous le toit hospitalier de celle-ci, qu'il s'était mis à lui faire un doigt de cour et même davantage. Ses déclarations se multiplièrent jusqu'à la persécution ; Mme de Staël ne les accueillait pas. Se rendant compte qu'il n'était pas plus avancé qu'au premier jour et que, si sa conversation était prisée, ses déclarations ne l'étaient pas, il se décida à frapper un grand coup.

Un soir, vers minuit, et comme chacun était rentré dans sa chambre, des gémissements, des cris plaintifs et douloureux se firent entendre dans la sienne. On y courut et l'on trouva Benjamin couché, pâle, défait, nauséeux, en proie à des accès de délire, des convulsions... bref, ayant tout ce qu'il voulait avoir. L'alarme fut donnée. Pendant quelques instants, on ne vit dans les corridors que gens en costume de nuit, effarés, se croisant, s'interrogeant les uns les autres, et l'on entendait ces mots : c'est M. de Constant qui se meurt ! M. de Châteauvieux courut appeler Mme Rilliet, qui le suivit. Ils entrèrent dans la chambre du malade qui, haletant et comme près d'expirer, articula ces paroles entrecoupées : « Ah ! Madame, dites-lui que je meurs pour elle. Ah ! priez-la, au nom d'un mourant, de venir recevoir un dernier adieu, s'il en est encore temps, — et que je meure heureux après l'avoir vue ! »

Mme Rilliet court chercher Mme de Staël, qui se lève et sort de sa chambre, se boutonnant de son mieux dans un manteau.

Après avoir averti Mme Rilliet, M. de Châteauvieux était allé chez M. de Montmorency. En robe de chambre de piqué blanc, Saint-Mathieu lisait les *confessions de Saint-Augustin*. Allumant froidement son bougeoir, il le suivit chez Constant.

Tout le château s'y trouvait, maîtres et valets. On écoutait avec une stupeur angoissée les lamentations du moribond, quand Mme de Staël parut : « Vite, des médecins ! s'écria-t-elle. Et, désespérée : « Ah ! vivez, cher Monsieur de Constant, vivez, je vous en

conjure ! » Le visage du mourant prit un rayon de
vie : « Puisque vous l'ordonnez, Madame, dit une
voix caverneuse, je tâcherai de vivre. » Saisissant
en même temps la main de Mme de Staël, il la porta
à ses lèvres et y déposa avec componction un long,
long baiser.

Le mort était ressuscité : le médecin, qui venait
d'arriver, en donna l'assurance. Chacun rentra dans
sa chambre, maugréant un peu comme Mathieu ou
riant comme Châteauvieux, mais emportant la plus
haute idée du talent avec lequel M. de Constant
savait jouer la comédie.

Depuis *Werther*, c'était une mode en Allemagne,
chez certains fats, de se tuer, ou plutôt d'en faire le
simulacre ou la menace, quand leurs déclarations
n'étaient pas accueillies avec tout l'empressement
qu'ils s'imaginaient leur être dû : quelle femme n'eût
été flattée d'apprendre qu'elle était aimée jusqu'à en
mourir ?... C'est l'idée qui inspira Beanjamin Constant dans cette scène ridicule qui n'était, pour lui
emprunter un mot qu'il inventa plus tard, que « de
la romanesquerie. » Au fond, la chose était aussi peu
romanesque que possible : Benjamin cherchait une
maîtresse bien posée, qui le mît lui-même en évidence et, par ses relations, l'aidât à parvenir. Mme de
Staël lui parut être son fait, et il ne joua cette comédie du suicide que pour en faire la conquête. Mais,
tout en se donnant le mérite, aux yeux de Mme de
Staël d'avoir voulu se tuer par amour d'elle, il lui
donnait le mérite de le sauver et de provoquer sa reconnaissance. Ce en quoi, il ne réussit guère sur
le moment, car en regagnant sa chambre, Mme de

Staël, qui avait deviné les dessous de la comédie con-
fiait à Mme Rilliet : « Je sens que j'aurais pour cet
homme une antipathie physique que rien ne pourrait vaincre. » C'était s'avancer beaucoup. Mme de
Staël oubliait que « souvent femme varie », ce
qu'elle savait pourtant mieux que personne, et que
l'ennemi d'aujourd'hui est parfois l'ami de demain...

En recherchant l'amour de Mme de Staël, le sentiment tenait chez Constant moins de place que la
vanité. Lui-même en convient : « Je n'avais point eu
jusqu'alors, confesse-t-il dans *Adolphe*, de liaison
de femme qui pût flatter mon amour-propre... Un
nouveau besoin se fit sentir au fond de mon cœur.
Il y avait dans ce besoin beaucoup de vanité, sans
doute, mais il n'y avait pas uniquement de la vanité. »

Le pauvre garçon ne savait pas encore dans quelle
galère il allait s'embarquer : le triste roman
d'*Adolphe*, écrit par le malheureux qui en fut la
victime, plus encore que le héros, est le récit a
peine voilé — il en convient — de ses amours his-
toriques avec Mme de Staël ; il en a fait connaître
l'enfer dans son journal intime. Indépendamment
du sentiment dont il confesse que son cœur, à ce
moment, avait un peu besoin, il songeait que
l'amour d'une femme connue, célèbre même, ne
serait pas inutile à sa carrière. Il savait que l'on
n'arrive guère que par les femmes, et quelle autre
avait de plus puissantes amitiés et relations que
Mme de Staël ? Il était ambitieux... Et voilà la clef
de la comédie qu'avait jouée le cynique.

De même que la vanité avait contribué à pousser Constant vers Mme de Staël, la vanité finit par pousser celle-ci à agréer ses hommages. Elle était flattée d'avoir fait cette conquête, et, malgré son expérience, malgré son aversion première, la scène ridicule d'empoisonnement n'avait pas trop choqué ses affinités allemandes. Sa vanité de coquette la fit tomber dans le piège. Il y avait aussi autre chose : l'esprit de Mme de Staël était un peu comme un caillou que l'esprit des autres devait battre pour en faire jaillir l'étincelle ; dans ses faiblesses de cœur, ou, pour mieux dire, de chair, son égoïsme ne perdait jamais ses droits : l'amour-propre, l'orgueil, la vanité, n'en sont-ils pas des variétés ? En discutant ses projets d'ouvrages avec Benjamin, celui-ci, par son savoir, ses remarques profondes et ingénieuses, toujours originales, par le développement qu'il donnait à ses idées, fouettait sa verve : qui, mieux que lui, la guiderait dans son travail ? qui mieux que lui, dans sa conversation lui renverrait la balle ? L'intérêt fut donc de part et d'autre le grand mobile de cette liaison.

Dénué de caractère, Constant était vite devenu la chose de Mme de Staël qui le menait au doigt et à l'œil. Il ne faisait plus rien que sur l'ordre ou avec la permission de cette terrible femme, et s'était pris d'admiration pour sa brillante partenaire. De caprice aussi, car ce qui lui restait de cœur avait suivi l'esprit. De celui-ci, il lui en resta cependant assez pour ne pas se donner l'illusion qu'il essuyait les plâtres d'un cœur neuf en allant se loger dans celui de Mme de Staël. L'entraînement, après les premières escarmouches, avait été réciproque.

La liaison entamée semblait donc devoir être sans nuages. Benjamin suivait sa maîtresse comme un caniche, recevant caresses ou rebuffades en toute soumission, demandant pardon et faisant des excuses chaque fois qu'elle l'avait offensé. Car, si Mme de Staël était dominatrice, elle était ombrageuse aussi, et le tact n'était pas son fort. « La fierté faisait une partie très remarquable de son caractère... Elle ne restait jamais parfaitement calme. Mais, par cela même, il y avait dans sa manière quelque chose de fougueux et d'inattendu qui la rendait plus piquante qu'elle n'aurait dû l'être naturellement... On l'examinait avec intérêt et curiosité comme un bel orage. »

C'est sans doute pour écarter de lui la foudre prête à éclater, sous forme d'une de ces scènes dont Mme de Staël ne fut jamais avare, qu'étant un jour arrivé en retard à un rendez-vous, il tira sa montre et, constatant qu'elle s'était arrêtée, la jeta par la fenêtre. « Puisque, dit-il, c'est elle la coupable, c'est elle qui doit être punie. » Mme de Staël admira fort ce geste qui certes n'était pas celui d'un petit bourgeois mesquin et grippe-sous ; mais les femmes adorent la violence qu'elles prennent pour de la volonté et du caractère ; ce en quoi elles se trompent, et Mme de Staël se trompait comme les autres, car c'étaient là précisément les dons qui manquaient le plus à son Benjamin.

Cependant le règne de la Terreur avait pris fin. La Convention allait bientôt, en vertu de la Consti-

tution de l'an III, faire place au gouvernement du
Directoire. Mme de Staël qui, des bords du Léman,
tâtait le pouls de l'opinion, se préparait à revenir à
Paris. Qu'était devenu son mari durant la tempête
révolutionnaire ? Il avait été rappelé en 92 par son
souverain, Gustave III. Champion du pouvoir absolu, ami du comte d'Artois et des émigrés, ce prince
ne pouvait conserver d'ambassadeur auprès d'un roi
prisonnier de son peuple. M. de Staël arriva à Stockholm peu de jours après l'assassinat de Gustave. Le
duc de Sudermanie, régent, eut une politique autre
et renvoya le baron de Staël à Paris. Celui-ci y arriva
après la mort de Louis XVI. Les circonstances étaient
difficiles : ses anciens amis, les constitutionnels ?
massacrés comme Montmorin, guillotinés comme
Biron, Custine ; proscrits et émigrés comme Montmorency, Narbonne, Lally... ; sa femme, en exil,
son beau-père, considéré comme émigré... Pour se
concilier les sympathies de la Convention, il crut
devoir faire un don patriotique de trois mille livres
aux pauvres de sa section. Mais la Terreur s'accen-
tuait et son séjour à Paris devenant à la fois inutile
et dangereux, il jugea bon d'aller en Suède attendre les événements. Il n'en revint que huit ou neuf
mois après la chute de Robespierre. Le 22 avril 1795,
il était reçu officiellement, avec tout l'appareil pro-
tocolaire, par la Convention.

Cependant, Mme de Staël et son nouvel ami Constant ne voyaient, dans les bouleversements politiques de France, qu'une occasion de faire en ce pays
l'application de leurs utopies sociales. Il en pâtirait ?
Que leur importait ! Ce n'était pas le leur. Leurs

expériences, la réalisation de leurs rêveries, ne devaient-elles pas passer avant tout ?

Ils y voyaient aussi la carrière ouverte à leurs ambitions, Mme de Staël comme inspiratrice d'un homme politique quelconque au travers duquel elle gouvernerait la France, et Benjamin comme ministre de ce qu'on voudrait. Préparé par la publication de ses *Réflexions sur la paix adressées à M. Pitt et aux Français*, lesquelles étaient une chaude invitation à se rallier au gouvernement républicain, le retour de Mme de Staël à Paris se trouvait ainsi annoncé.

A peine arrivée, elle ouvrit son salon. Elle y rassembla les épaves de son ancienne société et s'occupa de le remonter.

Plus encore que par le passé, elle veut faire parler d'elle. Elle recevra tout ce qui pense et tout ce qui compte dans Paris ; c'est d'elle que viendra l'impulsion ; ses amis répandront partout sa parole, et elle espère bien ainsi rendre son opinion prépondérante. Benjamin Constant, qui est là comme chez lui, l'aide en cette tâche et collabore de son mieux à la réussite de ses projets.

Quand un homme politique vient de se signaler par un discours, une attitude, un mot valant un acte, elle le fait engager, par Constant ou par un autre de ses amis, à venir chez elle. Si la visite se fait attendre, elle dépêche M. de Staël en ambassade auprès du récalcitrant et cette démarche est presque toujours irrésistible.

Elle espère, avec le nouvel état de choses, faire rayer Necker de la liste des émigrés, l'appeler à Paris et le faire porter, sous un titre quelconque, à la tête de la jeune république (1). Par lui, c'est elle qui gouvernera. Si la France ne s'y prête pas, eh bien ! ce sera par ce long et mince jeune homme blond. au pâle visage adorné de lunettes, par Benjamin Constant.

En attendant, elle ne récolte que des suspicions. Ses faits et gestes sont épiés par la police. Le Comité de salut public n'ignore point ses agissements, il connaît les noms de tous ceux qui vont chez elle... Il en prend ombrage et a la singulière idée d'inviter l'ambassadeur de Suède à éloigner sa femme de Paris. Naturellement M. de Staël refuse, et il n'en est plus question. Mais l'incident est significatif et doit engager Mme de Staël à la circonspection : le règne de la liberté n'est pas encore venu.

Malgré son adhésion à la forme républicaine, Mme de Staël se sent suspecte. Pour faire tomber les préventions, elle entre en coquetterie avec la Révolution. De son côté, son mari fait des avances aux révolutionnaires et le *Journal des Débats et Décrets* dit que pendant la séance du 13 vendémiaire, « le baron de Staël, ambassadeur de Suède, arrive dans la loge des ambassadeurs, armé de son sabre comme les représentants (2). » La situation officielle de M. de Staël lui commandait pourtant la réserve, à sa femme aussi ; mais c'est là une chose qu'il n'est pas dans les habitudes de celle-ci d'observer.

Elle s'efforçait de guérir les constitutionnels de leurs illusions. S'appuyant sur l'opinion, ceux-ci se

(1) Fabre de l'Aude, *Histoire secrète du Directoire*, III.
(2) Cité par Sciout, *Histoire du Directoire*, I, 563.

croyaient très forts et pensaient qu'ils seraient toujours les maîtres. Elle leur démontra que, à l'extérieur comme à l'intérieur, le maître sera toujours
celui qui s'appuie sur les régiments et sur les canons
et non sur des théories. Les gens qui se payent de
mots, quelque science et quelque esprit qu'ils puissent avoir, sont toujours vaincus par les hommes
d'action qui voient les réalités et non les utopies, qui
agissent pendant que les autres parlent.

Mme de Staël essayait de se consoler de ses échecs
politiques par la littérature ; mais, en suspicion
à tous les partis et sachant que le gouvernement
prenait contre elle un décret d'expulsion, elle
jugea prudent d'aller attendre en Suisse des temps
plus favorables. Au mois de décembre de cette année
1795, elle débarquait à Coppet, après avoir vu le
gouvernement du Directoire s'installer au palais du
Luxembourg (8 nov. 1795).

———————

VII. — Mme DE STAËL SOUS LE DIRECTOIRE.

Encore bien jeune, encore dans ses langes, le gouvernement légué par la Convention à la France se sent débile. Comme les parvenus, il est ombrageux; comme les faibles, il est cruel. Avant tout, il veut vivre. S'inspirant des traditions de la Convention, dont il émane, il ne répugne ni à l'arbitraire ni à la violence. Tout en se méfiant de la « queue de Robespierre », il se méfie aussi des royalistes, purs ou constitutionnels. Sa police est sur les dents : elle a tant de monde à surveiller !... Cela ne l'empêche pas d'espionner Mme de Staël à Coppet. Quelques timorés croient qu'elle est allée rejoindre les anciens Constituants, qu'elle conspire... Le Directoire s'affole : il ordonne de l'arrêter à la frontière, de saisir ses papiers, effets, bijoux et de la faire reconduire sous escorte à Paris. Il comprend cependant bientôt le ridicule, plus que l'odieux d'une telle mesure, et y renonce.

Malgré la mauvaise saison, Coppet n'est pas une solitude : Mme de Staël l'a peuplé d'invités. Lorsque ceux-ci s'en vont, d'autres les remplacent. C'est un va-et-vient continuel. Très simple, sans prétentions, ou plutôt faisant effort pour paraître n'en pas avoir, elle lit à ses hôtes ses brouillons griffonnés un peu partout. Elle expose ses idées, provoque les objections, réplique, lutte pied à pied... et cela pendant des heures.

En attendant les éloges du public, son orgueil se délecte à savourer ceux de ses amis. Elle ne les a d'ailleurs convoqués que pour lui en faire. On l'a bien un peu aidée à limer ses phrases, à filtrer son style et à l'épurer de locutions qui sentent plus la Suisse que Paris. Constant s'est occupé de ces détails de cuisine. On peut remarquer que les fautes de syntaxe et d'orthographe abondent dans ses lettres ; il n'y en a point ou presque dans ses livres. Pourquoi ?

Se sentant surveillée, Mme de Staël fait en sorte qu'on ne puisse rien relever contre elle et attend que les Directeurs, « les cinq mulets empanachés du Directoire », comme les appelle Bonaparte, n'aient plus peur d'elle. Mais la tyrannie de ce gouvernement, dont la devise est LIBERTÉ, la met en rage. Elle ne s'y pliera pas. Oh ! non, elle n'est pas une résignée, non plus qu'une apôtre du renoncement. Une étincelle a jailli de l'eau noire et profonde de ses yeux (1) ; mille idées se pressent sous sa plume furieuse : elle les plaque toutes chaudes sur le papier. Ainsi s'explique tant de force et d'énergie dans les pensées de cette femme. Mais ces pensées sont le cri de son âme, de sa passion, et voilà pourquoi, après

---

(1) « Tout l'esprit de Mme de Staël était dans ses yeux, qui étaient superbes ». (Chênedollé).

avoir traversé le siècle, il en est qui font encore vi-
brer les cœurs.

En attendant, celui de Mme de Staël vibre pour Benjamin Constant et pour Paris. Elle veut y revenir
coûte que coûte. Elle parle, elle écrit, elle intrigue,
elle se démène. Oh ! qu'on lui donne un passeport,
une simple sauve-garde pour lui permettre d'y aller
arranger ses affaires. Son mari est là, oui, mais un
ambassadeur n'entend rien aux affaires : la preuve,
c'est qu'avec 80.000 livres de rente, il a fait deux
cent mille livres de dettes. De ce train, ses enfants
n'auront bientôt plus un morceau de pain à se mettre sous la dent. Il faut absolument qu'elle rentre à
Paris. D'ailleurs, l'état de sa santé l'exige ; elle est
délicate, elle s'étiole au mauvais air de la Suisse ; il
lui faut les salubres parfums de son ruisseau de la
rue du Bac ; elle a besoin de revoir son cher mari :
elle a besoin, pour se fortifier, des vins généreux de
sa cave, et celle du baron de Staël est la plus réputée
de Paris... Et puis, que peut-on craindre d'elle, une
faible femme ? Elle aime la République, elle aime
les Directeurs, elle aime tout le monde et s'engage
à ne plus s'occuper de politique.

Et, pour commencer, elle fait écrire par Benjamin quelques pages chantant les louanges du Directoire. Elle avait inspiré l'opuscule, elle y collabora,
enfila de nouvelles idées à la suite des premières et
de cette collaboration sortit bientôt une brochure :
*De la force du gouvernement actuel de la France et
de la nécessité de s'y rallier.* Continuant à ne pas se
mêler de politique, elle envoie l'ouvrage à tous ceux

dont elle a intérêt qu'il soit connu. Les Directeurs, naturellement, ne sont pas oubliés.

Dans toutes ces combinaisons, il y a les raisons qu'on allègue et celles qu'on garde pour soi, le spectacle pour le monde et celui de derrière le rideau. Ce que disait Mme de Staël était exact, ou peu s'en fallait, mais une autre chose, qu'elle ne disait pas, l'était davantage. En biographie comme en histoire, on n'a pas seulement l'obligation de constater les faits, on a aussi celle de les expliquer et d'en rechercher les causes ; ce que ne disait pas Mme de Staël, c'est que le comte de Ribbing, « le beau Ribbing » se trouvait maintenant à Paris. Le désir de le revoir n'entrait-il pas pour quelque chose dans ses ardentes suppliques ?

De son côté, Benjamin Constant s'emploie de son mieux à faire lever l'ostracisme qui pèse sur elle et les démarches de cet amant la servent dans son désir d'en aller retrouver un autre. Ils se démènent tant et si bien que Barras, qui avait signé, le 3 floréal, l'ordre d'arrestation de l'ambassadrice, lui permet à présent de rentrer en France, mais à condition de ne pas venir à Paris et de rester dans ses environs. Cela se trouve à merveille : Benjamin Constant avait précisément acheté une petite terre à Hérivaux, dans le canton de Luzarches. Elle descendit chez lui et y resta jusqu'en avril 1797, Barras ayant signé à ce moment l'autorisation pour elle de revenir en France, où elle n'était que tolérée.

Elle vient aussitôt à Paris, court remercier Barras

et lui présente Constant, auteur de la brochure qui
lui a été envoyée (1).

Mme de Staël se lia vite avec le Directeur ; elle avait
besoin de lui. Ah ! par exemple, il lui fallut passer
sur son entourage. On sait qu'elle n'était pas bé-
gueule, mais, tout de même... « Barras n'était entouré, a écrit son collègue La Revellière, que des
chefs de l'anarchie la plus crapuleuse, des aristocrates les plus corrompus, de femmes perdues, d'hommes ruinés, de maîtresses et de mignons. La débau-
che la plus infâme se pratiquait dans sa maison .»
Carnot ne dit guère plus de bien de son collègue et
Mme Cavaignac conclut : « Ce n'était pas la place
d'une femme, jeune surtout, et celles qu'on y trouvait n'étaient bonnes ni à voir ni à rencontrer. »
Mme de Staël était de celles-là : au-dessus de toutes
convenances, elle allait chez ce taré, « le roi des
pourris », et se mêlait à sa cour de déclassés.

Non revenue de la galanterie, fort décriée pour le
désordre de ses mœurs, elle trouva le moyen, avec
quelques autres femmes de joie, chevronnées de
« la grande ribotte révolutionnaire », de scandaliser
des gens et une époque bien blasés pourtant sur toutes les sortes de turpitudes. Mme de Fontenay, maîtresse, puis femme du conventionnel Tallien avant
de devenir princesse de Chimay, a fait sur ce point
quelques confidences à la marquise de Lage de Volude, dame de la princesse de Lamballe : « Elle me
dit, raconte la marquise, qu'elle avait été alternativement révoltée par la pruderie de la famille de son

(1) Voir Barras, *Mémoires*, II, 101-104.

mari ou entraînée par des mauvais sujets. Elle me
parla de Mmes d'Aiguillon, de Lameth et de Broglie,
de Mmes de Staël et de Valence, de toutes leurs orgies
et des procédés atroces qu'elles avaient employés
pour la perdre et l'entraîner dans leur genre de conduite. Je la crus facilement : je connaissais particulièrement la fausseté et l'indigne conduite de ces
femmes, et surtout de Mme de Valence, la fille de
Mme de Genlis, et de Mme de Staël, la fille de M.
Necker. » (1).

Femme de cour, Mme de Lage ne pèche pas par
excès de bienveillance pour qui n'est pas de son
bord ; mais Mme de Staël ne pèche pas par excès de
réserve en se mêlant au troupeau des brebis galeuses
courant les mauvais lieux du Luxembourg. C'était
un théâtre si favorable à son éloquence !

Elle parlait, parlait, parlait... Rien ne l'arrêtait :
son fluide oratoire était aussi intarissable qu'impé-
tueux. Elle semble n'avoir pas connu ce mot si sensé
de sa mère : « ... Ce que je crains surtout, c'est le
don de la parole ; il faut toujours se rappeler ce bel
apologue de notre sainte Bible, qui montre le para-
dis détruit et le genre humain perdu, au moment où
la langue du serpent fut déliée. » Mais Mme de Staël
ne se souciait, en fait de langue, que de la sienne,
quitte à froisser les gens. « Elle me demandait quelquefois en riant, et tout haut, a écrit Mme Victorine
de Chastenay qui la rencontrait dans le salon de

____

(1) Marquise de Lage de Volude, *Souvenirs d'émigration*, 84-
85. — De son côté Mallet du Pan écrivait : « Mme de Staël pro-
digue dans les fêtes son impudeur et son immoralité ». (*Correspondance*, I, 233).

Barras, si j'avais un amant ; me faisait des plaisanteries sur quelqu'un de l'assistance, au hasard, et puis finissait par me dire que j'avais certainement un objet d'affection, mais qu'il était nécessairement hors du cercle qu'elle parcourait. » Cancans de portières et non conversation. Mme de Staël avait beau les faire en riant, ces questions étaient aussi inconvenantes qu'indiscrètes : pourquoi voulait-elle faire savoir à Mme de Chastenay qu'elle n'ignorait pas sa liaison avec Réal ?... Si la parole était son faible, en même temps que son fort, le tact ne l'était pas.

Tout cela ne l'empêchait pas de parler morale, justifiant ainsi ces paroles de J.-J. Rousseau qu'elle avait si bien étudié : « C'est dans les siècles les plus dépravés qu'on aime les leçons de la morale la plus parfaite. Cela dispense de les pratiquer, et l'on contente à peu de frais, par une lecture oisive, un reste de goût pour la vertu. »

Pour se mêler à la promiscuité du salon de Barras, la moraliste avait ses projets, et, pour les réaliser, elle ne reculait devant rien. Elle avait présenté au Directeur son nouvel ami Constant pour lequel son engouement était si grand qu'elle parlait de divorcer pour l'épouser. Elle le gardait chez elle dix-huit heures chaque jour, se faisait aider par lui à recevoir, se faisait accompagner par lui au théâtre, partout... Sans cesse de corvée auprès d'elle, surmené de plus d'une façon, le pauvre garçon était à bout. « Il n'en peut plus, écrit un émigré rentré à Mme de Charrière ; sa santé se délabre, son physique si grêle souffre déjà ; sa taille reprend cette courbure... Il

s'est endormi au milieu de notre déjeuner. » (1).
Constant comprit que, selon le mot de La Martinière
à Louis XV, il lui fallait non pas enrayer, mais déte-
ler. Ce qu'il fit. Mais que de bruit, que d'orages, que
de scènes furieuses il eut à subir !...

C'est vers ce moment qu'elle présente Talleyrand
à Barras. Ses amis n'ont jamais eu qu'à se louer
d'elle : n'a-t-elle pas, sous la Convention expirante,
réussi à faire rouvrir à l'évêque les portes de la France ? Elle aimait sa grâce familière et aimable, ses
manières grand seigneur, son art des convenances,
le charme de sa conversation toujours semée d'allusions et de sous-entendus ; elle aimait le genre d'esprit de cet être glacé et jusqu'à cet air détaché qu'il
affectait et dont il paraît qu'on ne peut se faire idée.
Elle n'était pas femme à s'effaroucher de son immoralité et qui sait si elle ne la considérait pas comme
un mérite de plus ? Elle ne demandait donc qu'à
s'employer pour lui, l'aider à rétablir sa fortune,
le servir, enfin, pour qu'à son tour il la servît. Elle
aimait d'ailleurs l'intrigue et, en sollicitant Directeurs et ministres, en fréquentant leurs salons où
elle exposait ses vues sur la politique du jour, il lui
semblait qu'elle prenait déjà part au gouvernement : elle prenait, en tout cas, une influence sur
ceux qui le détenaient.

Elle recommanda l'évêque apostat à quelques hommes politiques, plus particulièrement à Marie-Joseph
Chénier ; elle leur faisait observer qu'il n'avait pas
émigré, mais que, chargé d'une mission en Angle-

______

(1) Sainte-Beuve, *P. L.* III, 278.

terre, il était ensuite allé étudier la Constitution démocratique des Etats-Unis, qu'après un séjour de trente mois dans la jeune république américaine, il rapportait toute une moisson d'observations dont la jeune république française pourrait faire son profit. C'était une invite à employer l'ancien évêque dans quelque haute fonction de l'Etat. Mais la fonction n'arrivant pas et le peu d'argent dont était lesté le candidat s'en allant et ne se renouvelant que par la générosité de Mme de Staël, qui lui prêta vingt-cinq mille francs, il alla trouver sa protectrice et lui tint à peu près ce langage : « Ma chère enfant, je n'ai plus que vingt louis ; il n'y a pas de quoi aller un mois ; vous savez que je ne marche pas et qu'il me faut une voiture. Si vous ne me trouvez pas un moyen de me créer une position convenable, je me brûlerai la cervelle. Arrangez-vous là-dessus. Si vous m'aimez, voyez ce que vous avez à faire. » (1).

Mme de Staël avait toutes les raisons du monde pour que Talleyrand ne se brûlât pas la cervelle. Il fut convenu entre eux qu'elle solliciterait pour lui le portefeuille des relations extérieures. Si elle n'avait plus de goût pour sa personne, elle en avait toujours pour son nom, son esprit et ses manières aristocratiques. Se réjouissant par avance à la pensée de voir au ministère un ami qu'elle protégeait et sur la gratitude duquel elle se flattait de prendre largement hypothèque, l'ambassadrice de Suède embrassa d'un coup d'œil tout un plan de campagne. Elle retourna

---

(1) Baron de Barante, *Souvenirs*, I, 90. — La marquise de La Tour du Pin raconte également cette petite scène, mais avec une verve plus incisive.

chez Chénier et courut chez Barras. En 1791, elle
avait fait de Narbonne un ministre ; en 97, elle en
ferait bien un de Talleyrand. On ne s'inquiétait pas
alors des aptitudes et connaissances d'un homme
avant de lui confier un ministère, mais ici Mme de
Staël eût pu, s'il l'avait fallu, invoquer des titres
sérieux : le Directoire avait à mener la difficile tâche
des négociations de paix avec l'Autriche à Léoben,
avec l'Angleterre à Amiens... Quel diplomate mettre
en avant ? Le ministre Charles Lacroix ? Il était
malade.

D'ailleurs, les relations avec les diplomates étrangers exigent non seulement des aptitudes spéciales
et un esprit délié, mais encore la connaissance de
l'histoire et de l'économie politique, des finances de
chaque pays, des traditions du nôtre, une éducation
distinguée, l'habitude des cours et de leurs usages,
toutes choses difficiles à trouver chez les amis du
Directoire. M. de Talleyrand, il en fallait convenir,
réunissait ces conditions : son passé, son rapport
sur les biens du clergé à la Constituante, son abandon de la soutane, choses peu méritoires, l'étaient
alors beaucoup. Mme de Staël ne pouvait présenter
« un drôle de qualité plus bas et plus affamé, un
Figaro plus effronté et plus retors ». Son intérêt
répondait de sa fidélité. D'un autre côté, son origine
aristocratique le ferait bien venir de la diplomatie
étrangère et servirait le Directoire en donnant quelque prestige à son négociateur. Sa nomination prou-
verait aussi que la haute noblesse se ralliait à lui,
ce qui aiderait à faire prendre au sérieux le nouveau
gouvernement de la France et faire croire à sa du-

rée. Toutes ces raisons avaient leur valeur et le candidat avait aussi la sienne. Mme de Staël sut les faire apprécier du gentilhomme révolutionnaire Paul de Barras (1) et disposer celui-ci à appuyer l'ancien évêque non moins gentilhomme et non moins révolutionnaire auprès de ses collègues du Directoire. Barras met bien de l'ironie à raconter de sa plume un peu canaille la visite de Mme de Staël venue pour lui recommander son protégé ; mais le drôle y met-il autant de vérité ? (2). Mme de Staël tenait tant à la nomination de Talleyrand, qu'il est possible qu'elle se soit laissée entraîner à des exagérations de langage. Certes, elle veut obliger l'ancien constituant, mais tant d'autres intérêts sont, pour elle, attachés à la nomination de ce défroqué ! C'est pour servir ces mêmes intérêts qu'elle complote de faire donner à Benjamin Constant, calviniste, un portefeuille ministériel, celui de l'intérieur. Elle serait alors plus puissante que le Directoire ; le rêve de cette étrangère serait réalisé. C'est elle qui gouvernerait la France !

Peut-être pense-t-elle aussi à ses petits intérêts particuliers : Talleyrand ministre pourra lui rendre les vingt-cinq mille francs qu'elle a prêtés à Talleyrand pauvre diable ; Constant ministre fera rendre à Necker les deux millions qu'il avança à l'Etat besogneux...

Ces intrigues absorbaient fort Mme de Staël. Elle

(1) Il est probable que des influences occultes, venant d'Allemagne et d'Amérique, soutinrent la candidature de Talleyrand plus efficacement que Mme de Staël.

(2) Voir Barras, *Mémoires*, II, 163-164.

avait renoncé à son idée de divorcer pour épouser Constant ; mais M. de Staël, qui se résignait mal à la modeste situation où l'avaient réduit la perte de son ambassade et la suppression des subsides de sa femme et de son beau-père, avait signifié à ceux-ci son intention de demander le divorce.

Cette perspective ne semblait guère du goût de sa femme qui, pour le moment, avait d'autres préoccupations. Toujours hantée de nouveaux projets de domination, elle s'était mise en tête de faire la conquête du conquérant de l'Italie. Elle se doute bien que sa carrière ne fait que commencer et qu'il est appelé aux plus grandes destinées. Dès 1794, Malouet avait prévu que la Révolution aboutirait au césarisme et, depuis, Mme de Staël avait certainement parlé avec lui, à ce sujet, de Bonaparte et de son avenir. Le Genevois Mallet du Pan l'avait prédit aussi, l'Anglais Burke également. Le Savoisien Joseph de Maistre, dans ses géniales *Considérations sur la France et la Révolution*, avait démontré qu'il n'en pouvait être autrement. Aussi Mme de Staël, voyant en Bonaparte, qu'elle n'appelait pas encore un « Robespierre à cheval », l'homme destiné à clore la Révolution et à gouverner la France en César souverain, avait-elle cherché à entamer une correspondance avec lui. Elle ne s'y prit pas avec des demi-façons et n'y alla pas, comme on dit, par quatre chemins. Sachant que c'est surtout par l'effronterie que les femmes séduisent les hommes et prennent sur eux une influence, elle lui écrit : son habitude n'est-elle pas de faire les avances ? Ce petit général Bonaparte lui résistera-t-il, alors que Lameth, Guibert, Narbonne, Montmorency, etc., ont capitulé devant une seule sommation ? L'enthousiasme, vrai ou feint, pour le génie, chez cette femme qui croit en avoir, ne s'arrête pas devant des convenances qui, à son sens, ne sont pas faites pour elle. Sans l'avoir jamais vu, elle a donc envoyé à Bonaparte des félicitations passionnées (1). Mais le général est prudent : il ne s'estime pas obligé de répondre aux intrigantes.

Mme de Staël change alors de tactique. Talleyrand, ministre des Affaires extérieures, va être appelé à collaborer avec le vainqueur de l'Autriche pendant les négociations de la paix. L'ancien évêque est trop avisé pour ne pas s'être mis déjà en relation avec le général ; par lui, elle le connaîtra et se chargera, elle, de les mener tous les deux.

(1) « Mme de Staël lui avait adressé, lorsqu'il était en Italie, des lettres remplies d'enthousiasme où elle disait presque en propres termes que la veuve de Beauharnais était loin d'avoir les qualités qui pussent répondre à un génie aussi sublime que celui de Napoléon ». (J.-C. Bailleul, *Etudes sur Napoléon*, II. 55). — D'après le *Mémorial*, elle lui aurait écrit que c'était « une monstruosité que l'union du génie à une petite insignifiante créole, indigne de l'apprécier ou de l'entendre ». — De son côté, Bourrienne écrit dans ses *Mémoires* (IV, 217) : « Je me rappelle que, dans une de ses lettres, Mme de Staël lui disait, entre autres choses, qu'ils avaient été créés l'un pour l'autre ; que c'était par suite d'une erreur des institutions humaines que la douce et tranquille Joséphine avait été unie à son sort ; que la nature semblait avoir destiné une âme de feu comme la mienne à l'adoration d'un homme tel que lui. Toutes ces extravagances dégoûtaient Napoléon à un point que je ne saurais dire... Bourrienne, disait le général, concevez-vous rien à toutes ces extravagances ? Cette femme-là est folle !... Ah bien oui, une femme bel-esprit, une faiseuse de sentiment, se comparer à Joséphine !... Bourrienne, je ne veux pas répondre à de pareilles lettres ».

Voilà de beaux rêves. Mme de Staël les fait marcher
de front avec d'autres où l'ambition et la politique
n'ont rien à voir, — le baron de Staël, c'est différent.
Le comte de Ribbing est à Paris et l'ambassadrice,
tout en demeurant dans les meilleurs termes avec
Constant, a renoué avec lui !... Cette fois, l'ambassadeur s'en émeut. Il en a vu et toléré bien d'autres;
pourquoi se fâcher, à présent ? Car c'est positif, il
a mis le Ribbing à la porte de chez lui. On trouve
en effet dans une lettre de M. d'Engeström, adressée
le 22 septembre 1797 à M. Brinckmann, ministre de
Suède à Berlin, au sujet de M. de Staël, les curieuses
lignes suivantes :

J'ai des raisons légitimes d'être mécontent de Staël,
mais je ne puis être injuste. Ribbing se trouvait à Paris
pendant que j'y étais, Mme de Staël devint amoureuse
de lui (1). Staël ne voulait pas le voir dans sa maison.
Alors elle voulut persuader Carletti (2) de l'inviter à une
assemblée ; mais Staël déclara à celui-ci en mon nom,
en celui de Lœwenhielm (3) et au sien, que, si Ribbing
venait, nous n'y viendrions pas. Une des fois rares où
il s'est montré maître chez lui, est, cette fois, au sujet
de Ribbing (4).

(1) C'était déjà fait, M. d'Engeström oubliait que leur liaison
datait de 1794, à Lausanne.
(2) Ministre de Toscane à Paris.
(3) Deux frères, dont l'aîné fut ministre de Suède à Paris, en
1818.
(4) Archives Brinckmann, au château de Prolle-Lyungby, en
Scanie. — Cette lettre n'a pas été insérée dans le recueil publié
en 2 vol. sous ce titre : *Handliger ur von Brinckmannka
Arkivel*, Orebro 1857-1863. — Mais on la trouve dans les mémoires posthumes du ministre d'Engeström publiés en 1876.
Il faut distinguer entre la *Correspondance de d'Engeström*,
qui se trouve à la bibliothèque de Stockholm, exclusivement

N'ayant plus que faire à Paris, à Genève ou en Italie, Ribbing était parti pour l'Amérique à 'a grande satisfaction de Montmorency et de Necker, mais au grand chagrin de Mme de Staël.

M. Necker n'aimait pas les « farces » de sa fille, et il n'ignorait pas pourquoi Ribbing avait été invité à Coppet. Aussi lorsqu'il apprit, au mois de novembre 1795, que le Suédois allait s'embarquer pour l'Amérique, poussa-t-il un soupir de satisfaction. Dans la joie de son âme, il en fait part à sa nièce, Mme Necker de Saussure, dévouée collaboratrice de Mathieu dans sa tâche de chien de berger cherchant à ramener la brebis égarée; il ajoute : « Bon voyage ! C'est, je crois, ce que nous lui souhaitons vous et moi. » M. de Montmorency le lui souhaitait également. Il était revenu à la foi catholique depuis la mort de son jeune frère sur l'échafaud révolutionnaire : sa naissance, ses traditions de famille, ses aspirations politiques nouvelles, tout aurait dû l'éloigner de Mme de Staël dont les légèretés de conduite ne pouvaient être admises : mais des raisons toutes particulières, un devoir même, le retenaient auprès d'elle.

Cependant Mme de Staël qui commençait à ne plus compter sur la gratitude de Talleyrand pour l'aider à entrer en relation avec le général Bonaparte, avait réussi à attirer chez elle ses deux frères, Lucien et Joseph. Son hôtel devint dès lors le rendez-vous de

formée de lettres à lui adressées, et les *Mémoires de d'Engeström*, composés après sa mort sur des documents conservés dans son château de Jankowitz, en Pologne, où résident ses descendants. Il avait épousé une Chlapowska.

certains amis de la liberté, effrayés du courant d'i-
dées qui entraînait les esprits vers un gouvernement
autoritaire. Ceux-là ne voulaient pas d'un retour à
l'ancien régime, et Mme de Staël était l'inspiratrice de
ce parti. Benjamin Constant, qui recevait d'elle le
matin, disait-on, la façon dont il devait penser le
soir, en était l'orateur au dehors, surtout au club de
Salm, où il était un des meneurs du parti républicain. Comme ministre, Talleyrand s'en faisait le dé-
fenseur partout où il pouvait : très éveillé sur son
intérêt, ce sceptique avait calculé ce qu'il devait attendre, lui, évêque défroqué, d'une restauration
royaliste. En conséquence, il avait déterminé le Directoire à un coup d'Etat. Il en fit précipiter l'exécution. Mais il ne disait mot de ses démarches à Mme
de Staël. Celle-ci ne croyait à la nécessité d'un coup
d'Etat que dans le cas où il eût fallu défendre la liberté, les conquêtes honorables de la République,
toutes choses qui devaient la servir dans des projets
dont elle ne s'ouvrait à personne, contre une réaction bourbonienne. Le Directoire, lui, s'inquiétait
moins de l'existence de la liberté que de la sienne.
Il crut celle-ci menacée : quoi de plus naturel, à ses
yeux, que de recourir à un acte de despotisme pour
la défendre ?

M. de Talleyrand, qui l'avait engagé dans cette
voie, négligeait peu à peu Mme de Staël. Quoi de plus
naturel aussi ? Comme les âmes basses, n'a-t-il pas
toujours abandonné les gens quand il n'avait plus
besoin d'eux ? Moins désireux de lui marquer sa
reconnaissance que de se rendre agréable et nécessaire aux Directeurs — jusqu'à la première saute de

vent — ce diable d'homme s'éloignait d'elle sans ver-
gogne parce qu'il s'était aperçu qu'elle cessait d'être
auprès d'eux *persona grata*. Elle ne l'était, en ce moment, nulle part, son coreligionnaire et compatriote
Mallet du Pan l'a noté. Au-dessus des mesquineries
auxquelles s'abaissaient les partis, elle cinglait chaque coterie de ses dédaigneuses épigrammes. Mais,
pas plus que les gens, les partis n'aiment qu'on leur
dise leurs vérités : comme eux, ils ne veulent que
des louanges. Et comme Mme de Staël aimait mieux
en recevoir qu'en faire, elle s'était rendue odieuse à
tous, surtout aux royalistes qui, à ce moment,
avaient conçu de grandes espérances.

Elle avait donc perdu tout crédit : la preuve n'en
était-elle pas dans l'attitude de Talleyrand envers
elle ? La passion de diriger la possédait pourtant
plus que jamais ; libérale et royaliste constitutionnelle jusqu'au 10 août 92, elle s'était ralliée à la forme républicaine qui lui donnait plus de chances d'influence pour l'exécution de ses desseins.

Mais elle parlait librement et le gouvernement di-
rectorial, le plus arbitraire de tous les gouvernements, n'aimait pas cela. Certains propos un peu
vifs, rapportés par des policiers aux Directeurs, déplurent ; ses habitudes, ses goûts aristocratiques, ses
relations et amitiés dans le camp royaliste, déplurent également. Elle le sentit et jugea prudent de
s'éloigner. Aussi bien avait-elle une raison toute particulière pour partir ; elle était enceinte et mit au
monde à Coppet, le 8 juin, sa fille Albertine. Barras
écrit à son sujet et à celui de son « fidèle garde du
corps » Benjamin Constant : « ... A cette époque,

des preuves non équivoques apparurent au public
d'un sentiment très partagé par la naissance d'une
fille que Mme de Staël nomma Albertine, et dont la
ressemblance des traits, des cheveux, de tout enfin,
se montra au monde comme la frappante image de
M. Benjamin Constant. » (1).

A peine remise, Mme de Staël revint à Paris et rou-
vrit son salon. Elle conquit ainsi une grande influence sur le Directoire. Elle lui donna de l'éperon
et précipita ses résolutions. Car il avait aussi un peu /
peur de Bonaparte ; il se demandait pour quel secret
dessein ce général victorieux lui avait envoyé les
adresses de ses divisions et l'un de ses aides de camp,
Lavalette. Mais comme il avait plus peur encore de
la réaction, il acceptait le concours de l'armée. C'é-
tait se mettre à sa discrétion, à celle du général Augereau. Inquiète elle aussi et cherchant à se documenter sur Bonaparte qui, seul, l'intéresse en tout
cela, Mme de Staël avait dit à Augereau : « Mais quelles sont les intentions de votre général ? Est-ce qu'il
voudrait mettre la République dans sa poche ? Se
faire roi de Lombardie ? — Oh ! Madame, répondit
Augereau, c'est un jeune homme trop bien élevé
pour faire une chose pareille. »

Pour éviter pourtant qu'il fût tenté de la faire,
Mme de Staël s'efforçait de rallier au gouvernement
les constitutionnels et les clichyens modérés : il
aurait ainsi la majorité sans recourir à ce moyen

____

(1) *Mémoires*, III, 128. — Le nom d'Albertine était celui de
Mme Necker de Saussure, cousine de Mme de Staël, et qui fut
marraine de l'enfant.

extrême : supprimer un certain nombre de membres de la droite afin de faire passer la majorité à gauche. Par ses amis, Mme de Staël avait assez d'influence pour tenter cette mesure de conciliation.

Elle fit des pieds et des mains pour attirer La Revellière et Réal dans son salon et en augmenter l'influence, — mais vainement.

Pendant ce temps, Lavalette tenait Bonaparte au courant de toutes les intrigues : devant l'état des esprits, il l'engagea à attendre et à garder son indépendance : la poire n'était pas encore mûre.

C'est ainsi que fut décidé le coup d'Etat du 18 fructidor (4 septembre 1797). Sans beaucoup de réflexion, Mme de Staël l'avait préparé dans son salon. Une fois accompli, elle fit une scène à Benjamin Constant parce qu'il prétendait que le Directoire avait eu raison de le faire, qu'il était indispensable d'arrêter les représentants... Elle craignait, elle, qu'ils ne fussent livrés à des commissions militaires et l'on sait ce qu'elles en auraient fait. Cet étranger, « avec son air hypocrite », répondait que ce serait fâcheux, mais peut-être nécessaire. L'opinion publique la rendait responsable de ce coup de force, et avec d'autant plus d'apparence de raison, qu'elle demeurait amie de ceux qui l'avaient fait. Elle protesta pourtant contre ses conséquences cruelles qu'elle n'avait pas prévues. « Elle avait voulu la journée, a écrit le chancelier Pasquier, elle ne voulait pas le lendemain. » Le lendemain, c'était les proscriptions, c'était les déportations à la Guyane qui remplaçaient — il faut être humain — la guillotine passée de mode. C'était aussi, pour Mme de

Staël une terrible moisson de haines inexpiables
chez ces malheureuses victimes, leurs familles et
leurs amis. Fut-ce par crainte ? Par remords ? Par
simple humanité ? Toujours est-il qu'elle s'employa
de son mieux à sauver quelques-uns de ces représentants auxquels elle était sincèrement attachée, ou
à faire atténuer la rigueur de leur peine. A certains,
elle offrit l'asile de Coppet, auprès de son père. Et
comme les Français trouvent toujours à plaisanter,
même sur les sujets qui s'y prêtent le moins, on
s'amusa à répéter ce mot de Talleyrand : « Mme de
Staël repêche ses amis après les avoir jetés à la ri-
vière. »

Pour en finir avec le 18 fructidor, la politicienne
brouillonne qu'était Mme de Staël n'avait pas prévu
que cette journée, faite par crainte du péril royaliste, serait la préface du 18 brumaire, qui fut accepté
par peur du péril jacobin.

Cependant, Talleyrand, pensant que sa situation
de ministre et la fortune qu'il commençait à amas-
ser le dispensaient de reconnaissance, devinant que
sa protectrice d'hier ne pourrait plus lui être utile, la
négligea complètement. Il la desservit même auprès
du Directoire et avec d'autant plus de zèle qu'il savait ses délations agréables ; il travailla si bien que
le gouvernement envoya l'ordre à Mme de Staël de
sortir du territoire de la République. « Dans le cas
de non-obéissance, a dit Barras, elle devait être ins-
crite sur la liste des émigrés. »

Au reçu de cet ordre, et bien qu'elle n'en connût
pas l'origine, Mme de Staël fit la grimace. Elle alla
trouver Barras lequel répondit d'une façon décou-

rageante, car elle se décida une fois de plus à faire le voyage de Coppet. En arrivant à Versoix, sur la frontière suisse, elle eut maille à partir avec la police du Directoire et fut même arrêtée sous prétexte de sympathie pour les proscrits. Informé de cette arrestation et de son ridicule motif, Barras expédia l'ordre de la remettre en liberté immédiatement. L'exilée put alors rentrer chez elle, faisant ses réflexions sur le gouvernement qu'elle avait travaillé à consolider et sur son ami Talleyrand qu'elle avait tiré d'embarras et qui, depuis... Car elle apprit plus tard, son peu noble rôle dans cette affaire, comme en plus d'une autre. Elle ne s'en fâcha pas, estimant que le vent tourne aussi facilement en politique qu'en amour et que l'évêque pourrait encore lui être utile. Mais elle le jugea, et, avec un reste de bienveillance qu'il ne méritait pas, elle a dit de lui : « Il considère la politique comme une manœuvre selon le vent, et les opinions fixes ne sont nullement à son usage. Cela s'appelle de l'habileté, et peut-être en faut-il en effet pour louvoyer ainsi jusqu'à la fin d'une vie mortelle : mais le sort des Etats doit être conduit par des hommes dont des principes soient invariables, et, dans les temps de troubles, surtout, la flexibilité, qui semble le comble de l'art, plonge les affaires publiques dans des difficultés insurmontables. »

N'est-ce pas le mot, si juste dans sa concision, du diplomate américain Gouverneur Morris :

« L'abaissement de la morale rend les hommes peu aptes à un bon gouvernement. »

On en a vu, depuis, plus d'un exemple.

VIII. — Intrigues de Mme de Staël jusqu'a la signature du Concordat

Oubliant le procédé disgracieux de son ami Talleyrand, mais connaissant maintenant son homme, Mme de Staël le cultiva ·plus qu'il ne l'eût souhaité. Elle avait ses projets. « A cette époque, elle portait jusqu'à l'enthousiasme son admiration pour le général Bonaparte. Je la vis pour la première fois chez M. de Talleyrand. Pendant tout le dîner, ses éloges du vainqueur de l'Italie avaient toute l'ivresse, tout le désordre et toute l'exagération de l'inspiration. En sortant de table, la société se dirigea vers un cabinet pour y voir le portrait du héros, et comme je me reculais pour la laisser entrer : « Comment oserais-je passer, dit-elle en s'arrêtant, devant un aide de camp de Bonaparte ? » Ma confusion fut si visible qu'elle lui en donna un peu et qu'elle fit rire jusqu'au maître de la maison. » (1).

Le général Bonaparte arriva à Paris le 15 frimaire an VI (5 déc. 1798). Talleyrand a dit que, le soir de

(1) Comte Lavalette, *Mémoires et Souvenirs*, I, 236.

son arrivée, le général lui envoya un aide de camp
pour lui demander à quelle heure il pourrait le
voir, que la réponse fut qu'il l'attendait et que Bonaparte se fit annoncer pour le lendemain à onze heures du matin. La vérité est que M. de Talleyrand le
devança et le voulut aller voir le soir même. Le général lui demanda la permission de ne pas le recevoir et le prévint le lendemain matin (1).

Avertie par Talleyrand, Mme de Staël n'avait eu
garde de ne pas venir. Elle trouva dans le salon du
ministre une foule de personnages empressés à voir
le héros : « On annonça le général, dit Talleyrand ;
j'allai au-devant de lui. En traversant le salon, je
lui nommai Mme de Staël à laquelle il fit peu attention. » Ce qui prouve, si Talleyrand dit vrai, que le
général n'avait pas oublié ses lettres « passionnées ».
Mais les hommes qui arrivent tout d'un coup à la
gloire ou au pouvoir sont cuirassés contre des lettres
de telle sorte : il y a tant d'intrigantes en ce monde !

Célèbre à plus d'un titre, Mme de Staël était médiocrement flattée de se voir reléguée par le général au
rang de ces aventurières. Sa déception était grande,
grande aussi sa confusion de n'avoir pas fait sur lui
plus d'impression. Cela alla jusqu'au malaise :
« Lorsque je fus un peu remise du trouble de l'admiration, un sentiment de crainte très prononcé lui
succéda », dit-elle. Mais comme elle avait besoin de
lui pour ses projets, elle ne se tint pas pour battue.
Mettant au compte de ses graves préoccupations, du
manque d'usage et, qui sait ? peut-être de sa timi-

(1) Talleyrand, *Mémoires*, I, 259. — Thiers, *Révol*, IX, 377.

dité devant une femme célèbre par son esprit, une réserve certainement voulue, elle se promit de prendre sa revanche à la plus prochaine occasion.

Cette occasion ne tarda pas à se présenter à la jeune femme qui la cherche. Ne péchant que par une trop grande défiance d'elle-même, habituée à voir capituler tous les hommes devant qui il lui avait plu de mettre le siège, elle se rend à une fête que donne Talleyrand en l'honneur de Bonaparte. Réception superbe, monde fou... Mme de Staël rencontre le poète Arnault, beau-frère de Regnault (de Saint-Jean d'"Angely) et le prie de le présenter au héros de la fête. Arnault en a fait un joli récit : « On ne peut aborder votre général, me dit-elle, il faut que vous me présentiez à lui. — Elle accabla Napoléon de compliments ; lui, laissait tomber la conversation ; elle, désappointée, cherchait tous les sujets possibles : — Général, quelle est la femme que vous aimeriez le plus ? — La mienne. — C'est tout simple, mais quelle est celle que vous estimeriez le plus ? — Celle qui sait le mieux s'occuper de son ménage. — Je le conçois encore. Mais enfin, quelle serait pour vous la première des femmes ? — Celle qui fait le plus d'enfants, Madame. » (1) Et le général, qui croyait ou faisait semblant de croire qu'elle n'avait pas d'enfants, de tourner les talons, laissant la reine de la conversation abasourdie, muette de surprise et de dépit, n'en revenant pas

____

(1) Arnault, *Souvenirs d'un sexagénaire*, IV, 27. — Rovigo. *Mémoires*, I, 29. — Napoléon, *Mémoires*, I, 368. — Yung, *Lucien Bonaparte et ses Mémoires*, II, 235. — *Mémorial de Sainte-Hélène.*

de voir qu'un homme avait pu lui fermer la bouche
et lui faire perdre les arçons, furieuse aussi d'avoir
essuyé cet échec devant cent témoins.

Vous croyez qu'elle se le tient pour dit ? Ce serait mal la connaître. Sachant, par plus d'une expérience, qu'avec de la persévérance une femme finit
toujours par obtenir ce qu'elle veut, elle ne se dé-
courage pas. Elle ne manque pas une occasion de
se placer sur le passage du général, de le rencontrer dans les solennités officielles... Elle l'invite
même à un bal chez elle. Vaines avances !... Par
tous les moyens, elle s'efforce de faire connaître à
Bonaparte, qui se tient de plus en plus sur ses gardes,
ses sentiments pour lui : aussi bien s'exaspèrent-ils
devant l'obstacle. Il se dérobe toujours. Et toujours
elle revient à la charge. Elle veut à tout prix obtenir au moins un mot flatteur qui rompe la glace :
« Général, dit-elle un jour avec découragement,
une femme ne peut être que votre épouse ou votre
sœur ». Stendhal, qui rapporte ce mot, ajoute :
« Le héros ne comprit pas le compliment : l'on s'en
est vengé par de belles injures » On ne s'en vengea
que bien plus tard.

L'amour n'est pas fier, soit ; mais il y a dans
l'obstination de Mme de Staël, dont elle sent parfaitement l'inconvenance, autre chose que de l'amour.
Que cache, au fond, cette poursuite ? On le verra
plus loin.

En attendant, un enthousiasme si indiscret n'é-
chappe pas au général. Il en est plus ennuyé que
flatté ; mais, ne voulant pas se mettre à dos une
femme dont le salon est une puissance, il se tient

sur une prudente réserve. Il est courtois, mais distant. On sent qu'il refuse le fer. On dirait une coquette qui ne veut ni céder ni rompre.

Cependant l'insuccès n'arrête pas Mme de Staël. Elle fait part à Joseph Bonaparte de sa déconvenue en même temps que de son désir d'être en bons termes d'amitié avec le général. Elle va aussi trouver Lucien : « Je deviens bête devant votre frère à force de vouloir lui plaire, dit-elle presque en pleurant. Je ne sais plus, et je veux lui parler, je cherche à modifier mes tours de phrase, je veux le forcer à s'occuper de moi, enfin je me trouve et deviens, en effet, bête comme une oie ». (1)

Bonaparte est-il touché de cette poursuite obstinée ? Pas le moins du monde. Il connaît les antécédents de l'ambassadrice ; son ami Talleyrand — un de « ses anciens », comme il dit — ne lui en a probablement rien laissé ignorer. Mme de Staël lui apparaît comme une sorte de monstre dans la nature. Elle lui répugne et quand Lucien lui rapporte ses plaintes, son désespoir du décourageant accueil qu'il lui fait, il hausse les épaules : « Je la connais fort bien, dit-il... Elle a déclaré à quelqu'un qui me l'a répété, que, puisque je ne voulais pas l'aimer, ni qu'elle m'aimât, il fallait bien qu'elle me haït, puisqu'elle ne pouvait rester indifférente pour moi. Quelle virago ! » (2).

Cependant M. de Staël, rappelé à l'activité, avait repris ses fonctions à Paris. Il n'ignorait pas que la

(1) Iung, *Lucien Bonaparte et ses Mémoires*, II, 235.
(2) *Ibid.*, 237.

conduite, ou plutôt l'inconduite de sa femme avait, en partie, causé sa disgrâce. Aussi, de crainte qu'il ne reprît son idée de divorce, la baronne évitait en ce moment de faire parler d'elle. Pour plus de sûreté autant que par dépit de ses échecs répétés auprès de Bonaparte, elle partit pour la Suisse. Ah ! elle le connaissait, ce chemin, faisant sans cesse la navette entre Coppet et Paris ! Aussi bien ne pouvait-elle plus rester en cette ville, le gouvernement du Directoire l'ayant de nouveau engagée à « aller prendre l'air de la campagne ».

La France se disposait à intervenir dans les affaires de la Suisse. Des différends entre le pays de Vaud et le canton de Berne obligèrent le gouvernement français à protéger les Vaudois contre la tyrannie de Berne. Ce canton prit mal la chose et se prépara à la guerre. Deux divisions françaises, l'une de l'armée d'Italie, l'autre de l'armée du Rhin, vinrent faire une démonstration à la frontière. Quelques bravades déplurent aux soldats français. Une rencontre paraissait inévitable.

A peine arrivée à Coppet et mise au courant de la situation, Mme de Staël écrit à Meister le 22 janvier 1798 :

Est-ce que vos bonnes têtes de Zurich ne peuvent pas venir à notre secours ? Je ne crains point que les troupes qui passent par Genève aient pour but d'attaquer le pays de Vaud... Je crois ce que j'ai toujours cru : c'est que le seul but des Français est d'avoir une contribution de la Suisse... Ce n'est pas à la constitution, mais à l'argent qu'on en veut. Vous concevez que je suis dans un trouble extrême (1).

(1) *Lettres inédites de Mme de Staël à Meister.*

Le fond de la pensée, chez Mme de Staël, est la crainte d'être frappée d'une forte contribution. Le même jour, elle écrit à Barras et lui demande d'obtenir du Directoire le retrait des troupes françaises. Elle lui expose les motifs qui, à son avis, doivent les faire rappeler. (Elles entrèrent le 28 janvier 1798 sur le territoire helvétique). Oubliant ce qu'elle vient d'écrire à Meister, elle invoque la protection du Directeur pour elle et sa famille et en profite pour lui donner de l'encensoir au travers du visage : manque-t-elle de mesure, ou la vanité du gentilhomme révolutionnaire exige-t-elle qu'on la supprime pour lui ? Au reste, voici cette lettre : (1)

Coppet, 3 pluviôse an vi. — (22 janvier 1798).

Voilà ma requête au citoyen président, mais qu'il me soit permis de parler de ma situation avec confiance à l'homme à qui je dois mon séjour en France et quelque espoir de repos et d'existence dans l'avenir.

Quinze mille hommes de troupes françaises entourent notre malheureux petit pays, et l'on nous menace à chaque instant de leur invasion. Cette habitation est la première ville frontière et j'ai mes enfants et mon père à un quart de lieu (*sic*) de l'armée. Que veut donc le Directoire de nous ? Des changements dans la constitution du pays de Vaud ? Ils se font, ils seront faits, mais la présence de la force armée détruit et toute liberté dans les délibérations, et tout repos dans les têtes. On ne se fait pas l'idée du désespoir de la presque totalité des habitants ; leur pays ne produit pas la moitié du blé nécessaire pour les nourrir, et si l'on les sépare de la partie allemande de la Suisse, ils perdent tous les moyens de

---

(1) Inédite. — Nous devons la communication de cette lettre, ainsi que d'un certain nombre d'autres qui la suivent, à la bienveillance de Mme Ch. Segonne, que nous sommes heureux de remercier ici de nouveau de sa parfaite bonne grâce.

subsistance. Leur pays est pauvre, la culture en est difficile, ils sont hors d'état de payer des impôts. Le Suisse, disait Montesquieu dans *l'Esprit des loix* (sic), le Suisse paye plus à la nature que tout autre peuple à son gouvernement. Ils (*sic*) sont religieux dans le culte protestant, ils vivent à la campagne au sein de leur famille, il n'est point de mœurs plus opposées à celles des Français. Les trois-quarts et demi du pays ne demandent qu'une grâce, c'est que le Directoire éloigne les troupes ; ils feront dans leur intérieur ce que [vous] voudrez, mais ils tremblent de devenir le théâtre de la guerre. Les habitants du pays de Vaud certainement ne s'opposeront pas à l'entrée des Français, mais les Suisses allemands feront peut-être de la résistance dans leurs montagnes. Et ce pays-ci, dont rien n'égalait le bonheur et le repos, deviendra le théâtre des malheurs les plus horribles. Est-ce que les attentats de Rome, ceux de l'Angleterre, ne vous demandent pas toutes vos forces ? La Suisse a été pendant deux ans le seul allié de la France, la seule porte par où elle recevait des approvisionnements lorsque l'Europe était coalisée contre elle. Robespierre lui-même la ménagea par reconnaissance. Ah ! Ce n'est pas vous, Barras, qui opprimez les faibles et respectez les puissants, et mon espoir pour nous auprès de vous, c'est notre absolu dénuement de moyens et de puissance. Peut-être que ces troupes ne font que passer et que, fidèle à la promesse que la France a faite de respecter ses alliés, ils (*sic*) continueront leur route ; mais ici deux ou trois brouillons répandent que l'armée française *est à leurs ordres*, qu'elle entrera quand ils la demanderont, que vous personnellement, mon cher Barras, vous avez envoyé des cartes de sûreté signées de vous à ce qu'ils appellent les patriotes de ce pays, c'est-à-dire cinquante personnes qui meurent de peur des Français. Je ne crois pas à toutes ces terreurs d'un petit pays qui n'a pas dans tous ses habitants la millième partie de la bravoure de Barras, mais si par malheur il y avait quelque chose de vrai, daignez me donner une lettre de recommandation pour le

général Mesnard qui commande à un quart de lieu (*sic*)
de Copet (*sic*). Elle servirait à mon père, à mes enfants,
à moi. Que deviendrais-je sans vous ? Que deviendrais-je
si vous ne faisiez pas rayer mon père de la liste des émigrés ? La ruine, le danger, tout nous accablerait. Je ne
vous présenterai de pétition que si en effet les circonstances ne permettent pas d'attendre mon retour à Paris. Alors
je vous demanderai presque à genoux le plus grand service qu'il soit possible de rendre à une fille et à une
mère, le repos de son père et la fortune de ses enfants.

Ah ! Barras, quel bienfaiteur vous seriez pour ce pays
si vous en faisiez éloigner les troupes françaises ! C'est
le seul asyle où, dans les revers de parti, les patriotes peuvent se retirer. Les monarchies n'auraient pas reçu Lou-
vet, ne voudraient recevoir ni moi [ni] mes amis. Dans
cette terre, dont mon père m'a fait propriétaire, je voyais
un asyle pour ce que j'aime, pour vous-même peut-être,
qui, tout intrépide que vous l'êtes ne pouvez être à jamais sûr de triompher de tous les extrêmes. Faudra-t-il
le voir ravager ? Ne restera-t-il pas un coin de terre à
l'abri des passions politiques ?

Adieu, mon cher Barras, je suis bien triste et votre
bon cœur le concevra. Je tremble pour mon père, pour
mes enfants, et vous vous souvenez de l'état où j'étais
avant le 18 fructidor lorsque je craignais pour vous et
pour Benjamin. Une seule pensée me donne un peu de
calme, c'est votre amitié pour moi. Je tranquilise (*sic*)
mon père avec elle ; je lui dis que vous n'avez jamais
abandonné ceux qui se sont placés sous votre protection,
et après cette providence qui, je l'espère, défend ceux
qui dans toute leur vie n'ont jamais fait de mal à personne, je confie à vous, généreux Barras, et mon père,
et mes enfants, et ma fortune, et ce pauvre pays, et moi-
même.

Si la politicienne attendait quelque chose de cette homélie, elle fut déçue : les troupes françaises
pénétrèrent sur le territoire suisse, n'y causèrent

aucun dommage et le pays de Vaud fut constitué
en une *République lémanique*, ce qui suggère à
Mme de Staël cette réflexion dont la justesse peut
s'appliquer à d'autres temps : « Singulière manie
des révolutionnaires français d'obliger tous les
pays à s'organiser politiquement de la même manière que la France ! » C'est bien pensé, mais
Mme de Staël ne voulait-elle pas obliger la France à
« s'organiser politiquement » comme l'Angleterre ?... Cette République lémanique vécut jusqu'en
mars 1803, où le Premier Consul se fit nommer Mé-
diateur de la Confédération suisse : débarrassé ainsi
des agitateurs révolutionnaires, le pays lui sut gré
de lui avoir rendu la tranquillité.

Rassurée sur le sort de son père et de ses biens
sur lesquels, à vrai dire, elle n'avait eu aucune inquiétude, Mme de Staël attendit tranquillement les
événements. Elle les notait au jour le jour. Mais
quand on écrit au milieu des fièvres politiques, avec
un esprit souvent faussé malgré sa valeur générale
et avec l'assurance de certaines âmes à qui l'exaltation tient lieu de la connaissance approfondie des
choses, sous l'impression des bruits qui courent
journellement et qu'on n'a ni le temps ni les
moyens de contrôler, on risque fort d'émettre des
inexactitudes. C'est ce qui arriva et Mme de Staël
attribua à la France des torts qu'elle n'avait pas.

Le pays helvétique rentré dans le calme, Mme de
Staël retourna à Paris. Voici une lettre par laquelle
elle invoque le bienveillant intérêt de Barras sur
une réclamation de Necker au gouvernement français : il s'agit de deux millions jadis avancés par

lui au Trésor. Aussi fait-elle de nouveau patte de velours à Barras et le flatte-t-elle tant qu'elle peut :

Saint-Ouen, par Franciade (1) ce 5 messidor.

Je suis arrivée ici, citoyen directeur, pour rassembler les pièces relatives à l'affaire de mon père. Vous avez reçu, j'espère, sa lettre et son mémoire ; il n'a pas voulu qu'aucune sollicitation, même la mienne, précédât son mémoire, se fiant à la justice de sa cause. Je reste donc à la campagne, me proposant cependant de la quitter pour venir vous voir si votre ancienne bonté m'y autorise. Je viens de passer cinq mois au milieu de vos triomphantes armées et j'aurai du plaisir à vous raconter ce qu'elles disent de vous, personnellement de vous. J'ai acquis par la réunion de Genève le titre de votre compatriote, et me voilà Française de fait comme je l'étais de cœur. Permettez-moi donc de vous remercier de nous avoir préservé [sic] de la puissance des hommes cruels. Vous savez combien mon cœur les redoute. Pour vous à qui j'ai dû le repos et qui, je l'espère, rendez à mon père la justice qui lui est due, rappelez-vous, citoyen directeur, qu'au bal de Talleyrand, la dernière fois que je vous ai vu, vous daignâtes me promettre votre amitié. Ces paroles ont fait mon espérance et dans tous les temps j'y attacherai le même prix.

Necker Stael de Holstein.

Daignez me faire donner une carte pour entrer chez vous quand je serai en état de sortir. L'ancienne que vous aviez eu la bonté de signer ne passe plus, à ce qu'on me dit (2).

D'une autre main : (Le mémoire du père est du 17 juin 1798).

Répondu le 13 thermidor.

De la main de Barras : Envoyer une carte.

(1) Saint-Denis, pendant la Révolution.
(2) Lettre inédite. Collection Ch. Segonne.

Ce voyage à Paris ne fut guère pour Mme de Staël qu'un voyage d'affaires. Elle s'occupa de mille détails d'intérêt, fit quantité de démarches... Elle avait mis en vente, pour son père, son hôtel de la rue du Mont-Blanc. Le banquier Récamier l'acheta. Mme Lenormand dit que l'acte de vente porte la date du 25 vendémiaire an VII (16 octobre 1798) et que la négociation de cette affaire fut l'origine de l'amitié de Mme de Staël et de la belle Juliette.

Un jour, écrit-elle, et ce jour fait époque dans ma vie, M. Récamier arriva à Clichy (1) avec une dame qu'il laissa seule avec moi dans le salon, pour aller rejoindre quelques personnes qui étaient dans le parc. Cette dame venait pour parler de la vente et de l'achat d'une maison; sa toilette était étrange : elle portait une robe du matin et un petit chapeau paré, orné de fleurs : je la pris pour une étrangère. Je fus frappée de la beauté de ses yeux et de son regard : je ne pouvais me rendre compte de ce que j'éprouvais, mais il est certain que je songeais plus à la reconnaître et, pour ainsi dire, à la deviner, qu'à lui faire les premières phrases d'usage, lorsqu'elle me dit avec une grâce vive et pénétrante, qu'elle était vraiment ravie de me connaître, que M. Necker son père... A ces mots, je reconnus Mme de Staël ! Je n'entendis pas le reste de sa phrase, je rougis, mon trouble fut extrême. Je venais de lire ses *Lettres sur Rousseau*, je m'étais passionnée pour cette lecture. J'exprimai ce que j'éprouvais plus encore par mes regards que par mes paroles : elle m'intimidait et m'attirait à la fois. On sentait tout de suite en elle une personne parfaitement naturelle dans une nature supérieure. De son côté elle fixait sur moi ses grands yeux, mais avec une curiosité pleine de bienveillance, et m'adressa sur ma figure des compliments

____

(1) Habitation de campagne de Mme Récamier, aux portes de Paris.

qui eussent paru exagérés et trop directs s'ils n'avaient
pas semblé lui échapper, ce qui donnait à ses louanges
une séduction irrésistible. Mon trouble ne me nuisit
point ; elle le comprit et m'exprima le désir de me voir
beaucoup à son retour à Paris, car elle partait pour Coppet. Ce ne fut alors qu'une apparition dans ma vie, mais
l'impression fut vive. Je ne pensai plus qu'à Mme de Staël,
tant j'avais ressenti l'action de cette nature si ardente et si
forte.

La rencontre eut-elle vraiment lieu, et telle que
l'a dite Mme Lenormand ? N'est-ce pas là une manière
convenue entre son illustre tante et Mme de Staël
pour dissimuler leurs précédentes rencontres chez
Barras, aux fêtes du Luxembourg ? (1) On s'entendit plus tard pour oublier et faire oublier ce passé
peu glorieux et l'on imagina la petite histoire
qu'on vient de lire. Le général Bonaparte n'en fit-il
pas autant pour cacher le passé de celle qu'il connut chez Barras et épousa plus tard ? (2). Mais c'est
de ce temps que date la liaison aussi tendre et passionnée, de Mme de Staël avec la belle Juliette, que
l'avait été celle de Marie-Antoinette avec Mme de Polignac.

La fille de Necker repartit bientôt. Elle n'avait
pas perdu son temps à Paris : après avoir obtenu la
radiation de Necker de la liste des émigrés, elle a
l'espoir de récupérer ses deux millions. Elle semble y faire allusion dans cette lettre qui respire
contentement et bonne humeur mêlés à une aima-

(1) Voir, à ce sujet, notre ouvrage sur *Madame Récamier*,
p. 28-35.

(2) Voir notre autre ouvrage sur *La générale Bonaparte*.

ble ironie, note qui ne se rencontre pas souvent sous la plume de l'ambassadrice :

Coppet, Canton Léman, ce 10 frimaire an VII.
(30 novembre 1798)

Hé bien, mon cher Barras, j'ai déjà parcouru un mois sur les six que je passerai au pied des montagnes. Votre respect pour moi commence-t-il ? Et si je reste six mois loin de vous, n'admirerez-vous pas un peu mon sacrifice ? Je me représente ces soirées où je m'amusais parfaitement quand vous aviez un peu moins de douze cousines dans votre chambre, et je vous regrette beaucoup. Mais je l'ai dit, je resterai. Ce qui pourrait m'arriver de pis, c'est que, vous lassant de m'admirer, vous m'oubliassiez tout à fait. Je vous en prie, ne me placez pas dans une de vos distractions, car je ne pourrais pas vous le rendre, moi qui entends partout prononcer votre nom. Si vous voulez me faire un plaisir extrême, vous m'écrirez trois lignes, ce qui, joint à quatre que j'ai déjà, composera toute ma fortune révolutionnaire. En vérité, mon cher Barras, quoique je ne porte pas le nom du vainqueur de l'Egypte, aimez-moi et souvenez-vous que je vous préfère à tous les vainqueurs du monde.

Germaine NECKER STAEL DE HOLSTEIN. (1).

« Je vous préfère à tous les vainqueurs du monde ! » Est-ce bien sûr ? Ce qu'elle a écrit dans ses *Considérations* (IVᵉ partie, chap. I) ne le laisse guère croire, et ses lettres au vainqueur d'Italie encore moins. Depuis le départ de Bonaparte pour l'Egypte, Mᵐᵉ de Staël est plus enthousiaste de lui que jamais : il lui paraît d'autant plus grand que, contrairement aux lois de la perspective, il est plus loin d'elle. Il lui paraît même si grand que, dans un

---

(1) Lettre inédite. Collection Ch. Segonne.

transport d'admiration elle parle de l'aller rejoindre. Par amour ? Non ; elle ne désire plus que d'être son inspiratrice politique.

Ces sentiments intimes ne l'empêchaient pas de recevoir ses amis. Parmi les hôtes de Coppet était alors M. Adrien de Lezai. Joignant la beauté physique aux agréments de la jeunesse et de l'esprit, nourri des fortes lectures de Pascal et de Montaigne, de Montesquieu et de Bossuet, l'Administration impériale devait s'étonner plus tard — moins que lui cependant — de le compter au nombre de ses préfets. En transit chez elle était aussi M. de Chênedollé, alors fiancé de cette pauvre Lucile de Chateaubriand avec qui il échangea des lettres empreintes d'une si douce mélancolie, et qui passait une bonne partie de son temps à faire des vers que Mme de Staël trouvait « hauts comme des cèdres du Liban ». Emigré, soldat dans l'armée des princes, comme l'avait été Chateaubriand, Lioult de Chênedollé, était encore ébloui des étincelantes fusées d'éloquence tirées devant lui par Rivarol, « le roi de la conversation », lorsqu'il entendit les monologues et improvisations de Mme de Staël. L'éblouissement ne fut pas moindre :

Mme de Staël, dit-il, n'avait pas une parole plus svelte, plus rapide, plus splendide, plus variée que Rivarol; mais elle l'avait plus vive encore et plus ardente. En un mot, elle était plus tourbillon. Elle vous entraînait, elle vous forçait à rouler dans son orbite.

La parole de Mme de Staël était toute de la foudre. Elle avait des dix minutes de conversation vraiment étonnantes.

Tout l'esprit de Mme de Staël était dans ses yeux, qui

étaient superbes... Elle coupait, disséquait un cheveu en quatre. Elle anatomisait et colorait tout (1).

Mieux que ses livres, les lettres de Mme de Staël, qui sont de véritables improvisations écrites, donnent un reflet de son genre d'esprit. On y trouve presque toujours quelque pensée ingénieuse, quelque trait final spirituel ou venant du cœur. Mme de Staël les écrivait à la diable, dans son salon, le plus souvent au milieu des causeries de ses amis, lançant un mot, déposant la plume pour se mêler à la discussion... De là un certain décousu : elles auraient eu besoin d'être relues pour arriver à la perfection : elles ne sont que charmantes, mais, comme elle le disait, « depuis que j'ai visé tout ouvertement à la célébrité par mes livres,— c'est Mme Necker de Saussure qui nous rapporte ces paroles — je n'ai plus donné aucun soin à mes lettres ».

Les femmes parlent, en général, mieux qu'elles n'écrivent. Mme de Staël en est un exemple ; Mme de Genlis, Mme Sophie Gay, la duchesse d'Abrantès en sont d'autres. Cette dernière fut aidée par Balzac dans ses premiers volumes de *Mémoires*, mais Mme de Staël ne le fut-elle pas par Benjamin Constant dans une partie de son œuvre, par Schlegel dans l'autre ? De plus, n'était-elle pas aidée par tout son cercle d'amis quand elle mettait en discussion devant eux les questions sur lesquelles elle désirait avoir plus que des lueurs ? Mais il serait injuste d'oublier qu'à ce moment, en 1798, elle n'avait guè-

____

(1) Sainte-Beuve, *Chateaubriand et son groupe littéraire*, II 190.

re plus de trente ans, qu'elle planait dans les sphères supérieures de l'esprit et pensait avec toute la
maturité des cinquante ans d'un homme d'élite. Il
faut cependant observer qu'un entourage lui était
nécessaire pour la mettre en train, fouetter sa verve
et lui faire rendre tout ce dont elle était susceptible. Chênedollé l'a noté : « Benjamin Constant
ne cause pas, il fait l'accompagnement de la conversation ». Avec cet accompagnement, les pensées
jaillissaient chez Mme de Staël comme les étincel-
les jaillissent d'une meule tournante au contact de
l'acier. Et la conversation du soir, à Coppet, ne prenait fin que lorsque le sujet était épuisé, « anato-
misé », pour employer l'expression de Chênedollé,
et cela, disons-le tout bas, à la satisfaction muette
de plus d'un de ses auditeurs, de B. Constant tout
le premier.

Comme toutes les femmes, Mme de Staël a reçu
en naissant un don de parole supérieur à celui dé-
parti aux hommes. Le besoin de parler fait verser
les femmes vulgaires dans le bavardage : c'est la
soupape au besoin de mouvement perpétuel de leur
langue. Mais lorsque ce don se trouve joint à une intelligence originale et à un agréable timbre de voix,
il devient un régal pour ceux qui l'entendent et une
intense jouissance d'amour-propre pour celle qui le
possède. Si la beauté des formes et du visage, la
grâce et la vertu se trouvent unies à ces qualités, on
a la femme idéale. Ce n'est pas tout à fait cela chez
Mme de Staël : la parole est la soupape à une activité de pensée toujours en ébullition comme la lave
d'un volcan : sans cette soupape, la chaudière, par

excès de pression, ferait explosion. C'est ainsi que, la dirigeant à sa volonté, la conversation est devenue pour elle une sorte de *sport* : comme elle y est de première force, elle veut qu'on l'admire. Et alors elle abuse, elle verse dans le monologue, dans l'éloquence de la tribune ou celle de la chaire. L'art a tourné au métier : au lieu de causer, elle plaide, elle professe ou fait une conférence. Ce ton ne doit pas être celui de la conversation, surtout chez une femme. Comme on aime faire ce en quoi on excelle, Mme de Staël veut arriver à la gloire par sa parole comme par ses écrits.

Il est souvent attristant de voir trop à découvert les ressorts cachés qui font mouvoir l'âme humaine. On se demande, en scrutant la vie de Mme de Staël, quel est le sort le plus misérable, celui de cette femme qui se met sans cesse en spectacle pour de pauvres intérêts de vanité, ou de ceux qui applaudissent à ce désolant spectacle. « J'ai découvert que tout le malheur des hommes, écrivait Pascal, vient d'une seule chose, qui est de ne pas savoir demeurer en repos dans une chambre... » Demeurer en repos ! On n'aurait pu le demander à Mme de Staël : la volonté d'être la première, de dominer, de s'imposer partout parce qu'elle se croyait supérieure à tous, ne lui permettait pas le bonheur que donnent les goûts simples, l'accomplissement des menus devoirs journaliers et de « savoir demeurer en repos ». Elle prétendit de tout temps être heureuse suivant ses passions et non selon la formule de la saine raison : est-elle une exception ?

Mme de Staël était donc si pénétrée de ses supé-

riorités qu'il lui arrivait d'en parler un peu plus
qu'il n'eût été séant de le faire. Sainte-Beuve a observé que, lorsqu'on commence à s'entêter de soi-
même et de son importance, c'est un signe de faiblesse. N'en était-ce pas un, plus que d'amour filial, que cette boutade, d'essence bien germanique,
racontée par Mme Necker de Saussure ? Comme elle
se savait spirituelle, Mme de Staël n'était pas fâchée
que nul ne l'ignorât, même ses gens. Le cocher de
Coppet ayant versé Mme de Saussure dans le fossé de
la route en la ramenant de Genève, Mme de Staël affecta la crainte qu'il n'y versât un jour M. Necker
et le fit appeler. En l'attendant, elle monologuait
« en proie à la plus vive agitation, parcourait à
grands pas la chambre. — Quoi ! mon père, mon
pauvre père, disait-elle, on l'aurait versé ! A votre
âge, à celui de vos enfants, ce n'est rien, mais avec
sa taille, sa grosse taille !... Dans un fossé, et il
aurait pu y rester longtemps, et il aurait appelé,
appelé inutilement peut-être... Alors, vaincue par
son émotion, elle était obligée de s'arrêter jusqu'à
ce que la colère lui eût redonné des forces.

» Enfin Richel (le cocher) entre... Elle s'avance
vers lui avec solennité et, d'une voix d'abord étouf-
fée, mais qui, grossissant peu à peu, finit par de
grands éclats : Richel, vous a-t-on dit que j'avais
de l'esprit ? — L'homme ouvre de grands yeux. —
Savez-vous que j'ai de l'esprit, vous dis-je ? —
L'homme reste encore muet. — Apprenez donc que
j'ai de l'esprit, beaucoup d'esprit, prodigieusement
d'esprit : eh bien ! tout l'esprit que j'ai, je l'em-

ploierai à vous faire passer le reste de vos jours
dans un cachot si jamais vous versez mon père ». (1)

Le salon de Mme de Staël à Paris était devenu un
centre politique, une sorte de *club* de bonne compagnie. D'anciens constituants y coudoyaient d'anciens conventionnels. Des constitutionnels, des députés comme Boissy d'Anglas, Siméon, Tronçon-
Ducoudray, Portalis, Thibaudeau, Pontécoulant,
Marie-Joseph Chénier, Rœderer, Camille Jordan,
qui venait de se révéler un caractère et de s'illus-
trer par la hardiesse d'un rapport sur la liberté
des cultes et des prêtres proscrits, tous ceux enfin
qui acceptaient le gouvernement du Directoire en
attendant mieux, s'y donnaient volontiers rendez-
vous. Talleyrand ne croyait pas avoir intérêt à s'y
montrer. Quant à Benjamin Constant, avec sa tête
blonde et fine, son esprit mobile plutôt que souple,
sa parole facile, il semblait le maître de la maison
et secondait à merveille Mme de Staël dans ses devoirs, tout en cherchant à se rendre populaire. De
même que Talleyrand avait *accepté* un portefeuille,
on voyait qu'il ne demandait qu'à montrer même
dévouement à la République en en acceptant un lui
aussi. Mme de Staël faisait mille efforts pour sa réussite. Aussi recherchaient-ils tous les deux les bonnes

(1) *Notice sur le caractère et les écrits de Mme de Staël.* « En
général, toute cette notice a passé par des revues multipliées
tant d'Auguste [de Staël], de M. et Mme de Broglie, que de
moi... Il importait trop à celle qui a tenu une si grande place
pendant sa vie, que cette notice dise (*sic*) *presque tout et pas
tout...* Sans doute, c'est plus un éloge qu'une vie... » (Mme Rilliet-Huber à Meister, 31 déc. 1819. — *Lettres inédites de Mme
de Staël à Meister,* p. 247).

grâces de Lucien et de Joseph Bonaparte qui venaient chez l'ambassadrice moins pour entendre la grande parleuse que pour tâter l'opinion de son salon et en rendre compte à leur frère. L'éclatante illustration de celui-ci leur valait la déférence de chacun et, toute la première, Mme de Staël ne leur ménageait par les délicates flatteries. Elle n'avait pas encore renoncé à faire la conquête du général : elle avait conquis cependant l'amitié sincère et dévouée de Joseph.

Invitée par lui, elle l'allait voir à sa terre de Mortfontaine ; tout le monde y était ravi de l'entendre, et elle se montrait d'autant plus éloquente qu'elle avait plus d'auditeurs et capables de la comprendre.

De son côté, elle donnait des dîners de *décadi*, comme on disait encore. Elle avait soin de ne mettre jamais ensemble que des hommes du même bord, de même éducation et de mêmes aspirations. Elle avait raison ; certains esprits pointus ne le trouvèrent pas et ne se montrèrent pas très satisfaits de cette manière d'entendre l'égalité. Mais Mme de Staël était une enchanteresse dont la langue dorée savait convaincre chacun que tout ce qu'elle faisait était bien fait.

Après un court séjour en Suisse, elle rentra à Paris le soir du 18 brumaire. A peine arrivée, la voilà partie sur la politique. De Saint-Cloud, Benjamin Constant lui envoyait chaque heure des nouvelles par courrier. Elle avoue qu'elle ne savait pas trop pour quel parti faire des vœux : si Bonaparte l'emportait, ce serait, pensait-elle, le triomphe de la liberté : si c'était le parti jacobin, déjà sous le coup

d'un ordre d'exil, elle serait immédiatement expulsée
de France. A la nouvelle du succès de Bonaparte, elle
pleure de joie ! Elle croit à la victoire de la liberté.
Elle reconnut bientôt son erreur et s'en consola en
écrivant que « la liberté n'existera jamais en France ». Elle semble avoir deviné juste, car cent vingt-
cinq ans plus tard, on l'attendra encore.

L'ordre revenu, la vie sociale et mondaine reprit
aussitôt. Apprenant que Mme Reinhardt, femme du
ministre des Affaires étrangères, donne une réception le 23, Mme de Staël fait aussitôt demander une
invitation. Et, le 27, Mme Reinhardt écrivait : « La
dernière réception chez moi a été fort brillante...
Mme de Staël se fait remarquer partout où elle se
montre ; elle tournait comme une toupie autour
des personnes marquantes. Elle avait entrepris mon
mari, mais il lui opposa sa mine de ministre et elle
renonça à le faire parler. Elle se dirigea d'un autre
côté : Chazal, Boulay de la Meurthe, Chabot furent
plus maniables. Elle m'accabla de compliments,
prétendit que nous étions faites pour nous comprendre et que nous devions nous lier d'amitié. Je
suis sensible à la bonne opinion qu'elle a de moi,
mais elle ne m'est pas sympathique, quoique les
charmes de son esprit et de sa conversation sont
(*sic*) incontestables ».

Parmi les hommes qui avaient participé au coup
d'Etat se trouvaient beaucoup d'amis de Mme de
Staël. Aussi n'avait-elle pas perdu l'espérance de
se faire enfin bien voir de Bonaparte et de l'amener à
lui céder un jour. Mais céder n'était pas dans le
vocabulaire du général ; son habitude était de « fai-

re céder ». Mme de Staël, dont l'ambition rêve pourtant de le réduire à merci et de devenir, sinon **sa** directrice de conscience, du moins celle de sa politique intérieure et extérieure, chante partout ses louanges, dans l'espoir qu'il en arrivera quelque écho à ses oreilles. Mais il n'est pas disposé à l'accueillir. Toujours atteinte de gouvernomanie, **et** avec plus de ténacité que de dignité, voulant à **tout** prix arriver jusqu'à lui, elle trouva habile de faire entrer Benjamin Constant au Tribunat. Elle le jugeait propre à aplanir la route à son ambition, bien que ce ne soit pas ainsi qu'elle expose la chose dans *Dix années d'exil*. Elle fit lancer sa candidature par quelques journaux. Lucien et Joseph la soutinrent devant le Premier Consul, quelques autres de **ses** amis également, et Constant fut nommé tribun.

Dans sa lune de miel avec le pouvoir, Bonaparte semble avoir fait un peu risette à celle à qui, jusqu'à présent, il avait fait grise mine. Mais cela ne dura pas. Mme de Staël, qui semblait prendre plaisir à agacer le lion, comme si elle eût désiré de faire connaissance avec sa griffe, décida Constant à se mettre, dès sa nomination, en bataille rangée contre le Premier Consul. Son intention était de grouper une opposition parmi les membres du Tribunat contre les projets de pouvoir absolu qu'on devinait déjà chez le général. Constant prononça donc un discours, menaçant le gouvernement consulaire d'avoir affaire à lui s'il ne marchait pas droit. On peut dire en toute vérité que, dans cette attaque, c'est Mme de Staël qui ouvrit la tranchée. Ce premier coup de pioche produisit l'effet d'un pavé jeté dans la mare aux grenouilles. Mme de Staël devait avoir le soir des amis à dîner. Chacun envoya un billet d'excuse, Talleyrand tout le premier.

Le ministre de la police, Fouché, convoqua Mme de Staël à son cabinet. Il lui dit que le Premier Consul la soupçonnait d'avoir dicté à Benjamin Constant les paroles qu'il avait prononcées au Tribunat. Mme de Staël s'en défendit. Fouché, qui avait quelque sympathie pour elle, lui persuada qu'elle avait besoin d'aller respirer l'air de la campagne. « Il m'assura, dit-elle, qu'en peu de jours tout serait apaisé. Mais à mon retour, il s'en fallait de beaucoup que cela fût ainsi ».

Le discours que, dans sa fringale d'ambition et d'orgueil, Mme de Staël avait assez étourdiment fait prononcer par Constant, pour ses débuts au Tribunat, avait été une véritable torpille contre Bonaparte, comme le fameux *compte rendu* de Necker avait été un brûlot contre la monarchie. Il fit un bruit épouvantable. Mme de Staël ne s'y attendait pas : le tact des situations n'était pas plus son fait que le tact de société et le sens du ridicule ; son habitude était de suivre son caprice et de n'en faire qu'à sa tête, sans prévoir les conséquences et les répercussions de ses actes. Elle s'en mordait les doigts : la presse entière la rendit responsable de l'équipée de Constant et se déchaîna contre elle avec une violence inouïe. Son salon se vida comme par enchantement et semblable à un enfant qui, jouant avec des allumettes, aurait mis le feu à la maison et voit les flammes l'entourer, Mme de Staël fut terrifiée : elle attendit dans des transes un ordre d'exil.

Elle cherchait cependant à réparer le désastre. N'ayant aucune envie de se brouiller avec le Premier Consul, elle eût souhaité de lui exprimer ses regrets pour ce malentendu, car, à ses yeux, ce n'était que cela. Ne sentant pas l'orage qui était dans l'air, elle ne se crut pas imprudente en lançant son livre, *De la littérature considérée dans ses rapports avec la morale*, etc. La gaffe était grosse : elle seule ne la comprit pas. Tout en critiques du gouvernement consulaire et en éloges des philosophes, cet ouvrage ne pouvait plaire ni à la France qui avait de l'idéologie et de ses désastreux résultats par-dessus la tête, ni à Bonaparte, qui se sentait directement attaqué. C'est dans ce livre qu'elle enfourcha son fameux cheval de bataille ou plutôt son *dada* de la perfectibilité humaine : elle espérait par là plaire aux philosophes et tenir en bride le Premier Consul. Elle mit quelque temps à comprendre que son calcul n'avait pas été bon.

Après avoir loué sa propriété de Saint-Ouen à M. et Mme de Gérando — négociation qui fut l'origine de leur amitié — elle se rendit à Coppet.

De son côté le Premier Consul était parti au mois de mai de ce mémorable an viii, pour sa seconde campagne d'Italie qui devait se terminer le mois suivant par le coup de tonnerre de Marengo. Passant par Genève, il reçut M. Necker qui sollicitait cette faveur « plus, a écrit Mme de Staël, dans l'espoir de me servir que pour tout autre motif... Mon père ne parla point à Bonaparte de ses deux millions déposés au Trésor public ; il ne voulut lui montrer d'intérêt que pour moi... Bonaparte lui répondit avec obligeance et le résultat de cet entretien fut de m'assurer, du moins pour quelque temps encore, le séjour de la France ».

Mme de Staël ne paraît pas lui avoir été fort reconnaissante. Les beautés de la nature alpestre, dont elle parle cette fois avec sentiment dans ses *Dix années d'exil* ; la langue allemande qu'elle apprend et « continue avec résignation », ne peuvent adoucir les pensées qui l'agitent. « Je souhaitais, écrit-elle, que Bonaparte fût battu, parce que c'était le seul moyen d'arrêter la tyrannie ».

Un souhait n'a aucune influence sur les événements, mais pour une femme qui se prétend Française, faire des vœux contre celui qui représentait la France et commandait l'armée française, c'était en faire contre la France même. Mme de Staël le savait, puisqu'elle s'en excuse. Il faut l'en excuser aussi : quand Louis XVI et la Reine, quand de nombreux représentants du peuple, Danton tout le premier, à la Convention, avaient pensé au duc de Brunswick pour le commandement en chef de l'armée française ; quand d'autres représentants, pendant que Bonaparte était en Egypte (1798-99), avaient pensé à ce même Prussien pour le mettre à la tête du gouvernement français, peut-on s'étonner de l'état d'esprit de Mme de Staël, qui n'était pas Française ?

L'armée dite de réserve, arrivait au pied des Alpes. M. Petiet, ancien ministre de la guerre, homme remarquable et très estimable à tous égards, qui accompagnait Bonaparte et connaissait M. Necker et sa fille, alla leur faire visite en passant par Genève.

La conversation s'engagea sur la politique. M. Petiet qui ne connaissait pas les dispositions d'esprit de Mme de Staël, parla de la victoire prochaine.

— Mais les Alpes, pour quoi les comptez-vous ?

— Annibal les a bien franchies.

— Annibal n'avait pas de canons. Comment votre artillerie passerait-elle là où un chamois ose à peine poser ses pattes ? Elle ne passera pas.

— Eh bien, Madame, si vous permettez, je parie que...

— Quoi ?

— Qu'avant six semaines je vous enverrai de Milan la musique le plus récemment publiée.

— Je le veux bien, dit-elle en lui tendant la main.

Deux semaines après, Mme de Staël recevait de Milan un petit paquet. C'était la musique promise. Elle répondit sur l'heure la jolie lettre que voici :

Vous avez voulu me prouver, Monsieur, que la galanterie française a repris tout son charme ; mais dans tous les tems un homme tel que vous aurait su le conserver. La musique est très jolie : mais ce qui est surtout un vrai plaisir, c'est de se rappeler, en la jouant, l'incroyable événement qui me l'a si vite procurée et à quel aimable souvenir je la dois. On est ici et à Paris dans l'enthousiasme de vos succès ; vous les avez prévus, mais vous devez encore néanmoins en être surpris, et la confiance que tout le monde avait dans les talents et le bonheur de Bonaparte n'empêche pas de s'étonner à chaque victoire. L'un de ses plus puissants moyens de gouvernement, c'est d'appeler auprès de lui tous les hommes distingués, et vous êtes l'un de ses titres à l'estime publique. Mon père me charge de vous remercier de la journée que vous nous avez donnée ; n'oubliez pas, Monsieur, vous qui n'oubliez rien, que nous vous attendons à votre retour (1).

L'éclatante victoire de Marengo semble avoir changé les sentiments de Mme de Staël à l'égard du Premier Consul. Elle a oublié ses vœux premiers puisqu'elle écrit qu' « on est ici (à Coppet) et à Paris dans l'enthousiasme du succès ». Et cela est si vrai qu'elle envoie des lettres à tous ses amis, leur chantant les louanges du général, — et les siennes : « Quelle femme, disait-elle à Rœderer, s'est montrée dans tous les temps plus enthousiaste que moi de Bonaparte ? » Elle disait vrai, mais en oubliait les motifs ; elle disait vrai aussi à Fauriel en lui mandant au mois de juillet : « Nous espérons la paix ici et nous admirons beaucoup Bonaparte ».

Les bienveillantes paroles que le général avait dites sur elle à Necker lorsqu'il passa par Genève, lui avaient rendu l'espérance de le pouvoir approcher, de plaider elle-même sa cause et de se le rendre enfin favorable. Mais son admiration pour son génie était doublée d'aversion pour ses tendances ambitieuses : suivant les jours un sentiment l'emportait sur l'autre et elle ne pouvait s'empêcher de laisser tomber de ses lèvres éloges et critiques à son adresse : il méritait, du reste, les uns et les autres. Mais la façon incohérente et contradictoire dont fusaient ses jets d'éloquence montraient sous son admiration la volonté de vaincre la volonté du vain-

---

(1) Lettre trouvée dans les papiers de M. Petiet et donnée par le général Petiet, son fils, à Mme la générale Junot, duchesse d'Abrantès, qui l'a insérée dans ses *Mémoires sur la Restauration*, II, 157.

queur de l'Autriche, la rage d'avoir déjà été vaincue en plus d'une rencontre et la haine pour l'ambitieux qui barrait le chemin à ses ambitions et se refusait à subir sa domination.

D'un autre côté, des espions de police recueillaient jusqu'à ses moindres propos au dehors, et leurs rapports provoquaient l'humeur du Consul. Il saisit très bien la volonté d'intrigue et de main-mise de Mᵐᵉ de Staël : ne se souciant ni d'elle ni de ses conseils, il le laissa percer et Mᵐᵉ de Staël comprit enfin qu'elle devait renoncer à tout projet sur lui. Elle passa alors à une hostilité sourde et se ligua contre lui avec son plus grand ennemi, le général Bernadotte. Ancien divisionnaire dans l'armée de Moreau, il ne cessait, par jalousie, de conspirer contre le Consul, malgré les bienfaits dont celui-ci le comblait et qu'il acceptait. Il eût été très partisan d'un 18 brumaire, mais s'il avait été fait à son propre bénéfice. S'étant laissé damer le pion par Bonaparte, il ne le lui pardonna pas non plus que ses bienfaits. Avec le concours de Mᵐᵉ de Staël, il organisa en 1802, après le Concordat, une conspiration pour le renverser. Mᵐᵉ de Staël a glissé trop légèrement. dans ses *Dix années d'exil*, sur cet épisode. Elle se borne à dire qu' « il se formait autour du général Bernadotte un parti qui voulait savoir s'il n'y avait pas quelque résolution à prendre ». Elle oublie qu'elle poussait précisément Bernadotte à une résolution violente. Il n'était question de rien moins que de faire assassiner le Premier Consul. Le général Fournier, qui devait plus tard habiller son nom à la gauloise en lui adjoignant celui de Sarlovèze, parce qu'il était né à Sarlat, s'était offert pour jouer le rôle principal en cette affaire. Il était 'du reste réputé le plus mauvais sujet de l'armée (1).

Par sa police, Bonaparte connut le complot dans tous ses détails : on conçoit que la présence de Mme de Staël en cette affaire n'augmenta pas la très médiocre sympathie qui pouvait lui rester pour elle. Mais pourquoi ce complot ?

Mme de Staël a exposé son idée en ces lignes : « Il y avait parmi les hommes de lettres et les savants une petite opposition philosophique, malheureusement d'un très mauvais genre, car elle portait tout entière contre le rétablissement de la religion. Par une funeste bizarrerie, les hommes éclairés en France voulaient se consoler de l'esclavage de ce monde, en cherchant à détruire l'espérance d'un monde à venir; cette singulière inconséquence n'aurait point existé dans la religion réformée ; mais le clergé catholique avait des ennemis que son courage et ses malheurs n'avaient pas encore désarmés, et peut-être, en effet, est-il difficile de concilier l'autorité du Pape et des prêtres soumis à Rome, avec le système de la liberté d'un Etat. Quoiqu'il en soit, l'Institut ne montrait pas pour la religion, indépendamment de ses ministres ce profond respect inséparable d'une haute puissance d'âme et de génie, et Bonaparte s'appuyait contre des hommes qui valaient mieux que lui, de sentiments qui valaient mieux que ces hommes ». Mme de Staël ajoute : « C'est encore un de ces contrastes qui seraient tout à fait inexplicables, si la

(1) Voir : Général Thoumas, *Les grands cavaliers du premier Empire : le général Fournier Sarlovèze.*

malheureuse France n'avait pas été dépouillée de
religion et de morale par un enchaînement funeste
de mauvais principes et d'événements malheureux.
Sans religion, aucun homme n'est capable de sacrifice, et sans morale, personne ne parlant vrai, l'opinion publique est sans cesse égarée... »

Trouvant donc que la France avait besoin d'une
religion, — La Revellière-Lépaux l'avait déclaré
aussi, — Mme de Staël voulut lui en donner une, la
sienne. Elle y préparait les esprits. Le projet venait-
il d'elle ou d'une société secrète genevoise, d'un
pouvoir occulte religieux ou politique ? On ne sait,
mais il tendait à établir le protestantisme en France
comme religion d'Etat. Mirabeau n'avait-il pas dit :
« Si vous voulez *démonarchiser* la France, il faut
commencer par la *décatholiciser* ». Mme de Staël
paraît s'être pénétrée de cette idée et avoir compté
sur le concours de l'évêque renégat Talleyrand pour
l'aider à la réaliser. Benjamin Constant, si elle par-
venait à le faire nommer ministre, aurait aussi son
rôle à jouer en cette affaire (1). Ancien chambellan
à la cour du duc de Brunswick, prince auquel on

(1) Il le joua, comme aussi en 1813, quand il travaillait avec
la républicaine Mme de Staël à placer le républicain Bernadotte
sur le trône de France, pour *décatholiciser* ce pays. « Il renou-
velait sans le dire les théories qu'en l'an V il avait déjà em-
pruntées aux législateurs de la Constituante. Fils de protestants
exilés, il croyait, à l'exemple de Mme de Staël, que le salut,
l'avenir de la France, résidaient dans une fédération républicaine ou monarchique, dirigée par les huguenots associés aux
philosophes ». (*Léonce Pingaud, Bernadotte, Napoléon et les
Bourbons*, in-8°, Plon, 1901). — Voulant remplacer Napoléon
sur le trône de France, Bernadotte avait intérêt à le croire et
surtout à le faire croire.

avait fait une certaine popularité en France, personne mieux que lui ne pouvait inoculer à ce pays l'esprit de Genève. Et c'est surtout pour rattacher à ses vues La Revellière, sous le Directoire, que Mme de Staël lui avait dépêché son mari avec mandat de le lui amener. Dans le désarroi moral qui était le résultat des secousses révolutionnaires, la nation avait besoin de se ressaisir. La théophilanthropie de La Revellière semblait une disposition transitoire par laquelle on reviendrait tôt ou tard au catholicisme. Ambitionnant de jouer le rôle de Henri VIII en Angleterre et de Gustave Wasa en Suède, Mme de Staël voulait, elle, faire glisser la France vers le protestantisme. Le moment d'agir était venu. Des agents prussiens allaient pérorant dans les cafés de Paris et lançaient la nouvelle de l'avènement prochain du duc de Brunswick au gouvernement de la France. Grand-maître de la franc-maçonnerie de l'Europe, il est permis de croire que les loges de France soutenaient sa candidature. Et c'est ainsi que la fille de Necker, aux mains d'un pouvoir occulte qu'elle dirige ou dont elle est l'instrument, a travaillé de toutes ses forces au triomphe de l'idée dont elle paraît bien s'être faite le champion. Dans son despotisme de femme, elle s'est juré d'amener le général Bonaparte à ses vues, et c'est sur l'amour qu'elle compte pour y parvenir. Elle connaît le pouvoir magnétique de ses yeux, celui de sa parole brûlante ; elle en a vu les effets sur tous ceux qu'elle a voulu mettre à ses pieds ; elle sait que l'homme ne résiste guère à des avances féminines habilement faites : elle se croit sûre de conquérir Bonaparte

comme elle a conquis les autres. A la Constituante,
Talleyrand a porté le premier coup au catholicisme :
elle lui fera donner le coup de grâce par le général
Consul. Sainte Clotilde avait eu la gloire de l'instau-
rer en Gaule, Germaine Necker-Staël-Holstein aura
la gloire de l'abolir en France.

De là cette ténacité à faire le siège de Bonaparte ;
de là aussi sa guerre sans merci contre lui. Car elle
ne lui pardonnera pas plus d'avoir repoussé son
amour que d'avoir traité avec le Pape. Quelle déception pour elle que le Concordat ! Elle s'enferma tout
le jour pour ne pas voir le défilé des troupes escor-
tant le Premier Consul, pour ne pas entendre les
salves d'artillerie tirées en l'honneur du rétablissement du culte catholique, le 18 avril 1802, jour de
Pâques ! Elle s'emporta même comme une furie : en
quoi pourtant cela la touchait-il, puisqu'elle n'était
pas Française ? Il y eut dans l'armée des murmures
auxquels elle n'avait pas été étrangère (1).

Le dépit de ses échecs répétés poussa Mme de Staël,
bien plus que ses principes de liberté, de Constitution et de République, à entrer dans toutes les Fron-
des, grandes et petites, contre le pouvoir de Napoléon. Celui-ci le savait par sa police et n'attendait
que le moment de la renvoyer en Suisse. Sans trop
vouloir la fâcher, il la tenait à distance. Mais cela
n'était pas toujours facile avec cette enragée de poli-

____

(1) « Mme de Staël les avait vivement excités, soit par un zèle
philosophique, soit *par un zèle protestant*, soit enfin par un
zèle républicain ». (De Lacretelle, *Histoire du Consulat*, II, 72).
— Zèle républicain est de trop, car il est des républicains zélés
dans toutes les religions.

tique et de domination, si l'on en croit la petite
anecdote que voici : l'auteur des *Mémoires du roi
Jérôme* a écrit (1) tenir de M. de Las Cases, qui le
tenait lui-même de l'Empereur, que, lorsqu'il était
Premier Consul, Mme de Staël « venait familièrement
chez lui, que quelquefois elle l'avait trouvé dans un
très grand négligé, que, forçant un jour sa porte, le
trouvant presque nu, elle lui dit : « Le génie n'a pas
de sexe ». M. Joséphin Péladan se demande si
l'anecdote est vraie (2). — Barras, à en croire ses
Mémoires, avait introduit Bonaparte chez Mme de
Staël. Il doit faire erreur, car celle-ci invita le général à un grand bal chez elle, et il n'y alla point. Il
semble bien n'y avoir jamais mis les pieds. Mme de
Staël était assez inconsciente et assez effrontée pour
se présenter chez celui qui témoignait clairement ne
pas vouloir entrer en relations avec elle, mais Bonaparte était très capable aussi d'avoir inventé l'anecdote car on n'entrait pas aux Tuileries comme au
moulin : nul n'y était admis sans une lettre d'audience ou une convocation, et des valets en livrée
conduisaient les visiteurs. Si, par impossible, Mme de
Staël avait réussi à franchir tous barrages, comment
se serait-elle guidée dans le dédale des corridors ?
L'aurait-on laissée circuler sans guide ?... Non, le
mot a dû être inventé.

Ce qui ne l'a pas été, c'est la petite aventure que
voici, racontée par Mme Cavaignac, femme du conventionnel. Un jour qu'elle était avec deux autres

(1) VIII, 318.
(2) *Revue hebdomadaire*, 26 août 1916.

jeunes femmes, dont Mme d'Annery, connue de Mme de Staël, au musée des antiques, le petit groupe rencontra celle-ci, qui alla droit à son amie en s'exclamant : « Avez-vous vu l'Antinoüs ? L'avez-vous admiré ? Je ne pouvais m'en arracher. Ah ! qu'une femme serait heureuse d'avoir un mari fait ainsi ! » — « Chacun, ajoute Mme Cavaignac, d'entendre et de nous regarder : c'était à faire mourir de honte ». (1).

(1) Habituée dès son enfance à vivre parmi les hommes, Mme de Staël avait acquis, à leur contact, sans trop s'en douter, une hardiesse de langage peu séante à une femme. Sa parole, devant Mme Cavaignac, le prouve. La plume à la main, son éloge est plus mesuré : à propos de la statue d'Apollon, elle a écrit : « Quelle consolation l'aspect de la beauté ne fait-il pas éprouver ! Car la beauté est aussi de l'âme et l'admiration qu'elle inspire est noble et pure... Ne faut-il pas, pour admirer l'Apollon, sentir en soi-même un genre de fierté qui foule aux pieds tous les serpents de la terre ? » (*De l'Allemagne*).

IX. — Veuve, Mme de Staël est demandée en mariage par Constant. — Voyage en Allemagne et en Italie

Documenté au mieux sur Mme de Staël, le Premier Consul ne l'était pas moins sur son étrange mari. Il apprit par sa police que l'ancien ambassadeur de Suède (il avait donné sa démission en 1799), s'était laissé prendre aux sourires et manèges de Mlle Clairon, de la Comédie-Française. Qui n'accorderait de circonstances atténuantes au pauvre homme, en raison de l'infernale indépendance de sa femme ? Ah ! les chagrins amoureux, elle ne les lui avait pas ménagés depuis leur mariage ! Embossée dans une éternelle bouderie pas toujours muette, devant lui, — mais elle y était si peu ! — ne lui faisant que trop sentir son caractère dominateur et indépendant, elle allait où elle voulait, quand elle voulait, avec qui elle voulait, ne lui disant rien, l'abandonnant presque tout le temps : c'était sa manière de l'aimer avec abandon.

Las de faire cavalier seul, M. de Staël finit par suivre le mauvais exemple de sa femme. Le comte d'Haussonville a raconté, dans une conférence, l'épisode suivant : M. de Staël, qui avait cherché l'oubli de son infortune dans quelque bonne fortune, fit des folies, des sottises même, et pour qui !... Il avait entamé avec Mlle Clairon une sorte de roman par lettres, ou plutôt de correspondance amoureuse. La charité nous incite à espérer que sa liaison ne franchit pas les formes platoniques épistolaires, car les formes plastiques de sa Dulcinée ne devaient plus être de première fraîcheur, bien qu'elle n'eût que vingt-six ans de plus que lui. Cela ne l'empêchait pas de lui écrire : « Pourquoi mon attachement est-il né du premier regard que j'ai jeté sur vous ?... Soit par le besoin que j'eus toujours d'aimer, soit que je fusse entraînée par un pouvoir irrésistible, je me persuadai que vous étiez l'être que j'avais inutilement cherché toute la vie. Vous n'avez point trompé, vous avez même surpassé tous mes vœux : sensibilité, délicatesse, noblesse d'âme, je trouve tout en vous ».

Elle y trouvait surtout des rentes : le bas et prosaïque amour-sterling était toute la poésie de cette étrange liaison : il était d'ailleurs de bon ton, surtout depuis la Régence, d'entretenir une actrice ou une danseuse ; la mode avait traversé tout le XVIIIe siècle; elle traversa le XIXe et elle ne paraît pas près d'avoir achevé son cycle.

Le baron de Staël était aussi esclave de la mode qu'il l'était de Mlle Clairon. Celle-ci lui avoua-t-elle que vers 1774, elle était allée deux ou trois fois dans

le salon de Mme Necker pour régler et diriger des
répétitions de comédies ? Sa coquetterie la rendit
certainement discrète sur ce point. Mais une preuve
que son amour pour l'ambassadeur n'était pas une
passion à la Lespinasse, c'est que le diplomate ayant
négligé de lui verser la rente promise, elle adresse
des réclamations à son ami. Elle lui expose ses
besoins : ce ne sont pas, cette fois, des besoins de
cœur : il lui faut, pour vivre, vingt-quatre livres de
chocolat, tant de froment, de légumes, de vin, de
sel, de viande, de lard... Ce sont ses épanchements
poétiques du moment.

M. de Staël est trop galant homme pour ne pas
venir à son aide. Par acte notarié, il achète à son
nom la nu-propriété d'une maison à Issy, contre le
payement de trois cents quintaux de blé et de cinq
mille livres de rente.

Madame l'ambassadrice n'ignorait pas cette liaison. Très blasée sur ces sortes de drôleries, pourvu
que son mari ne fît pas de trop gros ni de trop fréquents appels à sa bourse, elle se tenait pour satisfaite. Dès longtemps, M. de Staël ne lui a-t-il pas
donné l'exemple de la philosophie sur ce chapitre ?
« Tu as bien fait, si cela t'amuse », lui écrit négligemment l'indulgente moraliste. Et, en femme-
auteur qui ne manque aucune occasion de récolter
des compliments, elle a l'étrange idée de prier son
mari de soumettre à l'appréciation éclairée de la célèbre actrice, sa tragédie du *Connétable de Montmorency*. Elle ne peut se passer d'encens, d'où qu'il
vienne. Balzac n'a-t-il pas raison de dire que de
toutes les habitudes, chez une femme accoutumée à

une royauté de salon, celles de la vanité sont les plus
tenaces ?

L'an 1801 est arrivé. M. de Staël est ruiné de santé.
Mme de Chastenay, qui le rencontre sur le quai, dit
qu' « il était déjà bien malade ». Ses finances ne
l'étaient pas moins, car il les avait toujours gérées
comme nos Assemblées gèrent celles de l'Etat et de
la capitale, c'est-à-dire en dépit du bon sens ; et, pas
plus que les membres de ces Assemblées, il ne son
gea jamais à s'imposer de restrictions. Réduit aux
expédients, ne sachant plus de quel bois faire flèche,
il disparut de la circulation. Il ne fut plus question
de lui. On le croyait mort. Seule, son illustre épouse,
pour laquelle il n'était, depuis l'année même de son
mariage, qu'un mari honoraire, savait, par ses
demandes de subsides, qu'il était toujours de ce
monde. Mlle Clairon, qui le savait aussi et qui ne se
piquait pas d'une excessive délicatesse, avait abandonné cet « ami de cœur » dès les premiers craque-
ments sinistres. Au lieu de lettres d'amour, elle lui
envoyait du papier timbré, elle faisait saisir et vendre
ses meubles...

Le Premier Consul connaissait la détresse du
baron de Staël. Ayant, en sa qualité de Corse, une
conscience très développée des devoirs de famille, il
s'étonna que sa femme ne lui vînt pas en aide. Il se
trompait : en fait d'argent, Mme de Staël lui fut fort
secourable. M. Necker aussi, car il lui faisait une
rente de six mille francs et lui consentait de fréquents prêts. Le baron trouvait cela très naturel.

Mais le Premier Consul ne connaissait pas ces
petits arrangements de famille, lorsqu'il écrivit à

Joseph, qui avait amitié et dévouement pour Mme de Staël avec l'intention évidente de la rabaisser dans son estime :

> Paris, 28 pluviôse an VIII (19 mars 1.800).
>
> M. de Staël est dans la plus profonde misère et sa femme donne des dîners et des bals. Si tu continues à la voir, ne serait-il pas bien que tu engageasses cette femme à faire à son mari un traitement de mille à deux mille francs par mois ? Ou serions-nous déjà arrivés au temps où l'on peut, sans que les honnêtes gens le trouvent mauvais, fouler aux pieds non seulement les mœurs, mais encore des devoirs plus sacrés que ceux qui réunissent les enfants aux pères ? Que l'on juge des mœurs de Mme de Staël comme si elle était un homme: mais un homme qui hériterait de la fortune de M. Necker, qui aurait longtemps joui des prérogatives attachées à un nom distingué, et qui laisserait sa femme dans la misère, lorsqu'il vivait dans l'abondance, serait-il un homme avec lequel on pourrait faire société ? (1)

Cependant l'état de M. de Staël s'aggravait : il ne put se rendre à Stockholm où il avait été rappelé par le jeune roi Gustave-Adolphe, qui venait d'atteindre sa majorité. Sa femme fut bonne pour lui en cette triste circonstance et, pour une fois, fit son devoir. Elle l'emmena à Coppet, dans la pensée que l'air pur de la Suisse lui ferait quelque bien. Avant de quitter Paris, elle écrivit à M. de Rosenstein la lettre suivante qui nous ouvre une curieuse échappée sur l'administration financière du ménage de Staël : mais il y eut de tout temps si peu ménage entre ces deux êtres mal assortis !

(1) Léon Lecestre, *Lettres inédites de Napoléon*, I. 13.

Paris, 1er may 1802.

Il y a près de quatre ans que malgré les services que
j'avais rendus à M. de Staël, il jugea à propos de se séparer de moi. Mon père fit l'impossible pour l'en détourner : il persista. Nous eûmes des raisons de présumer que, me croyant alors en défaveur avec (*sic*) le Directoire, il n'avait pas envie de la partager. C'était un
mauvais moment pour la fortune de mon père ; il perdait ce qu'il avait en France et ce qu'il avait en Suisse
par la double révolution des deux pays ; un an après, le
roi rappela M. de Staël. J'allai le voir : je fis tout ce qui
était en moi pour le décider à aller en Suède, et mon
père lui donna en deux fois dix-huit mille livres pour
faire ce voyage, sous la promesse qu'il nous fit de s'y
décider. Nous ne l'obtînmes pas. Il alla en Hollande,
donna sa démission, revint à Paris, le tout sans prévenir
ni mon père ni moi de ses projets, pas même par une
simple lettre en une année. A son retour, je ne cessai de
lui offrir de venir demeurer avec moi et *mes* enfants : il
s'y refusa constamment. Le désordre de ses affaires allait
toujours croissant, je demandai l'année dernière ma
séparation de biens. Elle me fut bien facilement accor-
dée, mais mon père, tout ruiné qu'il est, eut la générosité
de donner trente mille livres aux créanciers de M. de
Staël, de lui assurer six mille livres de pension pendant
la vie de M. de Staël, de renoncer en mon nom à deux
cent quatre-vingt mille livres à moi, que M. de Staël a
mangées, et de se charger, comme il l'a toujours fait, de
l'éducation et de l'entretien de *mes* enfants. Je regardais
donc la triste histoire de mes relations avec M. de Staël
comme terminée, lorsqu'il est tombé dans un état de
santé, dans un affaiblissement de tête qui ne m'a plus
permis de garder le souvenir du passé. J'ai pris la direction de lui et de ses affaires et voici ce qu'il m'a paru le
plus raisonnable de faire pour l'un et pour l'autre. Il est
hors d'état en ce moment d'entreprendre le voyage de
Suède, mais après deux mois de séjour aux eaux, où je
le mène, j'espère qu'il pourra s'y rendre et je vous

demande alors d'intéresser le roi à sa destinée, de réunir ses amis pour le recevoir et le protéger.

Quant à ses affaires, il doit ici cent mille francs à moi connus, sans ce que j'ignore ; je ne parle pas de ce qui est payé pour lui en Suède, des effets précieux qu'il a et que je vais faire vendre, la pension que nous lui faisons et qu'on pourrait déléguer à ses créanciers pendant qu'il serait en Suède. Ces divers moyens, à la longue, peuvent le tirer d'affaire, mais il ne lui restera que la pension de Suède pour vivre, et c'est pour cela que vous mettrez, j'en suis sûre, tout votre zèle à lui faire payer ce qui lui est dû par mon contrat et la promesse spéciale du feu roi...

Il a fait beaucoup de fautes, M. de Staël, mais il est bien malheureux. Je suis revenue à lui à cause de son malheur ; vous aurez le besoin de le servir je n'en doute pas... (1).

Tout est-il bien sincère dans cette lettre ? M. de Staël n'avait-il vraiment demandé la séparation que par crainte d'encourir la défaveur du Directoire ? Aux yeux de Mme de Staël, quelques infidélités sont trop minces peccadilles pour qu'elles aient pu pousser son mari à une aussi grave détermination.

« Je ne cessai, dit-elle, de lui offrir de venir demeurer avec moi et mes enfants : il s'y refusa constamment ». Il avait pour cela ses raisons : il faut remarquer que Mme de Staël, sincère sans trop vou-

(1) Copie de cette lettre, dont l'original est à la bibliothèque d'Upsal, nous fut envoyée en 1902 par M. le professeur R. Lonnenberg, de Stockholm. Nous voyons par le livre de M. Paul Gautier, *Mathieu de Montmorency et Madame de Staël*, qu'elle a été publiée par la *Revue bleue* (17 juin 1905). Nous la reproduisons quand même : elle donne une idée de l'état maladif de M. de Staël, de son irresponsabilité, et aussi de la bonté de cœur de Mme de Staël et de M. Necker.

loir s'en donner l'air, ne dit pas *nos* enfants, *ses* enfants, mais par deux fois, *mes* enfants. Une petite fille, qui fut son premier enfant et qui ne **vécut pas**, semble bien avoir été du baron de Staël (1). Mais les autres ?

Le maréchal de Castellane a écrit dans son *Journal* en janvier 1820, que « M. Auguste de Staël ressemble au comte Louis de Narbonne ». Comme Mme de Staël ne se piquait pas plus de fidélité envers ses amants qu'envers son mari, et que sa liaison avec M. de Montmorency existait en même temps que celle avec Narbonne, qu'elle « n'était pas exclusive », on ne peut attribuer avec certitude son fils Albert à l'un ou à l'autre de ses collaborateurs. Il était cependant « blond, grand d'environ cinq pieds huit pouces et fort mince », comme M. de Montmorency. Mme de Staël fit accepter à celui-ci d'être le tuteur de ses trois enfants. Cela arrangeait tout, à la grande satisfaction de son orgueil. Cette paternité expliquerait la tendre amitié et le dévouement sans bornes, le *Donquichottisme* de Mathieu pour Mme de Staël, que la différence de religion, de naissance,

---

(1) Mme de Staël est dans un état de grossesse déclarée. Elle écrit de Moret, le 29 mai 1787, au roi Gustave III : « Oserai-je avoir la hardiesse de me joindre à la demande que M. de Staël doit prendre la liberté de faire à Votre Majesté de consentir que l'enfant que je vais mettre au monde soit baptisé en son nom et en celui de la Reine ? » (Geffroy, *Gustave III et la Cour de France.* — Papier d'Upsal).

En juin 1787, Mme de Staël écrivait de nouveau au roi Gustave : « Sire, depuis que Votre Majesté a daigné accorder son nom à ma fille et me donner ainsi un sentiment d'orgueil et de bonheur toutes les fois que je l'appelle, je ne l'ai point remerciée... » (*Ibid.*).

d'idées politiques et morales, eût, sans cela séparée
de lui. Du reste, en sus de son chagrin de lui voir
tant de légèreté, sa jalousie se manifestait à chaque
nouvelle liaison de Mme de Staël, ce qui tend à prouver l'existence d'anciennes amours entre eux. Sainte-
Beuve les nie, sur la foi de Mme Récamier ; mais,
ainsi que l'a observé avec beaucoup de finesse La
Rochefoucauld, « la jalousie naît avec l'amour, mais
ne s'éteint pas toujours avec lui. » Du reste, après
la mort d'Albert, en 1814, M. de Montmorency cessa
presque de voir Mme de Staël.

D'un autre côté, l'on a vu que Barras ne doutait
pas que la petite Albertine ne fût de Benjamin Constant. Tout cela ne laissait pas que de donner à la
mère bien des appréhensions sur l'avenir de ses enfants, et, dit Benjamin Constant de son héroïne Ellénore, qui n'est autre que Mme de Staël, dans *Adolphe*
« on la voyait pâlir de l'idée qu'il faudrait qu'un
jour elle leur avouât leur naissance. »

Voilà pourquoi, parlant de son mari, Mme de Staël
disait *mes* et non pas *nos* ou *ses* enfants ; elle le dira
dans la lettre suivante. Et voilà pourquoi aussi
le baron de Staël, qui savait à quoi s'en tenir sur ce
point, « se refusa constamment » à reprendre la vie
commune.

La lettre qu'on vient de lire, est datée de Paris,
1er mai 1802. Huit jours plus tard, le 9, M. de Staël,
qu'elle conduisait en Suisse, mourait à Poligny,
dans une chambre d'auberge.

Pour en finir avec les affaires d'argent, voici une
lettre de Mme de Staël, enfin veuve, et datée du

23 mars 1803, qui donne d'intéressants détails **au roi
Gustave IV** : (1).

Sire,

Il y a près d'un an que M. de Staël est mort ; j'ai passé la plus grande partie de ce temps à m'occuper du malheureux état de ses affaires et je n'ai pas voulu importuner Votre Majesté de mes sollicitations avant que je puisse vous présenter le résultat de mes recherches. M. de Staël laisse dans ses affaires un vide de plus de cent mille livres, indépendamment d'un sacrifice d'au moins cinquante mille livres que mon père a fait dernièrement pour ses dettes du tiers de ma dot mangée et de l'argent que Votre Majesté a bien voulu faire donner par le Comptoir d'Etat. M. Mathieu de Montmorency, qui a consenti par amitié pour moi à prendre le titre de tuteur de mes enfants, aurait eu l'honneur d'adresser à Votre Majesté ce triste état de la fortune de leur père, si je n'avais pas réclamé pour moi cette occasion de présenter mon respectueux hommage à Votre Majesté. Elle sait que M. de Staël a été constamment dévoué au service de la Suède ; il m'a répété plusieurs fois que le dérangement de sa fortune venait des dépenses sans nombre et de tout genre qu'il avait été obligé de faire dans les temps orageux pendant lesquels il a constamment été chargé de fonctions diplomatiques (2). Le Roi votre illustre père a pris le plus vif intérêt à mon mariage et je possède plusieurs lettres de lui à M. de Staël que je

(1) Papiers d'Upsal.
(2) Certes, M. de Staël ne reculait devant aucun frais pour représenter dignement son pays à Paris. Mais, malade et irresponsable, il faisait aussi des dépenses tout au moins inutiles, pour Mlle Clairon entre autres. « Le désordre de sa vie et de ses affaires, dit Mme Lenormand, avait obligé Mme de Staël à se séparer de lui, afin de mettre la fortune de ses enfants à l'abri de ses dilapidations ». (*Coppet et Weimar*, 206, note). — Mme de Staël avait du désordre dans sa conduite, mais non dans ses affaires.

remettrai à Votre Majesté quand Elle l'ordonnera, qui contiennent les preuves positives de cet intérêt. M. de Staël, par mon contrat, s'était engagé à m'assurer un douaire de douze mille livres de rente après sa mort. Il ne reste maintenant à mes enfants pour subsister que la fortune de leur mère fortement entamée par M. de Staël et par les sacrifices qu'exigera de moi sa mémoire. J'élève mes deux enfants avec soin, dans l'espoir de les présenter un jour moi-même à Votre Majesté et de les rendre dignes de sa protection. Je ne sais quelle part Votre Majesté jugera convenable de prendre aux embarras dans lesquels me laissent les dettes de M. de Staël ; mais pénétrée d'admiration pour l'inébranlable moralité et pour l'esprit éminemment juste que Votre Majesté a témoigné dans toutes les circonstances, je me soumets d'avance à Sa décision, non seulement avec respect, mais même avec reconnaissance, certaine que cette décision conciliera les désirs que je dois former comme épouse et comme mère avec les devoirs et l'équité du roi.

« Les sacrifices qu'exigera de moi sa mémoire », dit Mme de Staël. Plus tard, effectivement, elle priera Meister d'obtenir de Mme de la Ricandrie, fille adoptive et héritière de Mlle Clairon, les lettres qu'elle pouvait avoir de M. de Staël et qui, disait-elle, « pourraient me faire de la peine. » En attendant, tout fait présumer qu'elle s'employa activement à ne rien laisser en circulation qui pût « lui faire de la peine » au sujet de son mari, ni nuire à sa mémoire.

Mme de Staël paraissait s'accommoder mieux de son veuvage que de son mari, bien que celui-ci ne l'eût jamais beaucoup gênée dans ses fantaisies oratoires et autres. Il avait souffert de ses excessives libertés, mais, écrasé par sa nature dominatrice, il s'était borné à souffrir. Tout au plus avait-elle vécut à peu près poliment avec lui, lorsqu'elle n'était ni en inspection de nos places fortes, ni à Genève, ni en Angleterre, ni aux fêtes de Barras. Et si elle le pleura, ce qui n'est pas bien sûr, ce ne fut, comme eût dit Saint-Simon que « par acquit de conscience », ou plutôt par charité, car elle avait bon cœur, ou pour se mettre en règle avec les usages, car elle montrait parfois qu'elle savait vivre. Mais ce n'était pas tous les jours.

Mlle Rosalie, fille de Samuel Constant, nous apprend de quelle façon elle se tenait chez elle avec Benjamin, devant témoins et quand elle recevait des visites : « J'ai vu deux ou trois fois, écrivait-elle, le 23 août 1796, ma cousine de Staël (1) et mon cousin le tondu (2). Avant-hier, je leur fis visite. Je la trouvai entre le renard (3), le petit chat (4) et l'autre (5), ayant un de ses coudes dans la poitrine de l'un, prenant l'autre par la tête et le troisième tenant sa nuque et l'appelant *bonne petite chatte*. Ce tableau me dégoûta un peu, de même que les plaisanteries sur l'ambassadeur... »

Mme de Staël se permettait donc devant le monde, sur son mari, des plaisanteries aussi peu convenables que son attitude. Ecoutons encore Mlle Rosalie : « J'ai vu pour la première fois M. de Staël : Je le

<hr>

(1) H. Menos. *Lettres de Benjamin Constant à sa famille*, Paris, Albert Savine, 1888. — Rosalie appelle ainsi Mme de Staël parce qu'elle est la maîtresse de son cousin.

(2) Benjamin venait de se faire tondre les cheveux.

(3) M. de Tracy.

(4) M. Adrien de Mun.

(5) Benjamin Constant.

trouve, au premier abord, plus agréable que tous les amants de sa belle. Il a l'air abattu, craintif et accablé. Elle a l'air hautain et méprisant, parle devant lui de sa coquetterie, et de son adoration pour Benjamin, à qui elle a voué sa vie. »

L'état de veuve, dont Mme de Staël faisait joyeusement et depuis longtemps l'apprentissage, n'était donc pas pour elle un malheur irréparable. Elle songeait même à le réparer. Le successeur du baron de Staël était tout trouvé et déjà en fonctions. Depuis quelques années, Mme de Staël aimait Benjamin Constant ; elle l'aimait follement, par une habitude égoïste, âpre et jalouse, amour d'avare, intolérable, tout en querelles et en scènes. Elle s'y rattachait, comme si cet amour devait être son dernier. Et puis, Benjamin lui était si précieux pour sa conversation, pour ses écrits !... Si elle voulait le garder, il n'y avait qu'un moyen : l'épouser ! C'était en même temps, à ses yeux, une manière de se réhabiliter dans l'opinion dont, elle le reconnaissait, elle avait trop méconnu la puissance : « Quand même une femme serait attaquée dans l'opinion, dit-elle dans *Delphine*, ne pourrait-elle pas se relever en prenant le nom d'un homme honorable, en associant son existence à la sienne et recevant sous son appui tutélaire les hommages qu'il saurait lui ramener ? »

Oui, dans une certaine mesure : mais si elle épousait Benjamin, il lui faudrait renoncer à son titre de baronne, à celui d'ambassadrice, au nom qu'elle s'était fait... Démocrate, elle n'en avait pas le courage. Et puis, dit-elle avec un superbe et spirituel aplomb, elle ne voulait pas « désorienter l'Europe ».

Quoi ! Elle, la fille de Necker, l'auteur des *Lettres sur
Jean-Jacques Rousseau*, l'auteur de *Delphine*, se
noyer dans la masse des obscures et des vulgaires
qui pèsent sur le globe !... Jamais !

L'amour, cependant, ne battait plus que d'une
aile en ce faux ménage. Benjamin Constant était
excédé de sa maîtresse. Dans cette suite de confidences lamentables qu'est son roman d'*Adolphe*, il
raconte comme quoi il se sentait auprès d'elle dans
une situation fausse : quelle attitude devant les domestiques, devant les enfants, devant le monde !...
Et puis, il y perdait sa jeunesse, son avenir, toute
carrière... Leur liaison ne pouvait durer toujours : le
mieux n'était-il pas de la rompre au plus tôt ?... C'est
dans cette idée, que, dès juillet 1797, il avait écrit à
Mme de Nassau, sa tante, pour la prier de lui chercher
une femme. Après avoir indiqué les qualités qu'il
souhaitait de trouver en elle, il ajoutait : « Quant au
caractère, je m'en remets à vous; pour de l'esprit,
j'en ai par-dessus la tête. » On devine à qui il fait allusion. Mais cette intention de secouer le joug le
hante de plus en plus. Deux ans après, il écrit à sa
tante : « Je me suis trop mal trouvé de mon choix
(on sait qu'il était divorcé d'une femme que, tout
jeune il avait épousée par amour et qui lui avait ap-
porté tout autre chose que fidélité et bonheur) pour
ne pas m'en remettre à vous... Je ne veux plus ni
maîtresse honnête qui asservisse, ni maîtresse subal-
terne qui ennuie. Mon père court sans cesse en Suisse, en Hollande, de sa campagne à Paris pour échapper à l'ennui d'une liaison obscure, et moi, depuis
deux ans, je suis — tout essoufflé — le char d'une

femme célèbre. J'en veux une qui ne soit ni une servante ni un prodige, qui ne retrouve pas ses parents
dans la cuisine et dont surtout je ne retrouve pas le
nom dans les journaux. »

Il retombait ensuite dans ses indécisions. Il se
croyait bien déterminé à rompre et, le lendemain, le
courage lui manquait. Et cela recommençait sans
cesse, comme les scènes dont maintenant sa maîtresse le régalait de façon intolérable : elle avait
l'amour si exigeant, si ombrageux !... Enfin, un
jour de l'année 1799, entrevoyant un espoir de prochaine délivrance, Constant écrivait à sa tante :
« Enfin, je ne vivrai plus comme je vis depuis plus
longtemps qu'on ne le croit, faisant par complaisance ce qu'on croit du délire et demandant tous les
jours dans mes prières la solitude pour moi et un
amant pour ma maîtresse. » (1). Hélas ! sa prière
n'était pas exaucée, étant de celles, sans doute, que
le Ciel aime le moins qu'on lui adresse. Indécis,
comme toujours, le pauvre Benjamin prenait son
bonheur en patience. Mais un moment vint où il
fallut se décider : un saint n'y eût pu tenir davantage. D'après les aveux à sa cousine Rosalie, personne un peu contrefaite, mais de sens droit et pleine
d'esprit, il était « très malheureux ». — « Ce qu'il y
a de sûr, écrit-elle, c'est que Benjamin joue un bien
triste rôle, que cette vocation de Sigisbée perpétuel
est bien plate avec l'esprit et les moyens qu'il a, et
faite pour affliger ceux qui s'intéressent à lui... » (2).

(1) H. Menos, *Lettres de Benjamin Constant à sa famille*,
p. 91. Paris, Albert Savine, 1888.
(2) *Ibid.*

Le malheureux passait donc son temps à remettre au lendemain la corvée de la rupture. A la mort du baron de Staël, la famille de Constant crut un instant à une autre solution et Rosalie écrivait que le mariage des deux amants lui paraissait « immanquable ». Et elle ajoutait : « Ils se tiennent par l'esprit. Aucun homme ne lui offre les ressources du sien. Elle veut absolument le conserver et le retient tantôt par l'habitude, tantôt par le despotisme, tantôt par les services à lui rendre. Il reste, mais en murmurant... »

Las d'être sans cesse de corvée auprès d'elle, de la seconder dans sa conversation, de *causer* avec elle ses ouvrages avant qu'elle ne les écrive et de n'avoir pas le temps d'en écrire pour son propre compte, le pauvre garçon n'avait plus qu'une idée : s'évader de ce bagne amoroso-littéraire. Sans Albertine, c'eût été chose faite depuis longtemps, mais son affection pour la petite était trop grande. Sa cousine Constance de Caseneuve d'Arlens, qui le vit à Coppet, a écrit : « Il grognait tout le jour avec le ton d'un enfant gâté : d'ailleurs, fou de la petite Albertine à un point choquant. Entre la mère et lui, ils la feraient crever à force de caresses, de gâteries, de soins mal entendus. » (1).

Cette affection de Benjamin pour Albertine résista à tout. On en trouve des traces presque à chaque page dans le *Journal intime* de Constant. En 1812, quand elle est en Suède, nous lisons : « Mme de Staël est en voyage avec Rocca, mais elle ne m'écrit plus.

______
(1) H. Menos. *op. cit.*, p. 33.

Son souvenir et celui d'Albertine me déchirent... »
L'année suivante : «... A pareil jour, à onze heures
du matin, sur l'escalier de l'Hôtel de la Couronne, à Lausanne, je quittais Mme de Staël qui me
dit que nous ne nous reverrions de notre vie. Cela
en prend le chemin. Hélas ! chère Albertine ! »...
— En 1814 : «... Albertine est charmante, spirituelle au possible : que je voudrais passer ma vie
avec elle ! »

Ce cri n'est-il pas d'un père ?

Mais revenons sur nos pas. Dans la situation nouvelle créée par la mort du baron de Staël, Benjamin
Constant, devenu taciturne, préoccupé, ne parve-
nait qu'à éveiller la méfiance et la colère : d'où des
bouderies, des brouilles, des querelles, des scènes...
Et il passait à apaiser sa maîtresse le temps qu'elle
ne donnait pas aux reproches et à la tristesse. Ah !
Mme de Staël n'était pas de ces femmes reposantes
dont la grâce et la douceur délassent l'homme des
soucis et de grisailles de la vie !

Ses jours de ciel bleu, car elle en avait, étaient
rares maintenant et duraient peu. « Le souvenir de
ses fautes, lit-on dans *Adolphe*, ennuageait souvent
son front et laissait voir qu'elle devinait moins de
respect et d'amour que de fatuité et de vanité dans
le sentiment de son amant pour elle. » De là, manque de franchise, réticences. De là aussi, irritation,
aigreur, reproches réciproques. De son côté, Mme de
Staël se demanda plus d'une fois si elle ne ferait pas
mieux de briser net un lien qui ne lui donnait que
troubles et inquiétudes. Benjamin l'apaisait de nou-

veau et obtenait son pardon. Mais pour combien de temps ?

Comme lui, Mme de Staël sentait chaque jour davantage la fausseté de sa propre situation : l'amour auquel elle s'acharnait désespérément, ne compensait plus ses douloureuses réflexions. Se sentant responsable d'un état si pénible, Benjamin s'efforçait de le lui faire oublier ; il redoublait de tendresse. Mais il avait beau faire, cela sentait le voulu, le réchauffé... Mme de Staël ne s'y trompait pas et devenait plus soupçonneuse, plus tracassière et tyrannique que jamais. « Ellénore, constate Benjamin, était sans doute un vif plaisir dans mon existence, mais elle n'était plus un but, elle était devenue un lien. » Nous haïssons vite un lien qui ne nous oblige qu'à des devoirs : Benjamin en était las ; il était las de tout, d'elle, de lui, de cette vie stupide... Mais la pensée qu'il lui était nécessaire, jointe à son affection pour Albertine, le rivait à elle malgré tout. Il s'en voulait de sa faiblesse et trouvait une sorte de plaisir amer à son esclavage, parce que je sens, dit-il, dans son *Journal intime*, « que Mme de Staël a besoin non pas seulement de ma consolation, mais de ma douleur. » Aussi le malheureux n'avait-il plus une heure de paix, ni de tranquillité. Sa vie était abreuvée de fiel. Un jour d'aigreur, « la scène, dit-il, devint violente ; nous éclatâmes en reproches mutuels. Ellénore m'accusa de l'avoir trompée, de n'avoir eu pour elle qu'un goût passager. Je m'irritai de voir qu'elle tournât contre moi ce que je n'avais fait que par obéissance pour elle et par crainte de l'affliger. Je me plaignis de ma vive contrainte, de ma jeunesse consumée dans l'inaction, du despotisme qu'elle exerçait sur toutes mes démarches... Nous avions prononcé tous deux des paroles irréparables ; nous pouvions nous taire, mais non les oublier. »

C'étaient les dernières convulsions d'une liaison qui sombrait dans les récriminations et les scènes. Il y en eut d' « effroyables. » Mais « que serait l'amour, disait Sainte-Beuve, sans un peu de querelle ? » De part et d'autre pourtant l'amour avait fini de flamber. Dans les éclaircies, on se prodiguait les caresses, des caresses fougueuses, folles, mais sans parvenir à faire jaillir une étincelle de ses cendres.

L'horreur de sa faiblesse et de sa servitude finit par amener la révolte chez le pauvre îlote de l'habitude et de l'indécision. (1). « Elle irrita ma fierté, dit-il, par ses reproches, elle outragea mon caractère... Une fureur insensée s'empara de nous : tout ménagement fut abjuré, toute délicatesse oubliée. On eût dit que nous étions poussés l'un et l'autre par des furies... Nous nous quittâmes après une scène de trois heures. »

Benjamin souffrait cruellement. Son amie en était désolée et prenait la ferme résolution de ne plus le tourmenter. Mais c'était plus fort qu'elle : trouvant une sorte de plaisir d'art à ces scènes dramatiques où elle excellait, elle oubliait ses bonnes résolutions

_____

(1) « Quand j'aurai pris une décision et que je l'aurai exécutée, — car la prendre n'est rien, j'en prendrais plutôt trente que d'en exécuter une... » *Journal intime*).

pour retomber dans un dévergondage de paroles in-
sensé. « Resté seul avec Mme de Staël, dit Constant,
l'orage s'élève peu à peu. Scène effroyable jusqu'à
trois heures du matin sur ce que je n'ai pas de sensibilité, sur ce que je ne mérite pas la confiance, sur
ce que mes sentiments ne répondent pas à mes actions... Je voudrais, moi, homme n'avoir pas à supporter les dépits d'une femme que la jeunesse abandonne. Je voudrais qu'on ne me demande pas de
l'amour après dix ans de liaison, lorsque nous avons
tout près de quarante ans et que j'ai déclaré deux
cents fois, depuis longtemps, que, de l'amour je
n'en avais plus (1). Déclaration que je n'ai jamais
rétractée que pour calmer des convulsions de douleur et de rage qui me faisaient peur... » (2). Mme de
Staël voulait des émotions : n'en était-ce pas une, et
combien savoureuse, que de terroriser et martyriser
un homme comme Benjamin Constant, l'homme
qui, après Voltaire, selon Chateaubriand, a eu le
plus d'esprit en France ? A plusieurs reprises, se
sentant trop misérables, ils reparlèrent mariage.
Mais, ayant l'un de l'autre par-dessus la tête, ce
remède, à présent, n'était-il pas pire que le mal ?

Benjamin se décide pourtant au mariage, mais
pas avec l'amie. L'épouse sera l'antidote de la maîtresse. Mais il ne veut qu'une femme d'humeur paisible, une femme de tout repos, douce comme une

----

(1) « Mme de Staël ne veut pas se borner à l'amitié quand je
n'ai plus d'amour... » (*Ibid.*, p. 43).

(2) *Ibid.*, p. 49. — « Quand elle se livre à sa fougue, c'est un
fracas comme tous les orages et les tremblements de terre... »
(*Ibid.*, p. 48). — « Tous les volcans sont moins flamboyants
qu'elle... » (*Ibid.*).

soupe au lait, qui ne fasse ni discours, ni sermons,
ni politique, ni romans, ni vers, ni tragédies, ni
scènes surtout !... Une femme, enfin, qui ne soit
pas intolérable par ses prétentions à toutes les supériorités. Où trouver cet oiseau rare ?... Il crut néanmoins de son devoir de proposer le mariage à son
amie, mais il le fit avec un enthousiasme contenu
qui semblait appeler un refus. Celui-ci ne se fit pas
attendre, — et pourtant, on lui en voulut de ne pas
s'en montrer désespéré.

Cependant, aussi ardente que peu circonspecte,
Mme de Staël faisait des pieds et des mains pour obtenir l'autorisation de revenir en France. Ne l'obte-
nant pas, elle s'en passa, et croyant que le Premier
Consul avait trop de chats à fouetter, avec ses préparatifs de descente en Angleterre, pour s'occuper des
faits et gestes d'une femme, elle vint s'établir à
Paris. Elle pensait y recevoir ses amis sans effaroucher la police. « J'y étais, en effet, paisible depuis
un mois, lorsque, dit-elle avec un ton de suprême
dédain, une femme comme il y en a tant, cherchant
à se faire valoir aux dépens d'une autre femme plus
connue qu'elle, vint dire au Premier Consul que les
chemins étaient couverts de gens qui allaient me
faire visite. » Cette femme était Mme de Genlis (1).

(1) La jalousie de Mme de Genlis pour Mme de Staël était
connue : « Quand Mme de Genlis, écrit Mme de Chastenay, cé-
dant à quelque préjugé et peut-être à *quelque rivalité secrète*,
l'eût accablée dans ses écrits... » — Non. Mme de Genlis n'était
pas réputée pour sa bonté : « Je n'ai jamais aimé Mme de Genlis, écrivait la duchesse d'Abrantès à Mme Récamier, parce
qu'elle n'a jamais été, qu'elle n'est pas et ne sera jamais
bonne... » (*Catalogue d'autographes provenant des papiers de
Mme Récamier. Vente Charavay du 27 mai 1895*).

Le Premier Consul saisit ce prétexte pour exiler Mme de Staël. Avant lui, la Convention, puis le Directoire, ne l'avaient-ils pas déjà expulsée de France ? N'aimant ni les intrigantes, ni les femmes galantes, bien qu'il en eût épousé une, — peut-être à cause de cela — son antipathie pour Mme de Staël s'était accrue parce qu'il croyait qu'elle avait aidé Necker dans ses derniers ouvrages : c'est le sentiment de Michelet. Mais il avait aussi une sorte d'aversion jalouse pour toutes les supériorités qui ne s'inclinaient pas devant son pouvoir ou refusaient de le servir. Aussi Mme de Staël ne fut-elle pas trop surprise d'apprendre un jour qu'il lui faudrait quitter les environs de Paris. Sa maison était un lieu de réunion pour les mécontents : voilà pourquoi le Consul trouvait bon de l'éloigner.

Chose curieuse ! Quelques années plus tard, elle se rallia à l'opinion de Napoléon : « On a raison, écrivit-elle, d'exclure les femmes des affaires politiques : rien n'est plus opposé à leur vocation naturelle que tout ce qui leur donnerait des rapports de rivalité avec les hommes, et la gloire elle-même ne saurait être pour une femme qu'un deuil éclatant du bonheur. » (1).

Pensée bien juste, vérité profondément sentie et jetée toute vive sur le papier par une femme qui s'est toujours plainte de n'avoir pas trouvé le bonheur dans le mariage !... En attendant, elle écrivait à ses amis, et tous, Joseph Bonaparte surtout, s'employèrent pour elle. Mme Récamier lui proposa de

(1) *De l'Allemagne.*

venir au château de Saint-Brice, qu'elle avait loué pour l'été.

Elle a raconté, dans *Dix années d'exil*, comme quoi, étant à table avec trois amis, un cavalier tout de gris vêtu, sonne subitement à la grille. Elle va au-devant de lui dans le jardin. Il se présente lui-même. Il est le commandant de la gendarmerie de Versailles et exhibe un ordre enjoignant à Mme de Staël de se retirer, dans les vingt-quatre heures, à une distance d'au moins quarante lieues de Paris.

Le commandant lui permit cependant d'y aller faire ses préparatifs de départ. Mme de Staël, de son côté, lui permit de l'accompagner et de monter dans sa voiture. On s'arrêta à Saint-Brice, chez Mme Récamier. Mme de Staël y trouva le général Junot, qui promit de solliciter le Premier Consul en sa faveur. Il le fit, Joseph Bonaparte et sa femme le firent également, mais sans succès.

Désespérée, Mme de Staël tenta une dernière démarche ; elle écrivit directement au Premier Consul une lettre pleine de dignité dont il faut citer la très belle phrase que voici : « Je vivais en paix à Maffliers sur l'assurance que vous aviez bien voulu me faire donner que j'y pourrais rester, lorsqu'on est venu me dire que des gendarmes devaient m'y prendre avec mes deux enfants. Citoyen Consul, je ne puis le croire : vous me donneriez ainsi une cruelle illustration, j'aurais une ligne dans votre histoire... »

Il fallut partir ! Bonaparte avait signé sa feuille de

route. Que de lamentations à cette idée ! Que de larmes et d'éloquence désespérée ! Avec quelle jouissance de vanité elle se proclame la plus infortunée des femmes pour se faire plaindre !... Comme ceux qui n'ont jamais souffert, la moindre contrariété lui paraît le comble du malheur. Mme de Genlis, artisan de son exil, la raille sur l'exagération de ses plaintes et Chateaubriand fait de même. Comme l'a dit Montaigne : « A qui il grêle sur la tête, il semble que l'univers entier est en furie. »

Ne voulant point passer son hiver à Coppet, Mme de Staël, sur le conseil de son père, songea à l'Allemagne. Elle se proposait d'y aller chercher des idées, de même que Chateaubriand, quelques années plus tard, alla en Orient se ravitailler en impressions et en couleurs neuves. Elle voulait en rapporter un livre, base d'une gloire nouvelle. L'accueil qu'elle recevrait serait sa revanche des tracasseries de Bonaparte, et elle y préparerait sa vengeance.

Elle partit dans le courant de décembre 1803, avec son fils Auguste et sa petite Albertine, sous la protection de Benjamin Constant, et s'arrêta à Metz pour y voir Charles de Villers. Littérateur distingué, proscrit pour son ouvrage *De la Liberté*, publié en 1791, il avait été collaborateur de Rivarol et c'est lui qui initia Mme de Staël à l'étude de la philosophie et de la littérature allemandes. Il lui donna aussi d'utiles indications pour son voyage et des lettres d'introduction auprès de Gœthe et de Schiller ; à Francfort, Albertine tomba malade. Elle se remit et Constant écrivit le 30 novembre à sa tante de Nassau : « La maladie de sa fille, qui l'a fort inquiétée, m'a retenu plus longtemps que je ne croyais. » On se remit en route pour Weimar, qu'on appelait alors l'Athènes Germanique.

Mme de Staël était heureuse : elle se consolait de ne plus être à Paris en se voyant fêtée par les plus grands esprits de l'Allemagne ; après avoir été reçue par la duchesse douairière Amélie, elle le fut par Gœthe, par Wieland, par Schiller qui, chambellan à la petite cour de Charles-Auguste, duc de Saxe-Weimar, portait un uniforme — tout étant militarisé en Allemagne — ce qui le lui fit prendre d'abord pour un général.

Elle exposa à ces « trois étoiles de Weimar » ses thèses politiques, ses théories philosophiques..... Ces penseurs, habitués à la méditation dans le silence du cabinet, étaient tout étourdis par l'exubérant verbiage de leur visiteuse. Cela ne les empêcha pas de remarquer en elle des traces de germanisme, non seulement dans la structure physique, mais aussi dans le jugement, dans la façon d'envisager la vie et même la mort.

Le philosophisme et les atavismes Necker avaient produit ces affinités en son esprit pour l'esprit allemand. Et pourtant l'entente ne put se faire entre la fille de Necker, qui avait gardé un coin de la femme artificielle de Versailles, et les princes de la science et de la philosophie allemandes, dont l'observation de la nature et les fortes disciplines d'une vie toute studieuse avaient fait des êtres si différents de ce qu'elle était elle-même. Sur tous les points, politique, révolution, liberté, Bonaparte, religion, morale, vertu, conscience, devoir, on était en désac-

cord, et plus on discutait, plus le fossé se creusait.
Ils étaient les hommes de la méthode et de la discipline, elle était la femme du caprice, de la fantaisie
et de la liberté en tout. Comment s'entendre ? Sa
faconde étourdissait et lassait ses auditeurs qui fi-
nissaient par bâiller et ne plus l'écouter. Comme
elle savait l'allemand plus incomplètement encore
qu'ils ne savaient le français, cela n'était pas pour
faciliter leur entente. De part et d'autre, on se fati-
guait. Avec son assurance, avec son habitude de
parler de tout malgré un demi-savoir et de trancher
de tout en dernier ressort, elle ne plut qu'à moitié :
il fallait trop d'attention pour la suivre. Ses coups
d'aile à droite et à gauche, en avant et en arrière
déroutaient ces esprits méthodiques. Wieland, qui
la vit presque journellement, résuma ainsi ses impressions : « Elle a prouvé qu'une femme peut avoir
du génie, quoi qu'en ait dit Rousseau. Sa conversation est aussi intéressante que ses écrits, et si elle ne
parlait pas tellement vite qu'un pauvre allemand,
l'oreille et l'esprit tendus, arrive toujours à perdre
une bonne partie de ce qu'elle dit, on voudrait passer sa journée à l'écouter (1). Elle n'a guère de beau
que les yeux. A voir son visage et sa tournure, on
pourrait la prendre pour une domestique suisse (2),
si la grâce française n'était pas répandue sur sa lourde personne. » (3).

(1) « Si j'étais reine, je vous ordonnerais de me parler toujours », lui avait dit Mme de Tessé.

(2) Gouverneur Morris n'avait-il pas dit déjà qu'elle avait
« juste la tournure d'une femme de chambre » ?

(3) *Lettres inédites de Mme de Staël à Meister*, p. 238.

La conclusion de ces philosophes était que cette bavarde leur faisait perdre leur temps.

Comme elle trouvait, de son côté, qu'elle perdait le sien, elle partit au mois de mars pour Berlin. Sa déception avait été grande de n'avoir pas trouvé en Gœthe l'homme qu'elle s'était imaginé par la lecture de *Werther*. Elle le voyait plus petit qu'il n'était, parce qu'elle l'avait rêvé plus grand qu'il n'est permis à l'homme de l'être.

Bettina Brentano, l'espiègle petite amie de Gœthe, qui l'avait vue avec quelque défiance arriver à Weimar et à qui ces sentiments n'avaient pas échappé, se vengea de ce que sa jalousie avait été alertée en disant : « Mme de Staël s'est trompée deux fois : la première dans son attente, la seconde dans son jugement. »

Bettina ne se trompait pas dans le sien.

Benjamin Constant avait accompagné Mme de Staël jusqu'à Weimar et il menait Albertine à la Comédie, Mme de Staël aimant mieux la société des philosophes. Il ne la suivit pas plus loin. Son amie vit-elle dans cette abstention quelque arrière-pensée de prochain abandon ? Peut-être, car il semble que c'est pour parer à certaine répercussion d'une rupture que plus d'un indice laissait déjà prévoir, qu'elle pria Gœthe de lui procurer un jeune homme instruit et distingué pour être précepteur de ses fils Dans sa pensée, ce jeune homme aurait charge aussi, au cas du départ de Constant, de la documenter sur les écrivains, poètes et philosophes allemands. Elle ne pouvait guère les aborder de front, ne lisant pas couramment leur langue, dont elle avait com-

mencé l'étude sans grand enthousiasme en 1800 :
et puis, où trouverait-elle le temps de lire les auteurs
dont elle se proposait de faire connaître les œuvres à
ses lecteurs ? Elle désirait aussi d'être initiée aux
mœurs du pays, qu'elle ne pouvait qu'entrevoir en
courant. Car ce n'est pas en trois mois, dans des réceptions et salons officiels, qu'on apprend à connaître un peuple ; il faut se mêler à lui et vivre de sa
vie. Elle le comprit. De là cette idée de suppléer à
une observation personnelle qu'elle n'avait pas le
temps de faire, par les avis d'un homme éclairé du
pays.

Gœthe lui présenta M. Guillaume Schlegel qu'elle
avait déjà rencontré dans le salon de la duchesse
de Courlande à Berlin, de même que Stein, Gentz,
Guillaume de Humboldt et quelques autres qui de-
vinrent vite ses amis. Schlegel lui plut. Il la mit au
courant de la philosophie, de la littérature et de la
poésie allemandes ; il l'éclaira sur l'âme et sur la
pensée allemandes, sur le génie de la langue allemande... Plus tard, il la guida dans ses lectures,
coordonna ses notes, les discuta, en fit la critique
raisonnée..... Il acheva de germaniser Germaine,
substituant peu à peu sa propre pensée à la sienne.
Il prit ainsi une part très directe, difficile à séparer
de celle de Mme de Staël, au livre *De l'Allemagne*.

Mme de Staël n'osa pas y mettre certaines observations cueillies en sa rapide course à travers l'Allemagne : les vices, les défauts et les ridicules, elle n'en
parle que dans des lettres à des intimes. Celles de
Francfort donnent ses impressions dans toute leur

sincérité. On chercherait vainement dans son grand ouvrage des remarques dans le genre de celle-ci : « Il n'y a rien de plus lourd et de plus enfumé, au moral et au physique, que les hommes allemands. »

Se considérant avec son orgueil ordinaire, comme l'égale des têtes couronnées, elle se fit présenter au roi et à la reine de Prusse et entra en relation avec le prince Louis-Ferdinand, celui-là même qui devait, trois ans plus tard, tomber au combat de Saalfeld. Mme de Staël est étonnée de voir que « les deux sociétés, celle des savants et celle de la Cour, sont complètement séparées. » Heureuse d'avoir été reçue à la cour, elle ne parle pas de l'infranchissable distance sociale qui existe en Allemagne entre la noblesse et le reste de la nation : le peuple, aux yeux des hobereaux prussiens, est inexistant.

Le jeune roi de Suède, Gustave-Adolphe voyageait alors en Allemagne. Mme de Staël désirait fort l'honneur de lui être présentée. Le roi était accompagné du baron d'Armfeld, son ministre à Vienne, surnommé l'*Alcibiade suédois*, qui écrivait le 20 février 1804 au comte d'Engeström : « Que ferez-vous de Mme de Staël ? J'ai été en correspondance avec elle depuis son séjour en Allemagne ; elle veut de par tous les diables voir le roi, et lui n'en est pas curieux du tout. » Le 3 avril, Armfeld écrit encore : « Finkenstein m'a dit que Mme de Staël faisait grande sensation à Berlin et que Brinkmann était fort occupé d'elle. Je désire qu'il soit prudent dans son amour, car cette dame n'est pas en bonne odeur à notre

Cour ; on la regarde comme très révolutionnai·
re. » (1).

En revenant de Weimar, Benjamin Constant
avait rencontré Mme Necker de Saussure. Elle lui an·
nonce la mort de M. Necker. En toute hâte il revient sur ses pas ; il veut porter ses consolations à
Mme de Staël. Prévenue par deux lettres arrivées à la
fois à Berlin, que son père venait de tomber dange-
reusement malade, celle-ci était partie sur l'heure
pour Coppet. A Weimar, elle apprenait la fatale
nouvelle.

Après les premiers jours donnés à une douleur un peu théâtrale, le temps fit très rapide-
ment chez elle son œuvre d'apaisement : « J'ai vu
l'autre jour M. de Bonstetten, écrit Mlle Rosalie de
Constant, le 20 octobre 1804, qui m'a raconté Mme de
Staël et sa douleur. Elle la promène à Genève et
l'emploie à donner des fêtes à la duchesse de Courlande. Coppet a été tout l'été le rendez-vous des savants allemands et genevois. Il s'y est fait des
assauts prodigieux d'esprit et de savoir. »

Benjamin s'étonne de cette singulière faculté d'u-
nir la frivolité à la douleur : il oublie le côté poseur
et théâtral du caractère de sa maîtresse, qui semble
ne sentir que pour la galerie, pour se faire plaindre
de son extrême douleur et admirer pour son éloquence à l'exprimer. Il oublie aussi le goût incura-
ble de cette démocrate pour les têtes couronnées, les
princes et princesses, les ducs et duchesses...

______

(1) *Mémoires du comte d'Engeström*, composés après sa mort
sur les documents des archives de son château de Jankowiez, en
Pologne.

La laissant à son deuil et à ses plaisirs, Benjamin
alla en France s'occuper de sa propriété des Herbages. Mme de Staël se consolait de son absence comme de ses deuils et « voyageait gaiement en Suisse
avec des amis anglais. » Le Premier Consul ayant
fait expulser ces étrangers, Mlle Rosalie de Constant
écrit : « Le départ des Anglais a été un grand chagrin pour elle. » Elle était décidément née pour toutes les douleurs ! La pauvre femme alla chercher des
consolations auprès de Constant, aux Herbages. Mais
avant de partir, dans un louable sentiment de piété
filiale, elle avait réuni les manuscrits de son père et
se proposait de les publier sous ce titre : *Du caractère de M. Necker et de sa vie privée.*

Elle résolut ensuite, sur l'avis des médecins, de se
rendre à Naples. Mais y aller seule... Il y avait bien
Schlegel : beau protecteur, en vérité, avec « son
excessive poltronnerie ! » Et pourtant, son éternel
prurit de la parole exigeait un ou deux compagnons
de route, ne fût-ce que pour ne pas perdre l'habitude de parler. Ils la protégeraient aussi en cas de
danger, car le trajet, jusqu'à Naples, lui causait des
appréhensions. Sismondi la met sur le même pied
que Schlegel et nous la présente comme « une femme qui se laisse troubler par le danger » ; une autre
fois, il dit qu' « elle est excessivement poltronne. »
Que voulez-vous ? Son métier de femme n'était pas
d'être brave, mais de parler, et, de cette fonction,
qui donc s'acquittait mieux qu'elle ?

Elle se met en route en décembre 1804 et rencontre Sismondi qui avait passé un mois à Coppet et
l'avait quittée depuis quelques semaines, Guillaume

de Humboldt et cet aimable et spirituel Bonstetten qui, ayant retrouvé à soixante ans une seconde jeunesse, disait gaiement de sa première, bien pétulante pourtant : « Quand j'étais vieux... »

Mme de Staël avait des besoins de cœur continuels. A Milan, elle se lia d'amitié passionnée avec un abbé Monti, sorte de prêtre, de poète, d'auteur dramatique, de rêveur, de demi-fou qui la rendit folle non à demi, et qui pis est, folle de lui. A ce point qu'il fut, a-t-on dit, question entre eux d'autre chose que de théologie et de philosophie. Mais il avait une si belle figure, à la fois douce et fière !... A Florence, elle renoua, — elle n'est pas fâchée de le faire savoir — avec sa *dear queen*, la comtesse d'Albany, veuve du dernier des Stuart. C'est à Naples qu'elle dit ces mots, souvent cités : « Si ce n'était pas par respect humain, je n'ouvrirais pas ma fenêtre pour voir la baie de Naples pour la première fois, tandis que je ferais cinq cents lieues pour aller causer avec un homme d'esprit que je ne connais pas. » Manière aussi nouvelle que vaniteuse de vanter son propre esprit.

Sa vanité, du reste, ne jeûnait pas un seul jour : de Rome, elle écrivit plusieurs fois à Constant, qui note dans son *Journal* : « Elle est tout enchantée de ses succès : grand bien lui fasse ! Elle a fait un sonnet sur la mort de Jésus-Christ, qu'elle a lu à l'Académie des Arcades. Il y a vraiment du saltimbanque dans cette conduite. Si ce sonnet parvient en France, ce sera un ridicule nouveau. » Après une autre lettre, il inscrit : « Je suis rassasié de ses éternels reproches et de mes éternelles justifications... » On voit que, sous le ciel de l'Italie, Mme de Staël avait repris des forces.

Elle rentra de voyage dans l'été de 1805, heureuse, ayant pris pour argent comptant les louanges hyperboliques que lui avaient adressées les Italiens, suivant le gracieux usage de leur aimable pays.

Cependant elle a le plus vif désir de revoir Paris et, comme elle n'a jamais su se refuser un caprice, la voilà partie pour Auxerre. Elle s'installe au château de Vincelles et s'y ennuie. Il lui faut son Benjamin pour l'amuser. Celui-ci lui mande qu'il est auprès de son père, malade à Dôle. La dame n'admet aucune raison : ordre d'accourir sur-le-champ, sinon il y aura du bruit. Le malheureux obéit, mais pas assez vite : attrapage : « Une lettre de Mme de Staël vient me chercher. Tous les volcans sont moins flamboyants qu'elle. » Il arrive et, le soir-même, griffonne sur son carnet : « Le feu est à toutes les poudres... Le soir, scène épouvantable, horrible, insensée, expressions atroces. Elle est folle ou je suis fou. Comment cela finira-t-il ? » Par un raccommodement, comme toujours : à cause d'Albertine...

Obstinée, Mme de Staël veut, en dépit de Napoléon, se rapprocher de Paris. Peu à peu, la voici à Rouen. Étape par étape, elle espère bien arriver à la capitale.

Mais l'empereur avait l'œil sur elle. Du camp de Boulogne, le 29 août 1805, il avait déjà écrit à son ministre de la police : «... Un autre objet est Mme de Staël. Elle prétend que je lui ai permis de venir à Paris et elle veut y rester. Qu'elle se rende à Coppet; vous sentez que je ne suis pas assez imbécile pour la vouloir à Paris plutôt qu'à vingt lieues. Elle ne se mêle que des affaires de la France, à Genève... Faites connaître à ses amis qu'elle s'arrêtera à quarante lieues. Tous les éléments de discorde, il faut les éloigner de Paris... » (1).

Fouché ne met pas grand zèle à obéir au Maître. Le 9 avril 1806 seulement, Mme de Staël reçoit l'ordre de quitter le territoire français. Elle retourne donc à Coppet. Le succès de *Corinne* ne l'eût pas consolée de son exil, si des amis n'étaient venus la distraire, entre autres, le prince Auguste de Prusse, frère du prince Louis qu'elle avait connu à Berlin.

M. et Mme de Chateaubriand, à en croire Mme de Staël, furent au nombre des visiteurs : c'est une erreur... On lit en effet dans les *Cahiers de Mme de Chateaubriand* : « A Genève, nous reçumes la visite de Mme de Staël qui nous fit promettre d'aller, à notre retour de Chamonix, passer quelques jours à Coppet... Je ne sais ce qui nous empêcha de remplir la promesse que nous avions faite à Mme de Staël ; elle en fut très mécontente et d'autant plus qu'ayant compté sur notre visite, elle écrivit d'avance à Paris les conversations *présumées* qu'elle avait eues avec M. de Chateaubriand et dans lesquelles elle l'avait, disait-elle, *converti à ses opinions politiques*. On sut que nous n'avions pas été à Coppet et que la noble châtelaine avait fait seulement un roman de plus. » (2).

<hr>

(1) L. Lecestre, *Lettres inédites de Napoléon Ier*, I, 58.

(2) Ladreit de la Charrière, *Les cahiers de Mme de Chateaubriand*, I, 19.

X. — CORINNE ; ÉTÉ DE 1807 A COPPET ; VOYAGE A VIENNE.

Napoléon n'avait guère d'illusions sur les sentiments de désaffection qui commençaient à se faire
jour autour de lui. Il le sentait plus qu'il n'en voyait
l'expression et surtout les causes. Cette gêne am-
biante, jointe à l'inquiétude que lui donnaient les
guerres sans cesse à recommencer, le rendait irrita-
ble et le poussait aux mesures de rigueur. Mme de
Staël, sur laquelle il recevait de fréquents rapports
de sa contre-police, l'exaspérait. Fouché avait pris
sur lui de l'autoriser à séjourner dans une terre de
M. de Castellane, à douze lieues de Paris, le château
d'Acosta, où elle acheva d'écrire son roman de *Corinne*. Voulant se rapprocher encore plus de la capitale, elle avait acquis une petite propriété à Cernay.
Napoléon, au courant de tous ses faits et gestes écrivit de Pultusk (Pologne) à Fouché, le 31 décembre
1806 : « Ne laissez pas approcher de Paris cette co-
quine de Mme de Staël ; je sais qu'elle n'en est pas
éloignée. » (1).

(1) L. Lecestre, *op. cit.*, I, 84.

Et, le 15 mars 1807, comme Napoléon sent du mauvais vouloir chez Fouché, il lui écrit : « Vous devez veiller à l'exécution de mes ordres et ne pas souffrir que Mme de Staël approche de quarante lieues de Paris. Cette méchante intrigante devrait enfin prendre le parti de rester sage. » (1).

Mme de Staël explique dans la lettre suivante les raisons pour lesquelles elle a acheté une maison à Cernay, mais n'en est-il pas une ou deux qu'elle oublie de donner ?... Elle écrit donc à M. Alexandre Rousselin de Saint-Albin, filleul de Barras et ancien secrétaire de Carnot, pour le prier de se faire son avocat auprès de Fouché :

> Meulan, dép. de Seine-et-Oise, ce 14 mars 1807.
> J'ai vu une lettre de vous à B. (enjamin Constant), Monsieur, qui m'a presque fâchée. Ce n'est point par reconnaissance que je recherche votre société. Vous avez dû remarquer que je sentais votre esprit et votre caractère indépendamment de l'emploi que vous avez bien voulu faire de l'un et de l'autre en ma faveur. Venez donc me voir, nous nous expliquerons mieux dans un entretien que par mille lettres. Pour continuer à vous prouver que je me crois justifiée auprès de vous, je prends la liberté de vous prier d'avoir un entretien avec F., (ouché) sur moi le plus tôt que vous le pourrez, car vous seul saurez lui dire deux ou trois choses qu'il m'importe qu'il sache. Il m'avait fait dire d'acheter une terre à dix lieues de Paris. Je l'ai achetée à cinq et demie. La différence n'est pas grande pour le gouvernement ; elle est immense pour moi. car c'est la seule manière que j'aie de faire venir des maîtres de Paris pour mes enfants. Maintenant qu'elle est achetée, mon parti est pris. J'y demeurerai ou je m'en irai, et je la revendrai. Il y a un an que

_____
(1) *Ibid.*, 88.

je mène une vie misérable, et cinq ans que je suis exilée. Je ne puis pas, avec trois enfants, prolonger cette existence errante davantage. A Cernay, je promets de ne pas demander l'habitation de Paris, et il me semble que la volonté de l'Empereur que je n'aie pas de salon à Paris est ainsi satisfaite. Je suis restée six semaines de plus ici (d'où je peux être chassée à chaque instant si la terre est vendue) afin de gagner le beau temps et de pouvoir partir si l'on ne me laisse pas à Cernay ; alors j'irai d'abord en Allemagne parler moi-même à l'empereur, et si je n'obtiens rien, je m'établirai pour tout à fait avec mes deux fils dans les pays étrangers. Si l'on me laisse à Cernay, j'y vivrai comme j'ai vécu ici, seulement avec des facilités pour l'éducation et l'établissement de mes enfants, et je m'engage à ne jamais demander de vivre à Paris.

Voilà mon plaidoyer ; faites-moi le plaisir de le faire valoir ; vous y comprendrez tout ce que je ne dis pas, et s'il réussit, je vous le devrai.

Je pense avec peine que mes lettres sont bien ennuyeuses. J'ai fait, à ce que je crois, un volume in-folio sur l'exil, que je rédigerai si l'on me chasse. Vous en avez lu quelques pages, mais au moins souvenez-vous qu'ici vous m'avez trouvée capable de causer d'autre chose et que mon entretien vaut mieux que mes lettres.

Venez donc en essayer. Que devient Fauriel ? (1).

Mme de Staël a toujours bonne opinion de son talent de parole, mais elle en parle, cette fois, avec esprit.

Cependant le but de Napoléon n'était pas atteint : Mme de Staël prenait une place d'autant plus grande dans l'opinion, qu'elle se disait persécutée. Cela, il

(1) Lettre inédite. — Collection Ch. Segonne — Fauriel demeurait ce qu'il était, c'est-à-dire amoureux de Mme de Condorcet et de la campagne.

le sentait, lui faisait grand tort, tout en donnant à l'étrangère dont il ne voulait pas à Paris, une auréole de persécution dont elle n'était pas fâchée, elle l'avoue, d'agrémenter son turban. Stanislas Girardin raconte qu'il s'arrêta à Saint-Germain, le 14 avril 1807, pour y rencontrer Mme de Staël qui, de son côté, y venait pour le voir. Elle avait reçu depuis deux jours l'ordre de se rendre à Coppet avec défense d'en sortir.

« Cette persécution, lui dit-elle, me donne un certain air d'importance qui me fait plaisir et m'impose un exil qui me met au désespoir. Ma vanité m'aide à contenir mon courage, mais mon cœur est affligé. Je sens que je suis femme lorsqu'il faut m'éloigner de mes amis. J'avoue que Paris est le seul lieu où je puisse vivre tout entière.

« Ici, je suis entendue ; en province ils sont obligés de *se cotiser* pour me comprendre ; mais si l'on m'y force, j'irai à Londres, et on s'apercevra que mon talent n'est pas seulement *ossianique*, comme on se plaît à le dire. Je dois faire paraître sous peu un ouvrage sur l'Italie (1). Si j'avais voulu consentir à faire l'éloge dont on m'avait donné l'ordre, *je ne serais pas* aujourd'hui en butte à la persécution. »

En rapportant ces paroles où Mme de Staël n'oublie pas, avec autant d'esprit que de vanité, de parler de son talent, Stanislas Girardin ajoute qu'il ne croyait pas l'empereur capable de s'abaisser jusqu'à persécuter une femme, mais qu'il ne répondait pas de ses flatteurs. Il n'était pas sûr, non plus, que Mme de Staël,

_____

(1) *Corinne ou l'Italie.*

comme toutes les personnes à exaltation, ne mît
quelque orgueil à se parer en public des palmes du
martyre. C'était aussi le sentiment de Chateaubriand
et de sa femme.

Se sachant épiée à Cernay, Mme de Staël invitait les
personnes avec lesquelles elle voulait parler librement, à se rendre à l'hôtel du *Grand Cerf*, à Saint-
Germain-en-Laye. En arrivant de Paris, on y passait
un jour ou deux : Mme de Staël y venait de son côté
et l'on pouvait se voir et causer en dépistant la surveillance de la contre-police de Napoléon, plus habile et plus zélée que la police de Fouché. C'est ainsi
que désirant parler à M. Rousselin de Saint-Albin
avant de se rendre à Coppet, elle lui mande :

> A Monsieur Rousselin, rue du Faubourg-
> Saint-Honoré, n° 41, près la légation du
> Portugal.
>
> Ce lundi soir, Avril 1807.

C'est à votre amitié que je dois d'avoir encore quelques
jours de repos ici. Faites-m'en donc jouir en venant me
voir. Vous voulez m'amener Garat ; j'en serais ravie ;
mais si, comme je le crois, il lui est difficile de décou-
cher, je vous propose de vous donner à dîner au *Grand
Cerf* samedi ou dimanche, à 2 heures. J'y serai pour vous
recevoir. Garat retournera et moi je vous ramènerai à
Paris quand vous vous ennuierez de la campagne ; ainsi
vous vous sauverez tout l'ennui de la course. — Mandez-
moi tout de suite si vous acceptez, et si vous avez choisi
samedi ou dimanche ou tout autre jour à dater de celui-
là. Mais vous savez qu'il faut que je me hâte, car sans
un nouveau miracle de vous et du sort, je pars le 1er de
mai.

Mille amitiés.

Si vous ne pouvez pas amener Garat, ne l'attendez pas;
mes chevaux, sans moi, iront alors au-devant de vous.
Quoique vous en puissiez dire, je lirai vos éloges avec un
grand intérêt ; cela doit sortir de ce temps-ci, et c'est un
grand bien.

Je remets ce billet à un ami.

Dites à Garat, si je ne le vois pas, ce qui me fâchera
beaucoup, combien je suis touchée de l'intérêt qu'il m'a
montré, mais j'espère que le plan de Saint-Germain
réussisse (*sic*). Dites-lui que j'y suis allée déjà plusieurs
fois et que ce sont de bonnes gens qui ne me nomment
pas et m'aiment beaucoup. Je parle des maîtres de la
maison du *Grand-Cerf*. Au reste, quel mal y-a-t-il à dîner
ensemble ? On est tout étonné de se trouver prudent
pour les plus simples actions de la vie, comme on ne
l'était pas autrefois pour les plus grandes. Adieu encore,
j'attends un mot de vous (1).

Cependant le roman de *Corinne* avait paru. Il faisait grand tapage. Napoléon, qui n'aimait pas le tapage quand ce n'était pas lui qui le faisait, voulut
le lire. Il le reçut une nuit, à Osterode, avec son
courrier, jeta les yeux dessus et fit appeler Talleyrand. Celui-ci se leva, vint, mal éveillé, toussottant
boîtillant.

— Vous aimez cette femme, dit-il ; voyons si elle
a le sens commun. Lisez-moi cela.

Au bout d'une demi-heure de lecture, il s'impa-
tiente.

— Ce n'est pas là du sentiment, dit-il, c'est un fatras de phrases... une tête à l'envers... Allez vous
coucher, c'est du temps de perdu. Chaque fois que

____

(1) Lettre inédite. Collection Ch. Segonne.

l'auteur se personnifie dans son œuvre, l'ouvrage ne
vaut rien. Bonsoir.

« Le lendemain, raconte la comtesse Potocka, il
donna *Corinne* au duc de Bassano qui me l'envoya,
croyant que nous n'avions pas encore ce livre à Var-
sovie. J'ai conservé soigneusement cet exemplaire
devenu historique. » (1).

La publication de *Corinne* n'était pas faite pour
atténuer les mesures que Napoléon se disposait à
prendre contre Mme de Staël. Il manda d'Osterode à
Cambacérès, le 26 mars :

...J'ai écrit au ministre de la police de renvoyer
Mme de Staël à Genève en lui laissant la liberté d'aller à
l'étranger tant qu'elle voudra. Cette femme continue son
métier d'intrigante. Elle s'est approchée de Paris malgré
mes ordres. C'est une véritable peste. Mon intention est
que vous en parliez sérieusement au ministre, car je me
verrais forcé de la faire enlever par la gendarmerie.
Ayez aussi l'œil sur Benjamin Constant et, à la moindre chose dont il se mêlera, je l'enverrai à Brunswick,
chez sa femme. Je ne veux rien souffrir de cette clique ;
je ne veux pas qu'ils fassent de prosélytes et qu'ils m'ex-
posent à frapper de bons citoyens (2).

Mme de Staël est devenue le cauchemar de Napoléon. Le 19 avril, il écrit de Finkenstein à Fouché :

Parmi les mille et une choses qui me tombent dans les
mains de Mme de Staël, vous verrez par cette lettre quelle
bonne Française nous avons là. Si c'était le prince Louis,
notre ennemi forcené et auteur de la perte de sa monarchie, elle eût tout fait pour le voir. Mon intention est

(1) Comtesse Potocka, *Mémoires*, 150.
(2) *Correspondance générale de Napoléon Ier*, XIV, 537.

qu'elle ne sorte jamais de Genève. Qu'elle aille, si elle veut, avec les amis du prince Louis. Aujourd'hui courtisant les grands, le lendemain patriote démocrate, on ne saurait en vérité contenir son indignation en voyant toutes les formes que prend cette...... et vilaine par dessus. Je ne vous dis pas les projets déjà faits par cette ridicule coterie, en cas qu'on eût le bonheur que je fusse tué, un ministre de la police devant savoir cela. Tout ce qui me vient de cette misérable femme mérite que je la laisse dans son Coppet, avec ses Genevois et sa maison Necker (1).

Un mois après cette litanie d'injures, Napoléon n'est pas encore apaisé. Il mande à Fouché, le 11 mai, de Finkenstein :

Cette folle de Mme de Staël m'a écrit une lettre de six pages qui est un baragouin où j'ai trouvé beaucoup de prétention et peu de bon sens. Elle me dit qu'elle a acheté une terre dans la vallée de Montmorency. Elle part de là pour en conclure qu'elle peut demeurer à Paris. Je vous répète que c'est tourmenter injustement cette femme que de lui laisser cet espoir. Si je vous donnais le détail de tout ce qu'elle a fait à sa campagne depuis deux mois qu'elle y demeurait, vous en seriez étonné, car, quoique à cinq cents lieues de la France, je sais mieux ce qui s'y passe que le ministre de la police (2).

Malgré ses multiples occupations, Napoléon continue à épier l'étrangère qui le combat par sa parole et ses amis. Il trouve que Fouché ne la surveille pas assez.

(1) L. Lecestre, *op. cit.* I, 93.
(2) *Correspondance générale de Napoléon Ier*, XV, 217.

Il lui écrit le 26 mai :

Soyez bien certain que la personne qui a dîné à Paris avec Mme de Staël, chez des hommes de lettres, y a certainement dîné. Je ne vous en ai parlé que pour vous instruire d'une chose que vous ne saviez pas (1).

Mme de Staël s'était enfin mise en route pour Coppet.

Dans ses interminables journées de voiture, elle pense à *Corinne* : quoi de plus naturel ?

De Lyon, où elle fait escale, elle écrit à M. Alexandre Rousselin, la gracieuse lettre que voici :

Lyon, ce 6 may 1807.

Avant d'entrer dans ma prison solennelle, mon cher Alexandre, il faut que je vous remercie de tout ce que vous avez fait pour me l'éviter. Il serait plus aimable encore de venir la partager. Pendant l'été, cette Suisse vous plairait. Elle ne deviendrait cruelle que quand le deuil de la nature, la neige, la couvre de toutes parts. On m'a fait beaucoup d'accueil ici et l'on voudrait m'y retenir ; mais je n'aime pas notre esprit français en province ; il lui faut au moins son élégance pour faire passer sa légèreté. Avez-vous lu *Corinne* ? Qu'en dit-on ? Qu'en dites-vous là-bas et à Paris ? Prenez un peu sur les mathématiques pour m'écrire de tems en tems. Songez que les lettres sont le seul plaisir, le seul événement de la solitude. Garat a reçu les 50 francs dont nous étions convenus ; les a-t-il acceptés ? Ayez la bonté de finir cette petite affaire en l'y déterminant. Mandez-moi aussi ce que tous les deux disent de *Corinne* ; et vous, quel effet aurez-vous reçu de la fin ? Trouverai-je là moyen ou obstacle pour me rejoindre à mes amis, c'est là pour moi la première question. Et vous, qui êtes du petit nom-

(1) *Ibid.*, 267.

bre de ces amis, n'est-ce pas cela qui vous intéresse le plus ? Adieu, mon cher Alexandre, je monte en voiture et demain je serai à Coppet. Je vous écrirai de là *si vous m'avez écrit*, car je suis fière et boudeuse.

Mille amitiés (1).

Plus orgueilleuse que fière, Mme de Staël, qui se fait cent ennemis par des bouderies qui ne sont ni muettes ni mesurées, continue à songer à *Corinne*. Elle en parle et voudrait qu'on en parlât. Ayant reçu de M. Alexandre Rousselin la lettre espérée, elle lui répond ces charmantes lignes.

1807, Ce 18 mai, Cop. [pet].

Je suis bien touchée, mon cher Alexandre, de votre aimable lettre, mais je commence à me laisser doucement accoutumer à votre intérêt, et, loin de m'étonner comme autrefois quand il m'arrive, je me fâcherais s'il ne m'arrivait pas.

Puisque vous me permettez de parler de *Corinne*, je vous avouerai que ce me serait beaucoup de plaisir et d'honneur si Garat en écrivait. Ne serait-il pas possible, comme c'est un voyage et non un roman, de faire recevoir un article de lui, même non signé, dans le *Moniteur* ? Voyez cela, mon cher Alexandre, et veillez aussi un peu, je vous prie, sur le *Courrier français* et la *Revue* qui n'en ont pas encore parlé. — Vous voyez que je compte assez sur votre amitié pour lui donner le département de ma réputation. Il est bien vrai que c'est toujours à cause de l'exil dont vous êtes le grand entrepreneur. Quand on ne peut plus trouver son repos dans l'obscurité, il faut chercher sa force dans la célébrité. Vous avez répondu à ravir sur les idées religieuses : que je serais fière si j'avais attiré votre attention sur ce grand et noble sujet (2). Je sais que La Cretelle le jeune a fait

---

(1) Lettre inédite. Collection Ch. Segonne.

(2) L'établissement du calvinisme en France comme religion d'Etat.

une diatribe sur ce que je disais de religieux, affirmant
que c'était pour plaire aux sallons (*sic*) que je l'avais
fait. (Il est vrai qu'il écrit, lui, pour plaire à l'anticham-
bre). J'en ai conclu que F. [ouché] pourrait me blâmer,
mais je voudrais bien que vous sussiez par lui quelque
chose de Pologne (1) s'il en vient un mot à cet égard.
Mais je ne sais pourquoi je [ne] vous demande rien, car
vous désirez tout. Pourquoi ne me parlez-vous plus de
venir me voir cet été ? Songez que jusqu'au 1er de septembre je suis fixée ici et que j'y suis la plus triste
personne du monde loin de mes amis. Si Benjamin n'est
pas parti, dites-lui donc de venir me voir, ne le retenez
pas à Paris, il m'est bien nécessaire ici. L'éveil et la mort
signalent ce séjour pour moi. Je pense comme vous qu'il
n'est pas nécessaire que (*un mot illisible*) sache mon
nom, mais il l'est qu'il sache qu'il peut prendre l'argent
chez Garat, et notre ami pourrait alternativement l'oublier et lui en donner le double. Veillez à ce qu'il l'ait,
vous qui soignez tout ce qu'il reste de nobles esprits
épars, dispersés et persécutés ; vous qui vous faites une
puissance par le caractère et l'intelligence de l'amitié
quand il n'y a plus que la force positive dans le monde.
— Adieu, cher Alexandre, avez-vous donc renoncé au
projet de venir ici ? (2).

M. Rousselin ne répondant pas assez vite, Mme de
Staël s'en inquiète. Il y a plaisir à voir combien,
dans ses lettres intimes, elle est cordiale avec ses
amis. Mais elle ne s'oublie pas et elle soigne sa gloire
en les priant de s'occuper de la petite cuisine de
presse pour *Corinne*. Les cinquante francs pour Garat, dans la lettre précédente, semblent bien être les
honoraires d'un article sur son roman. Elle engage

(1) C'est-à-dire de Napoléon.
(2) Lettre inédite. Collection Ch. Segonne.

aimablement M. Rousselin à poursuivre sa correspondance avec elle et l'invite à venir à Coppet.

Pour l'y décider, elle lui parle de ses hôtes actuels :

> Coppet, ce 29 juillet 1807.
>
> Il y a bien longtemps, mon cher Alexandre, que je n'ai de vos nouvelles, et maintenant que Benjamin est ici, je ne sais plus rien de vous. Je voudrais que vous vînssiez me voir. Mad. Récamier est ici ; notre société de château est assez agréable et par les fenêtres on voit le plus beau pays du monde, le plus beau s'il y avait des habitants. Pourrez-vous me savoir, au *grand* retour, si *Corinne* a fait une bonne ou mauvaise impression, enfin s'il faut que j'aye encore un hyver et peut-être plus d'expatriation. Vous l'adoucirez en venant me voir ; Benjamin vous en prie avec moi. Je vous enverrai une lettre pour Gerbaux (?) qui m'a écrit vraiment d'une manière remarquable et profonde, mais j'ai tant souffert des nerfs depuis deux mois, que je n'ai pu rien écrire, pas même une lettre. Mais je suis bien capable de causer, et surtout avec vous. Ainsi donc venez me voir et ne vous laissez pas gagner par les jours comme par les vagues, faisant des projets pour les exécuter. Adieu, mon cher Alexandre, l'exil est un long et lourd malheur (1).

Comme toutes les femmes, Mme de Staël trouvait du charme à la plainte : elle avait une véritable jouissance d'orgueil à se poser en victime politique, et elle en voulait à Chateaubriand de ne pas la considérer comme la femme la plus malheureuse de la terre. Elle provoquait ainsi un tendre et affectueux intérêt chez ses amis et attisait en eux une haine contre Napoléon qu'ils colportaient ensuite partout.

(1) Lettre inédite. Collection Ch. Segonne.

Mais cette haine, qu'elle le sentît ou non, retombait sur la France : l'empereur le sentait bien, lui ! De là cette guerre avec la Genevoise, qui devait finir par ameuter tous les souverains et princes de l'Europe contre la France et amener la chute du colosse. Mais, pour le moment, la France est puissante : le ton de la lettre suivante, du prince Ferdinand de Prusse à son fils Auguste, grand ami de Mme de Staël et surtout de Mme Récamier, le montrerait si l'on ne le savait pas. Le 23 mai 1807, donc, il lui dit quelques mots de *Corinne* et de son auteur :

Je me flatte qu'il (le roman) sera moins immoral que le dernier sorti de sa plume (1). Je ne connais pas de femme plus instruite que Mme de Staël, qui ait plus le talent de se mettre à la portée de ceux avec lesquels elle converse, et qui évite plus soigneusement de cacher les connaissances profondes qu'elle possède. Dans ma position, ce serait une femme dont je rechercherais la société ; mais si j'étais chef d'un Etat, je l'éviterais parce que je pense qu'elle aimerait à se mêler des affaires du gouvernement, à chipoter, à intriguer, ce que les femmes ne doivent pas se permettre (2).

Napoléon aurait applaudi à ces lignes — qui lui passèrent certainement sous les yeux et qui ne furent écrites que pour cela, — s'il n'y avait vu une basse flagornerie cousue de gros fil blanc, à son adresse. Ce sont ces lignes qui lui inspirèrent sur les princes allemands une réflexion qu'on lira tout à l'heure à la fin d'une lettre datée de Venise, 6 décembre 1807.

(1) *Delphine.*
(2) E. Angot, *Mélanges d'histoire : Après Iéna*, Paris, Emile-Paul. 1910.

L'été de 1807 fut particulièrement brillant à Coppet, qui était devenu une véritable académie : romancière, auteur et artiste dramatique, femme philosophe et femme politique, moraliste, — la morale est pourtant sa partie faible — Mme de Staël la préside avec son esprit de domination accoutumé et aussi avec la gracieuseté de la femme du monde, heureuse de remplir ses devoirs d'hospitalité. Mme Récamier la seconde de toutes ses grâces, rougissant à volonté et faisant de son mieux la timide. Chacun, dans cette active et parlante retraite, était comme chez soi, libre de sa matinée et de son après-midi. Le soir, Mme de Staël réunissait ses hôtes autour d'une table bien servie, et, sitôt assis, les voilà tous partis, elle en tête, sur la politique, l'amour... Elle les régale de sa conversation. Souvent, au dessert, lecture d'une tragédie. Ensuite, au salon, chacun de s'évertuer à mettre en relief les talents de Mme de Staël : mais ses talents valaient-ils sa table ?... Après l'en avoir complimentée, on était obligé de faire un doigt de cour à la maîtresse de céans. « C'était après-dîner seulement, raconte Mme Lebrun, qu'on pouvait causer avec elle. On la voyait alors marcher dans son salon, tenant en main une branche de verdure ; quand elle parlait, elle agitait ce rameau, et sa parole avait une chaleur qui n'appartenait qu'à elle seule. Impossible de l'interrompre : dans ces instants, elle me faisait l'effet d'une improvisatrice. » Mais elle posait elle-même une digue à ce torrent d'éloquence, — car elle n'aurait jamais été à bout de souffle, — en mettant sur le tapis quelqu'une de ces questions qu'elle aimait à faire discuter dans son cercle.

Ses yeux brillaient d'orgueil à la pensée qu'elle dominait de sa parole les esprits supérieurs qui l'entouraient et qu'elle tenait dans ce cercle le dé de la conversation, le seul qu'elle ait jamais tenu. C'est elle qui résume les débats : avec sa volubilité accoutumée, elle donne son avis et sa conclusion : l'on n'a qu'à s'incliner. Comme chez Napoléon, sa parole est impérieuse : elle retentit dans le vaste salon, frappe et commande.

La troupe ordinaire de comédie et de tragédie — car on abordait aussi le grand art, — comprenait MM. de Labédoyère, Lullin de Chateauvieux, « Genevois, homme d'un esprit vif, comique et brillant », de Palmella, Elzéar de Sabran, qui écrivait d'aimables fables, Sismondi, l'auteur de l'*Histoire des républiques italiennes*, Benjamin Constant, qui écrivait sur des cartes à jouer l'*Histoire des religions*, le vicomte de Saint-Priest, M. Prosper de Barante, auditeur au Conseil d'Etat, ancien sous-préfet de Bressuire, alors préfet de la Vienne, le futur historien des ducs de Bourgogne, qui était venu passer quelques semaines chez son père, préfet de Genève. M. de Montlosier, qui en faisait le plus grand cas, l'avait présenté à Mme de Staël, et il voisinait maintenant assez avec Coppet, pour que Mme de Staël tombât amoureuse folle de lui : car ce ne sont pas les hommes, comme on sait, qui deviennent amoureux d'elle ; c'est elle qui devient amoureuse d'eux et le leur signifie.

Bon garçon, M. Prosper de Barante se laissait cajoler par Mme de Staël. En voyant ce manège, on pensa, dans son entourage, qu'un mariage pourrait

bientôt le couronner. Il s'agissait bien de cela ! M. de
Barante ne venait à Coppet que parce que Mme Récamier y était et qu'il était amoureux de Mme Récamier. Mme de Staël s'en aperçut et en montra de l'humeur. Mais comme son fils Auguste s'éprit subitement de Mme Récamier, elle se tranquillisa à la pensée que cette passion neutraliserait, auprès de son
amie, l'amour de M. de Barante. Singulière atmosphère que celle de Coppet où l'amour était endémi-
que et où les gens tombaient inévitablement amoureux les uns des autres !

Il fallait toute l'autorité de Mme de Staël pour maintenir une apparence de cordialité entre les amours-
propres divers qui n'étaient pas sans se jalouser et
se déchirer à l'occasion. D'un coup d'œil sévère, elle
réprimait certaines allusions dénuées de bienveillance et cela contribuait à maintenir une hostilité sourde entre ses admirateurs. M. Schlegel n'était pas
aimé de ceux-ci : rivalité ? jalousie ? vanité et sus-
ceptibilité ? Un peu de tout cela, sans doute. Toujours est-il qu'un sentiment plus vif que celui de
la bienveillance envers le précepteur de ses fils, et
même d'une pure amitié, paraît avoir existé entre
Mme de Staël et M. Schlegel. C'est ainsi qu'à table,
par exemple, devant tout le monde, il lui disait *ma
chère amie*, ce qui agaçait celle-ci, et pourtant on
lit dans une lettre qu'elle lui écrivit le 30 novembre
1813 : « Je ne pouvais supporter votre silence, et
vous avez à vous reprocher plusieurs de mes nuits
pendant lesquelles *je pleurais notre liaison.* » (1).

(1) *Lettres inédites de Mme de Staël à Meister*

Quand un orage semblait prêt à éclater dans sa ménagerie, par une attitude olympienne imposant l'obéissance, la dompteuse ramenait le calme parmi ses « bêtes » et, jamais à bout de souffle, sa parole virile retentissait fort avant dans la nuit jusqu'à ce que le sommeil, qui avait déjà ouvert et fermé plus d'une bouche, fût sur le point de fermer tous les yeux. « Triste chose que la conversation ! avoue mélancoliquement Constant... Je me dis avec amertume : Quand cela finira-t-il ? »

On aurait pu appeler cette petite cour de Mme de Staël les **galères** de la conversation, et celle-ci y était à perpétuité.

Le soir même de son arrivée, le pauvre Benjamin, forçat de l'amour et de la conversation, avait été l'objet d'une de ces scènes dont l'idée seule lui donnait des sueurs froides. « J'ai une scène épouvantable avec Mme de Staël. J'annonce une rupture définitive. Deuxième scène. Fureur. Réconciliation impossible. Départ difficile. Il faut me marier. » Et tandis que ce projet s'ancre définitivement dans son esprit, il reprend son triste collier de fêtes et joue chaque soir tragédies et comédies du répertoire, comme diversion à celles qui se jouent sans trêve ni merci entre lui et la mère d'Albertine. A cause de celle-ci, il supportait tout.

Tout en sachant que son ennemie est à Coppet et n'en sortira pas sans sa permission, l'empereur pense toujours à elle. Il pense aussi au prince Auguste de Prusse, qui a été l'hôte de Coppet au mois de septembre. On trouve leurs noms singulièrement associés dans ces lignes qu'il adresse de Venise, le 6 décembre 1807, au maréchal Victor, gouverneur de Berlin :

> Je reçois la lettre par laquelle vous me faites connaître que le prince Auguste de Prusse se conduit mal à Berlin. Cela ne m'étonne pas, parce qu'il n'a point d'esprit. Il a passé son temps à faire la cour à Mme de Staël, à Coppet, et n'a pu prendre là que de mauvais principes. Il ne faut point le manquer. Faites-lui dire qu'aux premiers propos qu'il tiendra, vous le ferez arrêter et enfermer dans un château et que vous lui enverrez Mme de Staël pour le consoler. Il n'est rien de plat comme tous ces princes de Prusse ! (1).

Ce n'était pas l'avis de Mme Récamier à qui il faisait, et non à Mme de Staël, une cour des plus colorées. De son côté, la belle Juliette en était éperdûment éprise (2).

La situation se tendait entre Mme de Staël et Benjamin Constant. Depuis quelque temps, celui-ci sentait sa chaîne plus lourdement et ne songeait qu'à la briser. Son *Journal intime* le montre bien : «... Lettre de Mme de Staël. Quelle furie ! Mon Dieu, délivre-nous l'un de l'autre. » — Benjamin vient de subir une opération douloureuse à l'œil : «.... Une lettre de Mme de Staël arrive à ce moment et ses injures sont venues me trouver couvert de sang et évanoui... » «... Je suis las de l'homme-femme dont la main de fer m'enchaîne depuis dix ans... »

Tout amour s'était donc envolé devant les scènes

---

(1) L. Lecestre, *op. cit.* I, 127.
(2) Voir notre ouvrage sur *Madame Récamier* (Éditions Jules Tallandier, Paris, 75, rue Darcau).

perpétuelles de « cette furie qui, écrit-il un autre jour, me poursuit l'écume à la bouche et le poignard à la main. »

Cette situation ne pouvait durer. Une bourrasque était imminente. Elle éclata. Avec tous les ménagements possibles, Constant exposa à son amie comme quoi, il était nécessaire pour leur repos, qu'ils se séparassent : « Jamais ! s'écrie Mme de Staël hors d'elle-même ; si vous me quittez, je me tue ! » Navré, Benjamin, qui avait jadis menacé de se tuer si elle ne se donnait pas à lui, s'incline parce qu'elle le menace d'en faire autant s'il la quitte. Mais, de crainte qu'il ne cède à pareille fantaisie, Mme de Staël, affolée, met ses enfants au courant du danger; les domestiques ont ordre de surveiller le désespéré et de déjouer ses tentatives.

Constant pose son ultimatum : le mariage, ou la séparation. L'amie ne veut ni de l'un ni de l'autre : elle ne consent pas à l'épouser et ne lui permet pas d'en épouser une autre. Là-dessus, scène effroyable. Elle perd tout son sang-froid et aurait perdu toute dignité si elle en avait eu pour deux liards. Elle se jette sur le cordon de sonnette : « Qu'on fasse venir sur-le-champ M. Schlegel et mes enfants ! » Ils arrivent et trouvent une femme échevelée, l'œil hagard, le sens tout à fait perdu. « Vous voyez cet homme ! s'écrie-t-elle ; il me met entre le désespoir et la nécessité de compromettre votre existence et votre fortune ! » Il n'était pas plus question de cela que d'amour en cette affaire, mais l'énervement de Constant était au comble. La scène reprend avec fureur et Benjamin retire son ultimatum. Son amie ne l'écoute plus, ne se connaît plus : elle se roule par terre, saisit un mouchoir, le tord rageusement en manière de corde, se le passe autour du cou et le tourne, tourne, tourne comme pour s'étrangler. Terrorisé par « les passions furieuses de cette terrible femme », Benjamin l'arrête, la relève, la remet aux mains des assistants, très édifiés du spectacle, balbutie quelques mots incohérents et disparaît.

Le lendemain, à la pointe du jour, il saute en selle et le voilà à Lausanne chez sa tante de Nassau, à l'abri de tout orage. Il tombe de fatigue, mais il respire. Deux heures ne s'étaient pas écoulées que Mme de Staël arrive avec la rapidité et les éclats de la foudre. Ses cris rallument la scène de la veille et, « à la renverse dans l'escalier, le balayant de ses cheveux épars et de sa gorge nue », elle s'affaisse sur les marches en criant : « Où est-il ? Il faut que je le retrouve. » Médusé par un regard impérieux, Benjamin n'ose souffler mot : avec une soumission toute canine il tend le cou au collier, tandis que quelques paroles brutales de ces lèvres qui lui avaient murmuré tant de douces caresses, le refoulent entre les brancards de la lourde charrette qu'il traînait depuis si longtemps. (1).

Et après une « scène affreuse qui dura jusqu'à cinq heures du matin », la vie reprit à Coppet comme s'il ne s'était rien passé. Ce cliquetis d'amours et d'amants, ce train de représentation, de réceptions et de spectacles n'empêchaient pas Mme de Staël

______

(1) C'est alors qu'il écrivit *Adolphe* : « Je vais commencer un roman qui sera mon histoire. — J'ai fini mon roman en quinze jours ». (*Journal intime*, p. 118).

de tenir sa maison aussi méticuleusement que le meilleur des intendants. Si elle était désordonnée dans ses mœurs, elle ne l'était ni dans ses dépenses ni dans ses comptes. Là se retrouvait la fille du comptable Necker.

Cependant l'été se passe, l'automne aussi, mais tranquillement, non ! Indécisions constantes chez Constant, dont on a dit avec esprit qu'il était une « nolonté ». A chaque velléité de rupture, scène épouvantable. En septembre, le pauvre ilote écrit : « Elle s'est jetée à mes pieds, elle a poussé des cris affreux de douleur et de désolation... J'ai consenti à un séjour de six semaines. » Ce séjour fut-il paisible, au moins ? Hélas !... Avant de se coucher, Constant griffonne sur son *Journal intime* : « Le soir, scène horrible. En sortirai-je vivant ? Je dois passer mon temps à mentir et à tromper pour éviter sa fureur qui m'épouvante. »

— Et un autre jour : « Mme de Staël reprend son caractère terrible. »

Cependant, ruminant un projet de voyage en Allemagne, l'aimable femme se décide à partir. Le 20 décembre, elle se mettait en route pour Vienne. Sur le chemin du retour, elle s'arrêta à Dresde, à Weimar où elle ne trouva plus Schiller : il était mort depuis plus d'un an et Gœthe avait maintenant plus d'admiration pour Napoléon que pour elle : qu'était-elle en regard de celui qu'il appelait « l'homme de la destinée », comme Talleyrand devait l'appeler « l'homme des siècles » ?

C'est de Weimar qu'elle écrit à Mme Récamier, le 13 juin, ces mots singuliers et peu séants : « Vous me dites du mal de Paris comme on en dit à une femme de l'amant qu'elle a quitté. » Elle arrive ensuite à Francfort. Malgré sa correspondance, les notes qu'elle prend, ses promenades, elle a le temps de se mêler à la vie des Francfortois. Il y avait dans leur ville une maison, celle du grand-père et de la grand'mère de Mme d'Agoult, née Bethmann, appelée le Baslerhoff, où tout artiste ou écrivain, allemand ou étranger, était sûr d'un bon accueil. Mme de Staël s'y fait présenter. Mme d'Arnim raconte dans ses *Lettres d'un enfant* (nous empruntons ce récit aux *Souvenirs* de la comtesse d'Agoult) qu'il y eut une lecture de *Delphine* dans les salons dè Moritz Bethmann, « à laquelle elle assiste en enfant gâtée qu'elle est, faisant avec son mouchoir de poche des marionnettes qui distraient le grave auditoire, *attendu*, écrit-elle à Gœthe, *que le fameux roman de la Staël est la chose la plus absurde qu'elle ait jamais ouïe* ». Du même ton, agrémenté d'une petite pointe de jalousie, l'*Enfant* raconte l'entrevue au *Baslerhoff* de Frau Rath, la mère de Gœthe, avec la célèbre fille de Necker. Bettina, la petite amie du grand homme, appelle ironiquement cette rencontre *une grande catastrophe*. S'adressant à l'auteur de *Faust*. elle lui décrit, d'une plume espiègle, l'abordage des deux puissances féminines. Nous ne résistons pas au plaisir de reproduire ici ce passage de sa *Correspondance avec Gœthe* (1). La lettre est datée du 7 août 1808. « Ta mère, écrit-elle à Gœthe, s'était parée à miracle (*une page de description*)... Faisant face au

(1) *Lettres de Gœthe et de Bettina*, traduites de l'allemand par Sébastien Albin.

demi-cercle, se dressait sur son estrade, entre deux hauts candélabres, le lit aux rideaux de pourpre Je dis à ta mère : « Mme de Staël va croire qu'elle comparaît devant la Cour d'amour, car ce lit semble véritablement le trône de Vénus. » Enfin, tout au bout d'une suite de salons illuminés, apparut à nos yeux, la longuement attendue, die *Langerwartete* ! Elle était accompagnée de Benjamin Constant. Ajustée en Corinne : sur sa tête le turban de soie aurore ou orange, la tunique de même couleur ; la ceinture nouée très haut et de telle façon que son cœur devait être fort mal à l'aise ; ses yeux et ses cils noirs brillaient, ses lèvres aussi, d'un rouge mystique ; son gant, descendu jusqu'au poignet, ne couvrait que la main, qui tenait, comme d'habitude, la fameuse branche de laurier. Comme la chambre où on l'attendait est plus basse que les salons, il lui fallut descendre quatre marches. Malheureusement, au lieu de rassembler par derrière les plis de sa jupe, elle les retroussa par devant, ce qui fit un terrible accroc dans la réception. Rien de plus comique en effet que le moment où l'immense personne accoutrée à l'orientale, fondit tout à coup sur la vertueuse et raide assemblée des dames francfortoises. Ta mère me jeta un regard plein de vaillance, dans l'instant où on les présentait l'une à l'autre. Je me tenais à l'écart pour bien observer la scène. Je remarquai l'étonnement de la Staël à la vue du costume bizarre et du maintien de ta mère, dont l'orgueil s'enflait à vue d'œil... » (1).

(1) Mme d'Agoult. *Mes souvenirs*. 54-55.

Ces distractions, à Francfort et ailleurs, eussent été bien innocentes si Mme de Staël n'avait entretenu des relations avec les agents secrets allemands qui faisaient une propagande active contre la France. C'était un défi à Napoléon. Sur les rapports qui lui en parvinrent, celui-ci écrivit de Bayonne, le 28 juin 1808, à son ministre de la police :

Madame de Staël a une correspondance suivie avec le nommé Gentz et s'est laissée engager avec la clique et tripoteurs de Londres. Je désire qu'elle soit surveillée à Coppet et que vous fassiez donner des ordres en conséquence au préfet de Genève et au commandant de la gendarmerie. Cette liaison avec cet individu ne peut être qu'au détriment de la France. Vous ferez connaître que jusqu'à cette heure, on ne l'avait regardée que comme une folle, mais que, aujourd'hui, elle commence à entrer dans une coterie contraire à la tranquillité publique. J'ai ordonné également au ministre des relations extérieures de faire connaître cela à tous mes agents dans tous les lieux où elle passera (1).

L'Empereur envoyait le même jour, à M. de Champagny, ministre des relations extérieures, l'ordre de la faire surveiller partout « et particulièrement à Weimar. »

Voilà le moment que Mme de Staël, avec son tact ordinaire des situations, choisit pour prier M. de Metternich de parler à l'Empereur en sa faveur !

-----

(1) L. Lecestre, *op. cit.* — Gentz, Prussien, **agent** secret de l'Angleterre et de l'Autriche, ennemi mortel **de** la France — la plus puissante plume de publiciste de l'Allemagne.

XI. — Impression et destruction du Livre
DE L'ALLEMAGNE. Expulsion de son auteur et
rapports administratifs

Mme de Staël rentra à Coppet au mois de juillet 1808, une ou deux semaines avant que Bettina n'écrivît à Gœthe son impression sur elle. Quant à Benjamin Constant, profitant de son quasi veuvage de six mois, il s'était remarié. Divorcé depuis 1794, il venait d'épouser secrètement à Hanovre, le 5 juin, Charlotte de Hardenberg, parente du prince de ce nom. Divorcée d'avec M. de Mahrenholz, remariée avec un émigré français, M. Dutertre, elle avait divorcé de nouveau.

Benjamin Constant ne regarda pas à ces détails. Pour rien au monde il ne voulait retomber sous la coupe de sa despotique maîtresse et le mariage, à ses yeux, était une assurance contre un tel malheur. Charlotte de Hardenberg était juste le contraire de l'intolérable intellectuelle qui l'avait si longtemps asservi, et sa haute naissance était pour lui une revanche sur la bourgeoise Germaine Necker, qui l'avait refusé pour ne pas renoncer au nom d'un petit hobereau suédois acheté à beaux deniers comptants.

Benjamin redoutait de faire part de son mariage à Mme de Staël. Il le fallut cependant. On se doute de la façon dont elle en accueillit la nouvelle. Avec le temps, elle se calma, mais par crainte de nouveaux orages, Constant en ajourna la régularisation ; le mariage ayant été secret, n'était pas valable. Mme Rilliet-Huber écrit, le 22 août 1809, à Meister, les sentiments de sa vieille amie. « Mme de Staël a, dans ce moment, dit-elle, un grand chagrin : c'est le mariage de Benjamin fixé à cet automne. Elle refuse depuis six ans de l'épouser et ne peut supporter l'idée qu'il en épouse une autre. Cette contradiction doit paraître absurde, mais elle s'explique pour ceux qui connaissent le cœur humain... » (1).

Elle s'explique aussi pour ceux qui connaissent l'aide obligeante que Mme de Staël trouvait en Benjamin pour les travaux littéraires qui, avec sa conversation, étaient sa gloire.

Pour rendre toute capitulation impossible, Benjamin fit confirmer devant son père à Brévans (Jura) et devant un pasteur, son mariage secret de Hanovre. Au lieu d'aller tout droit à Coppet, il descendit à Sécheron, près de Genève, et fit porter un mot à Mme de Staël, la priant, sans dire pourquoi, de venir le trouver à l'auberge. Elle accourt et, guilleret, ou faisant semblant de l'être, il fait avancer une jeune femme qui se tient un peu de côté, derrière lui :

— Madame de Constant, ma femme, dit-il, en la présentant.

C'est à bon droit que le pauvre Benjamin redou-

---

(1) *Lettres inédites à Meister*, p. 206.

tait de la bourrasque. La fureur, chez Mme de Staël, dépassa toutes les bornes. Elle atteignit le ton dramatique du désespoir et c'est au milieu d'éclats de voix pareils à ceux du tonnerre que Benjamin s'entendit intimer l'ordre de tenir son mariage secret.

Interdite devant un pareil accueil, la jeune femme ne savait que répéter : « C'est que Benjamin, voyez-vous, est si bon ! » Mme de Staël la toisa d'un air méprisant, ne daigna pas lui dire un mot... et ordonna à Constant de monter en voiture. Il baissa la tête, il obéit, et la vieille maîtresse, fière d'avoir ressaisi celui qu'elle n'aimait plus, emporte jalousement sa proie, qui ne l'aimait pas davantage. (1).

Un *modus vivendi* intervint cependant : Benjamin reçut la permission d'aller retrouver sa femme à Paris. Quelques semaines après, Mme de Staël devait partir pour Blois ; elle y corrigerait les épreuves de son livre *De l'Allemagne* et Benjamin avait promis de l'y venir joindre. Pauvre Benjamin ! Mme de Staël n'avait cependant pas réussi à déformer cet excellent esprit, cette douce et charmante nature par ses exigences égoïstes et son caractère exécrable. Il lui pardonne en disant : « C'est une enfant gâtée, cela résume tout. » Et, par une rapide et secrète association d'idées, il conclut, au fond de son cœur : « Hélas ! Chère Albertine ! » Sans elle, il aurait depuis longtemps secoué sa chaîne.

Mme de Staël exigea de Benjamin qu'il restât encore à Coppet. Celui-ci, qui ne s'était pas marié

____

(1) D'après un cahier de notes de Sainte-Beuve, *Causeries du lundi*, XI, 439.

pour subir son joug, mais pour le fuir, se dispose à partir. Là-dessus, Auguste de Staël intervient et déclare que s'il s'obstine à contrarier sa mère, il se battra avec lui. Que faire ?... Un duel avec le fils de la mère d'Albertine ?... Navré, Constant se soumet et accompagne celle-ci à Lyon : Talma doit y jouer, elle veut le voir. Benjamin la suit, accompagné de sa femme. Mais, comme si Mme de Staël avait juré de désunir ce ménage, elle est plus exigeante que jamais et la pauvre Charlotte bien délaissée. Un jour, on vient annoncer à Benjamin qu'elle s'est empoisonnée ! « Mme de Staël y court et trouve une femme sur son canapé qui se croit empoisonnée plus qu'elle ne l'est : scène ridicule. »

C'est Sainte-Beuve qui a écrit ces lignes.

Au milieu de ces distractions, s'aidant des lumières de Schlegel et de Benjamin Constant, comme Térence s'était aidé de celles de Scipion l'Africain, son ami, et de Lélius, en bavardant avec eux ses pièces, Mme de Staël peinait sans répit sur son ouvrage *De l'Allemagne* : elle trouvait le temps, malgré tout, de donner des séances de pose à Mme Lebrun, appelée à Coppet pour faire son portrait. Celle-ci représenta l'auteur de *Corinne* une lyre en main, sur une plage. Comme la mode était encore grecque et romaine, elle la vêtit à l'antique, les cheveux au vent, une grave poésie dans les yeux. « Pour soutenir l'expression que je voulais donner à sa figure, raconte Mme Lebrun, je la priai de me réciter des vers de tragédie, que je n'écoutais guère, occupée que j'étais à la peindre avec un air inspiré. Lorsqu'elle avait terminé ses tirades, je lui disais : *réci-*

tez encore. Elle me répondit : *mais vous ne m'écoutez pas.* Et je lui répliquais : *Allez toujours !* Com-
prenant enfin mon intention, elle continuait à dé-
clamer des morceaux de Corneille ou de Racine. »

Au mois de mars 1810, elle fut s'établir à quarante
lieues de Paris, distance qui lui était permise, dans
le magnifique château de Chaumont-sur-Loire. De
là elle surveillerait l'impression de son livre. Toute
une Sainte-Hermandad de courtisans, vrai défi à
Napoléon, formait sa suite. Prosper de Barante qui,
ayant su que Mme Récamier était du voyage, avait
voulu en être ; Auguste de Staël aussi, et aussi
Elzéar de Sabran, quelques étrangers, Benjamin
Constant qui avait tenu sa promesse et était venu
en garçon. Un peu Don Quichotte, Mathieu de Montmorency était là également : il jouait le rôle de
frère prêcheur, et ce n'était pas une sinécure.

La colonie — une vingtaine de personnes — resta
peu à Chaumont, les maîtres du château étant revenus d'Amérique et désirant s'y établir. Mme de Staël
accepta alors l'hospitalité de M. de Salaberry, à sa
terre de Fossé, non loin de Blois. C'est là qu'elle eut
la joie, le 23 septembre 1810, de donner le bon à
tirer du troisième volume de son livre.

Pendant son séjour à Fossé, elle fut l'héroïne
d'une charmante anecdote que raconte Balzac. Elle
avait trouvé contre la lisière du parc, dit-il, un enfant tenant un livre et absorbé par sa lecture. Elle
eut la curiosité d'en voir le titre. C'était *Le Ciel et
l'Enfer*, de Swedenborg.

— Est-ce que tu comprends cela ? dit-elle
— Priez-vous Dieu ? lui demanda l'enfant.

— Mais... oui.

— Et le comprenez-vous ?

La baronne resta muette..... Frappée de l'intelligence de cet enfant, elle en parla au château, mais peu « malgré le besoin d'expansion qui, chez elle, dégénérait en loquacité... Voulant l'arracher à l'Empereur et à l'Eglise », elle le recommanda à M. de Corbigny et lui donna cent louis pour payer sa pension au collège de Vendôme. Enlevé à son milieu, l'enfant ne fut pas heureux, et Balzac, dans son roman de *Louis Lambert*, en explique les raisons.

Heureuse comme on l'est quand on vient de donner le dernier coup de plume à un grand ouvrage, Mme de Staël se reposait au milieu de ses amis et l'on faisait de la musique le soir, toutes fenêtres ouvertes. Elle en dit quelques mots dans ses *Dix années d'exil*.

Mme de Staël chantait aussi. Des paysans faisant cercle au-dehors, l'écoutaient. « C'est une fameuse garce ! » s'écria tout d'un coup l'un d'eux en guise d'applaudissement. Mme de Staël avait compris que ce mot malséant, le féminin de *gars*, qu'on prononce gâ dans nos provinces de l'Ouest, était une marque d'admiration et non une allusion à la façon dont elle pratiquait la morale vulgaire. Balzac, qui rapporte l'anecdote dans son roman *Les Chouans*, explique l'origine gaélique de ce mot. Ajoutons, qu'il donna bien des traits de Mme de Staël à l'héroïne de son roman *La muse du département*.

Le livre *De l'Allemagne* allait donner bien du souci à son auteur. Le 28 septembre, Napoléon écrivait de Fontainebleau au duc de Rovigo, lequel avait remplacé Fouché au ministère de la police :

Je vous ai renvoyé l'ouvrage de Mme de Staël. A-t-elle le droit de s'appeler baronne ? Prenait-elle ce titre dans les ouvrages qu'elle a publiés jusqu'à cette heure ? Faites supprimer le passage relatif au duc de Brunswick et les trois quarts des passages où elle exalte l'Angleterre. Cette malheureuse exaltation nous a déjà fait assez de mal (1).

Napoléon ne permettait pas qu'on s'attaquât à son gouvernement et l'ouvrage de Mme de Staël en était une critique plus ou moins indirecte ; il ne permettait à personne de démoraliser la nation par le livre, le journal ou l'affiche. Les idéologies délétères et autres mauvaises drogues dont les agents secrets de l'étranger eussent tenté d'empoisonner le peuple, n'auraient pas été tolérées. Se rendant compte de l'influence de Mme de Staël, centre de l'opposition, contre l'ordre de choses qu'il avait créé, il voulait enchaîner non sa langue, la chose n'eût pas été possible, mais sa plume. Il s'y prit maladroitement. Le mieux eût été de laisser publier le livre en toute liberté, le silence se serait fait sur lui : il n'était pas de ceux qui passionnent les masses et ont sur elles de l'influence. A part quelques lettrés et gens du monde dont l'opinion était faite et qui l'auraient feuilleté par *dilettantisme*, qui donc aurait lu ce long fatras indigeste qui pourtant donne des aperçus généraux précieux sur l'ensemble de la littérature allemande et est fréquemment semé d'observations justes et ingénieuses ; pépites d'or dans une charretée de sable.

(1) L. Lecestre, *op. cit.*, II, 74.

On y reconnaît souvent l'empreinte de Schlegel avec son érudition d'encyclopédie et parfois celle de Benjamin Constant. C'est, en somme, une sorte de cours sur l'histoire de la philosophie allemande, contenant des biographies qui seraient à leur place dans un guide Bœdecker, ou dans un Larousse, et, souvent, des choses étrangères au sujet.

Nous avons la bonne fortune de pouvoir donner ici, grâce à l'extrême bonté de Mme Charles Segonne, qui nous a aimablement communiqué et autorisé à les reproduire, des lettres inédites de Mme de Staël, de M. de Barante père et de M. Capelle, qui complètent, en en faisant connaître les dessous, ce qu'on savait déjà sur cet épisode de l'histoire de la censure au temps de Napoléon. Mme de Staël adressa au duc de Rovigo, ministre de la police, la lettre suivante :

> Monsieur le Duc,
> J'ai remis à M. de Corbigny (1) le 1er et le 2e volumes de mon ouvrage en double ; le 3e n'étant pas encore imprimé, a été saisi chez le libraire. Quant au manuscrit, je viens d'écrire pour qu'il me soit envoyé, afin que je puisse le remettre à M. de Corbigny : il devient donc nécessaire que j'attende pour partir jusqu'à jeudi matin, jour de l'arrivée du courrier de Paris, pour délivrer mon manuscrit : j'ai l'honneur d'ajouter à cet acte d'obéissance quelques observations qui me paraissent dignes de l'attention de Votre Excellence. D'abord j'ai soumis mon livre à la censure volontairement, puisque dans l'étranger l'on me proposait de toutes parts de l'imprimer : je ne voulais donc pas y laisser une ligne qui pût déplaire au gouvernement. M. de Portalis m'a demandé des changements dans le 1er volume, *et je les ai tous faits*. M. de

____

(1) Préfet de Loir-et-Cher.

Portalis a permis l'impression du 1ᵉʳ et du 2ᵉ volume ; le
libraire n'a tiré que d'après cette permission : faut-il que
cet homme soit ruiné ? *Et il le sera*, parce qu'il s'est fié
à la permission que lui a donnée le Directeur de la librai-
rie. Et moi, quel tort puis-je avoir quand je viens en
France exprès pour être censurée par les ministres de
l'Empereur et que je suis à la lettre ce qu'ordonne le
décret sur l'imprimerie ? Je sais que ce décret autorise
les ministres à faire saisir les ouvrages mêmes qui ont
été censurés ; mais un auteur qui se conforme à la marche prescrite peut-il être puni ? Et que faire si le décret
de l'Empereur ne peut servir de règle de conduite ? Je
ne vous dirai point, monsieur le duc, que six années de
travaux, d'études et de recherches que je croyais utiles
sont perdues en une minute : je suis accoutumée à souffrir, mais je vous demanderai s'il est possible qu'un
livre sur la littérature allemande ne puisse pas être
publié ?

S'il y a des changements à faire, qu'on me le dise ; si
je le puis sans altérer mon livre, je les ferai. Mais ce
travail est-il possible sur le grand chemin ? Et voilà
l'asile qui me reste si Votre Excellence ne révoque pas
l'ordre de me faire partir à l'instant. J'ai écrit à l'Empereur pour le supplier de m'accorder un moment d'audience à Fontainebleau : mon fils porte la lettre et je ne
puis renoncer à l'espoir d'être entendue. Je suis restée
cinq mois ici pour y suivre l'impression de mon livre,
et ce n'est que depuis quatre jours que j'ai commencé
mes préparatifs pour m'embarquer. Je ne connais
guère que les conscrits qui puissent rejoindre l'armée
en quarante-huit heures. Mais une mère de famille a
besoin d'un peu plus de temps pour se préparer à un
triste et long voyage. Votre Excellence ignore peut-être
que les quarante lieues de Paris m'ont été accordées
officiellement par les ministres, et les préfets autorisés
par les ministres : mes passeports en font foi. Je ne
devais donc pas m'attendre à n'y être pas laissée en paix.
Enfin, je ne demande que le temps nécessaire pour s'em-

barquer et, s'il était possible, pour corriger à la hâte les changements qu'on voudrait me demander dans mon livre.

Je supplie Votre Excellence de réfléchir un instant sur ma situation et d'y appliquer sa justice (1).

Le duc de Rovigo répondit le 3 octobre 1810 à cette lettre non datée, réponse insérée par Mme de Staël dans ses *Dix années d'exil* (p. 146-148). Mais il n'était plus temps de demander ni de faire des changements : c'est le livre tout entier qu'il eût fallu changer. Le 17 octobre, Napoléon écrivait au duc de Rovigo : « Il ne faut plus parler de cet ouvrage ni de cette abominable femme... » (2). Le sort du livre comme celui de l'auteur était réglé dans l'esprit de Napoléon, et Mme de Staël ne devait pas tarder à l'apprendre. L'intention de s'embarquer pour l'Amérique s'était ancrée dans son esprit : elle en avait fait part au ministre de la police. Aussi le duc de Rovigo ajoutait-il à sa réponse le *post-scriptum* suivant : « J'ai des raisons, Madame, pour vous indiquer les ports de Lorient, La Rochelle, Bordeaux et Rochefort comme étant les seuls ports dans lesquels vous pouvez vous embarquer. Je vous invite à me faire connaître celui que vous aurez choisi. » — « Ce *post-scriptum*, souligne Mme de Staël, est facile à comprendre : il avait pour but de m'empêcher d'aller en Angleterre. »

Napoléon jubilait à la pensée que Mme de Staël allait partir pour l'Amérique : il allait donc être débarrassé

(1) Lettre inédite. Collection Ch. Segonne.
(2) L. Lecestre, *op. cit.*

de cette femme « dont il avait réellement peur » a
dit Mme de Rémusat. Mme de Staël, elle, ne jubilait
pas ; elle avait pris plaisir à exciter la colère du Corse : elle allait expier, oh ! bien doucement, ces im-
prudentes attaques. Il lui répugnait d'affronter une
longue traversée... Dans son affolement, elle écrivit
à l'empereur et sollicita de lui une audience : « Huit
ans de malheur, lui disait-elle, changent tous les
caractères et le destin enseigne la résignation à ceux
qui souffrent... La disgrâce de Votre Majesté jette
sur les personnes qui en sont l'objet une telle défaveur en Europe, que je ne puis faire un pas sans
en rencontrer les effets. » Elle accompagnait d'un
exemplaire de son ouvrage cette plainte exhalée sous
forme d'une aimable flatterie.

La naïveté était grande, aussi grande que l'exagération de ses soi-disant malheurs : Mme de Staël ne
sentait pas que ses louanges à l'Allemagne ne lui
vaudraient pas celles de Napoléon. Il savait mieux
que l'amie de Benjamin Constant et de Schlegel
ce qu'était l'Allemagne et ce qui s'y passait. Malheureusement, depuis 1816, l'Université de France ne
crut qu'à l'Allemagne de Mme Staël. Michelet et Cousin allèrent en ce pays avec leur ami Quinet. Les deux
premiers en revinrent avec leurs illusions : ils n'en
avaient vu que la surface. Plus perspicace, Quinet y
laissa les siennes. Il s'y était marié avec une allemande de bonne bourgeoisie et n'avait pas été long
à remarquer, dans sa nouvelle famille, quelle haine
farouche on cultivait contre la France. Pour incom-
patibilité d'humeur, il dut bientôt divorcer et il
avertit les Français du danger allemand. On ne

l'écouta pas : 1870 et 1914 ne réussirent point à ouvrir les yeux d'une foule de rêveurs, philosophes, politiciens ignorants ou à parti-pris, qui croyaient ce qu'ils voulaient qui fût, et non ce qui était : qu'on lise le Prussien Henri Heine et l'on sera renseigné. Parlant de son propre livre auquel il a donné le même titre que Mme de Staël au sien, il dit :

> Je ne l'ai pas écrit à la manière de Mme de Staël, car j'ai voulu être aussi peu ennuyeux que possible...
>
> ...Je ne parle pas des défauts isolés, erreurs ou mensonges ; je me bornerai à démontrer la signification de l'école romantique que Mme de Staël glorifie d'une façon si exagérée... (1).

Napoléon ne lui avait pas répondu. Elle se fit recommander par Metternich : vaine démarche ! Metternich d'ailleurs ne la goûtait que peu : « Mme de Staël, disait-il, ne s'élève pas au-dessus des hommes de parti doués d'imagination ; elle voulait une chose, mais n'en acceptait pas les conséquences. » Il essaya cependant d'atténuer celles des imprudences de Mme de Staël : Napoléon lui répliqua : « C'est une machine à mouvement ; elle remue les salons ; ce n'est qu'en France qu'une pareille femme est redoutable, et je n'en veux pas. » Aussi Mme de Staël apprenait-elle, quelques jours après, que le ministre de la police avait fait détruire les dix mille exemplaires de son ouvrage, non parce qu'il était ennuyeux, mais parce qu'elle l'ennuyait. Le 4 octobre, elle recevait l'ordre de quitter la France sous trois jours.

Force lui fut d'obéir. Après quelques incidents

(1) Henri Heine, *Mémoires*, II, 7 et 10.

dus à la crainte des vexations administratives, elle
reçut les adieux du fidèle Mathieu, le 5 octobre, puis
fila sans rien dire à Saumur, pour faire les siens à
M. Prosper de Barante : Amour ! Amour ! quand tu
nous tiens.....

Mme de Staël s'était flattée de trouver à Genève un
préfet qui lui laisserait la liberté de faire ce qu'elle
voudrait, n'ayant pas eu, jusque-là, à se plaindre de
« cette sorte d'employés » ; c'est ainsi que la fille de
l'ancienne demoiselle de compagnie et de l'ancien
commis de banque qualifiait les préfets de Napoléon. Le département du Léman était alors adminis-
tré par un préfet « homme de bonne compagnie »,
comme dit Mme Lenormand, qui s'en plaint cependant sans considérer que M. de Barante était tenu à
une grande réserve et ne pouvait frayer avec une
femme en révolte contre le gouvernement qu'il représentait. Il ne cherchait d'ailleurs qu'à lui éviter
des désagréments qu'elle ne prévoyait pas et à la protéger contre le zèle du duc de Rovigo, enclin à ou-
trepasser les ordres de l'empereur à son égard : l'habileté, en politique, consiste souvent à canaliser,
pour les amoindrir, les maux qu'on ne peut éviter.

Les instructions du ministre à l'égard de Mme de
Staël manquaient sans doute de précision, car M. de
Barante lui écrit dans la dernière semaine d'octo-
bre :

Monseigneur, j'ai reçu la lettre que V. E. m'a fait
l'honneur de m'adresser le 18 de ce mois, et par laquelle
elle m'annonce que Mme de Staël a reçu l'ordre de retourner à Coppet avec ses enfants.

Votre Excellence me charge de faire connaître à Mme de Staël qu'elle ne doit point, ainsi que ses enfants, rentrer en France sans une autorisation expresse ; et, dans le cas où elle et ses fils quitteraient Coppet, Votre Excellence me prescrit de l'en informer.

Les ordres de Votre Excellence seront ponctuellement exécutés en tout ce qui peut dépendre de moi. Je n'ai eu connaissance que depuis hier de l'arrivée de Mme de Staël à Coppet. Ses deux fils y sont avec elle, et l'aîné s'est présenté devant moi pour m'en informer. Je lui ai notifié et l'ai prié de faire savoir à Mme sa mère la défense qui leur est faite de revenir en France.

Mais, Monseigneur, il me paraît indispensable que vos intentions me soient encore plus clairement connues pour qu'elles puissent être suivies sans aucune difficulté.

Sans doute, j'ai dû penser que la défense de revenir en France n'emportait pas la prohibition de venir à Genève, qui est éloignée de moins de deux lieues de Coppet, et où Mme de Staël a une partie de sa famille, et a, depuis 1803, occupé presque chaque année un appartement. Je pouvais considérer peut-être comme une décision applicable à la circonstance présente, celle qui m'a été transmise le 1er vendémiaire an XIV au nom du prédécesseur de Votre Excellence. Par lettre du 16 fructidor précédent, dont je joins ici copie, il m'avait été recommandé de ne délivrer à Mme de Staël aucun passeport pour *rentrer en France*. Je demandai le 22 fructidor les explications qui m'étaient nécessaires pour savoir si la ville de Genève, faisant partie du territoire français, était comprise dans la prohibition générale de *rentrer en France*. Il me fut répondu le 1er vendémiaire, qu'elle pourrait *habiter à Genève comme par le passé*. Je joins également ici copie de cette lettre.

Cependant, Monseigneur, quelque (*sic*) soit l'autorité d'une décision sur une question qui se présentait dans les mêmes termes qu'à présent, je crois qu'il est de mon devoir de demander à Votre Excellence si je dois donner en cette occasion, à ces mots : *rentrer en France*, la même interprétation qui lui fut donnée en l'an xiv.

Dans le ministère rigoureux qui m'est imposé, il importe, Monseigneur, que je connaisse avec précision la mesure de ce qui m'est prescrit, afin que je ne sois ni plus sévère ni plus indulgent que je ne dois l'être, et que je puisse me conformer exactement à vos intentions.

Je dois aussi, Monseigneur, faire observer à Votre Excellence que le lieu de Coppet ne fait partie ni de mon département ni même du territoire français. Il est situé en Suisse, dans le canton de Vaud, à très peu de distance au-delà de cette frontière. Mais quelle que soit sa proximité, Votre Excellence sentira aisément que l'action de la police ne pouvant s'exercer directement sur un territoire étranger, la surveillance y est nécessairement plus imparfaite et les renseignements plus incertains.

Je m'empresserai, Monseigneur, de recueillir tous ceux que je pourrai me procurer sur les différents objets rappelés dans votre lettre, et lorsqu'ils seront de nature à mériter cette attention, je les mettrai sous les yeux de Votre Excellence (1).

Mentions portées sur cette lettre :

Accordé Genève seulement.

Ecrit le 31 octobre pour accorder l'autorisation.

Mme de Staël réfléchissait : très malheureuse de ne pouvoir quitter Coppet et Genève, elle pensa que le trône de celui qui allait épouser une archiduchesse d'Autriche était plus solide qu'elle ne l'avait cru et devait à jamais s'affermir, qu'on assistait simplement à ce que l'histoire, au bout de quelques siècles, enregistre comme un changement de dynastie. Une

(1) Lettre inédite, entièrement autographe. — Collection Ch. Segonne.

orientation imprévue apparaît dans ses idées. Assurément, l'homme a le droit de se contredire : Chateaubriand lui a reconnu ce droit, ajoutant que les sots seuls ne changent jamais d'opinion. Baudelaire l'a redit après lui. Pourquoi la femme serait-elle privée de ce droit ? Mme de Staël ne s'en prive pas en ce moment, car elle paraît avoir quelque velléité de se rallier à l'Empire. Non pour obtenir sa tranquillité ; comme Napoléon, elle est d'humeur batailleuse et elle ne peut se voir dans la « paix infernale » de Coppet. Mais elle veut entrer à la nouvelle Cour. On ne peut expliquer cette lubie que par son manque absolu de dignité et par l'arrière-pensée d'y gagner une influence. Et c'est en reprenant rageusement le rêve formé sous le Consulat, et même avant, que, si l'on en croit le *Journal de la reine Catherine*, Mme de Staël, « lors du mariage de Napoléon avec l'archiduchesse Marie-Louise, demanda à être dame du palais, » (1). Est-il vrai aussi que Mme de Staël essaya, en cette même année 1810, d'être reçue par l'ex-impératrice Joséphine passant par Genève, qui ne l'admit point, de crainte de déplaire à l'Empereur ? (2). C'est vraisemblable, puisqu'elle alla en 1814, faire visite à la Malmaison, à celle qu'elle avait vue jadis dans les salons de Barras.

M. de Barante, cependant, continue à tenir le ministre de la police au courant des faits et gestes de Mme de Staël. Le 25 novembre 1810, il lui écrit :

Monseigneur, contrairement à la décision de Votre Excellence qui permit à Mme de Staël de venir à Genève

---

(1) *Mémoires du roi Jérôme*, VII, 318.
(2) Mlle Avrillon, *Mémoires*, II, 282.

et de laquelle j'avais donné connaissance à cette dame, ainsi que j'ai eu l'honneur de vous le marquer, elle a quitté le séjour de Coppet pour venir s'installer en cette ville. Elle y occupe un appartement et se propose d'y passer tout le cours de l'hiver.

Je crois, Monseigneur, qu'il doit en résulter quelque avantage. Toute surveillance sera plus facilement exercée ici que dans un lieu qui est, comme j'ai eu l'honneur de le dire à Votre Excellence, situé hors du territoire de l'Empire et par conséquent hors de toute action de l'administration et de la police. La transmission de vos ordres, si vous en avez quelques-uns à faire parvenir à Mme de Staël, sera enfin plus prompte et plus immédiate tant qu'elle sera placée aussi près de moi.

Quoique j'aie été bien imparfaitement informé, Monseigneur, de ce qui a pu se passer à Coppet depuis que Mme de Staël y était revenue, je crois pouvoir assurer Votre Excellence qu'elle ne s'y est occupée de rien qui puisse mériter un reproche ou même motiver des soupçons.

Elle n'a auprès d'elle que ses enfants et les personnes qui, depuis plusieurs années, font partie de sa maison. Elle a reçu plusieurs visites de personnes domiciliées à Genève. La plupart sont ses parents ou d'anciens amis d'elle et de sa famille ; et d'ailleurs, en lui rendant, à l'occasion de son retour, cette espèce de devoir, n'y ont passé que quelques moments.

En quittant Coppet et avant de rentrer à Genève, elle a passé un jour et demi chez une de ses parentes, dans une campagne à une demi-lieue de Genève.

Je crois, Monseigneur, devoir mettre ces détails sous les yeux de Votre Excellence.

Je serai exact à vous informer de tout ce qui me paraîtra mériter de vous être connu. (1).

(1) Lettre inédite entièrement autographe. — Collection Ch. Segonne.

On sent que M. de Barante est peu glorieux du
rôle qu'on lui fait jouer et qu'il se venge en narrant
sérieusement au ministre les choses les plus insigni-
fiantes du monde. On le sentit aussi. Sa destitution
fut décidée.

Malgré ses amitiés, ses occupations littéraires et
politiques, Mme de Staël s'étonnait et souffrait de
trouver du vide dans sa vie. Se repliant sur elle-
même, son âme n'y rencontrait que tristesse et na-
vrement. Elle s'enfonçait alors dans le tourbillon
mondain et cherchait à se fuir elle-même. Elle voulut essayer du recueillement, mais il lui eût fallu
s'isoler et la solitude lui faisait peur. Insensiblement
pourtant elle s'y habitua. Au lieu d'y trouver cet ennui, maladie du XVIIIe siècle, qui lui pesait mortel-
lement, elle y goûta de consolantes rêveries et en
éprouva du soulagement. Elle se sentait devenir
mystique et l'écrivait à Mme Récamier.

Son âme a mûri, bien mûri, puisqu'elle est capable
de discerner que cet apaisement ne vient pas d'elle,
mais d'une puissance qu'elle ne définit pas encore
bien et qu'elle comprend n'être pas physique. Le
ton de ses lettres n'est plus celui du passé. On y sent
un souffle nouveau. Avec les années, la tournure de
son esprit est devenue plus grave. Cette tendance à
remonter vers la source des vérités éternelles s'était-
elle faite spontanément en elle ou sous l'influence de
Mme de Krüdner, de Schlegel qui, à ce moment, semblait évoluer vers le catholicisme et avait certainement discuté avec Mme de Staël des questions religieuses ? Assez tièdes l'un et l'autre sur ce sujet, touchés qu'ils étaient de l'air du siècle plus que de la

grâce, ils ne s'étaient guère souciés de dogmes jusque-là. Zacharias Werner avait suivi la même voie
et, après s'être engagé, avec l'ardeur qu'il mettait à
tout, dans la franc-maçonnerie, il venait d'abjurer
ses erreurs et de se convertir au catholicisme. Il
n'est pas téméraire de penser qu'il eut aussi sa part
dans le lent travail d'âme qui se faisait chez Mme de
Staël : la foi profonde de Mathieu de Montmorency
avait préparé le terrain et aiguillé peu à peu ses pensées vers un retour religieux. Renoncerait-elle à
l'amour terrestre, qui la quitte, pour l'amour de
Dieu ? On verra cela tout à l'heure.

M. de Barante fut remplacé à Genève par M. Capelle, préfet auquel on eût donné plus volontiers un
autre nom. C'était un médiocre, sans grande dignité,
à genoux devant le pouvoir, quel qu'il fût. Les gouvernements adorent cette sorte d'hommes. En l'en-
voyant à Genève, Napoléon avait dit : « Mme de Staël
est à présent en sûreté sous la surveillance de ce
coquin (1) de Capelle. » Il savait que celui-ci le servirait comme il voulait être servi, comme le ser-
vait Rovigo. A peine installé à son poste, Capelle
adressait, le 9 mars 1811, cette lettre au ministre de
la police :

> Lui répondre qu'il doit voir Mme de Staël
> et tâcher de savoir ses intentions pour son
> ouvrage et, s'il est possible, où est le manuscrit.

Monseigneur,

J'ai l'honneur d'informer V. E. que je suis à Genève
et installé dans mes fonctions depuis dix jours.

(1) Il avait été trop bien avec la princesse Elisa : de là cette
flatteuse épithète. (Voir notre ouvrage *Les sœurs de Napoléon*).

J'ai vu déjà toutes les personnes qui marquent ou ont
de l'influence dans cette ville. Je me suis attaché à les
observer pour les bien connaître, pour découvrir les véritables nuances et les véritables causes de cet esprit
d'*anglomanie* et d'opposition qu'on remarque encore ici,
pour découvrir le moyen de le combattre et de parvenir
à le vaincre.

Le Genevois est essentiellement raisonneur ; il faut
jaser avec lui et tout mettre en œuvre pour le persuader
et le ramener au but qu'on se propose. C'est ce que j'ai
déjà commencé, que je m'efforcerai de continuer.

Il est tout à fait important de lui inspirer de la confiance en même temps que de lui inspirer de la force,
que de lui montrer qu'on sçait et voit tout, mais qu'on
ne veut s'en servir que pour son bien.

Déjà, plusieurs, même des plus influents, soient (*sic*)
qu'ils l'aient cru nécessaire, soit du fond du cœur, se
sont empressés de me parler dévouement à Sa Majesté,
et quelques-uns même de renchérir sur ce que me dictait
mon enthousiasme pour l'auguste maître que je sers.

Je m'occupe à organiser une police secrète (*sic*) qui
n'avait jamais existé ici, qui est indispensable, mais qui
sera difficile parce qu'il faut en créer les premiers éléments.

Dans les soirées où l'on s'est empressé de m'inviter,
et où je suis allé, parce que c'est là qu'ont (*sic*) peut
le mieux étudier le Genevois, j'ai déjà rencontré plusieurs fois Mme de Staël. Je ne l'avais jamais vue et
cependant, et malgré qu'elle se soit sûrement apperçue
(*sic*) de l'attention que je mettais à l'éviter, elle s'est
attachée à venir à moi avec obstination. Elle a si peu
de mesure dans les manières !... Elle en a mis cependant dans les courtes conversations que je n'ai pu éviter
et que je n'ai pas été fâché d'avoir avec elle, parce qu'il
faut la connaître pour la bien observer.

Elle m'a beaucoup parlé de son ouvrage sur l'Allemagne. Elle était surtout curieuse de savoir si l'Empereur
l'avait lu lui-même. J'éludais de répondre. Enfin, et pour
me forcer sans doute à m'expliquer :

— Monsieur, s'il l'avait lu, il ne l'aurait pas défendu, car il n'y avait pas un seul mot contre lui.

A cela j'ai cru devoir répliquer :

— Madame, l'Empereur, trop grand pour ne pas mépriser ce qui lui serait personnel, aura sans doute été blessé de ce que l'ouvrage contenait d'offensant pour le peuple français.

Elle a cherché à se défendre de ce tort sans cependant pouvoir disconvenir qu'elle ne vantait les Allemands et n'abaissait les Français.

J'ai saisi cette occasion pour lui faire sentir combien il serait fâcheux, même pour elle, que son ouvrage fût imprimé en tout ou en partie dans quelque pays que ce fût. Elle a protesté avoir, pour l'empêcher, pris toutes les précautions possibles.

Je lui ai dit que, puisqu'elle m'en donnait l'assurance, aussi positive, je m'empresserais de l'écrire.

Ce i a paru l'inquiéter. Elle tenait surtout à ce que je n'écrivisse rien avant d'avoir eu avec elle, chez elle ou chez moi, une longue conversation. C'était dans les premiers jours. Elle a depuis employé tous les moyens, m'a parlé, m'a fait parler pour que je la revisse ou fusse la voir, afin d'en venir à cette conversation. Il est possible que je consente à ce dernier moyen. Il me paraît tout à fait nécessaire que j'aie avec elle une conversation dans laquelle, n'étant gênée par la présence de personne, elle pourra se livrer à l'abandon qui lui est naturel et me montrer d'avantage (*sic*) ses secrettes (*sic*) pensées.

D'après ce qu'elle m'a dit, je dois conclure qu'il est resté à Vienne quelques portions de son ouvrage. J'ai lieu de croire aussi, mais sans pouvoir encore l'affirmer, qu'elle en a conservé un premier manuscrit. C'est ce que je m'attacherai à mieux savoir.

De ce que j'ai remarqué et de tout ce qu'on m'a dit je dois induire qu'elle devient bien plus prudente et qu'elle sent la nécessité de le devenir encore davantage.

En général, elle ne jouit ici d'aucune considération réelle. On la reçoit et on va chez elle parce qu'elle amuse et que les Genevois aiment les bals et les fêtes. Mais on redoute ses inconséquences et on blâme son peu de retenue.

Je ne tarderai pas à ajouter à ces premiers apperçus (*sic*). Je serai exact et empressé à mettre sous les yeux de V. E. tout ce qui me paraîtra de quelque intérêt et sur Genève et sur Mme de Staël et sur ses alentours. Je ne connais pas encore assez ceux-ci pour en écrire. Il est bien cependant que V. E. sache que Benjamin Constant, qui est venu ici passer trois jours, vient de repartir pour l'Allemagne avec la femme qui l'a épousé (*sic*) depuis peu en troisième divorce... (1).

Le changement de préfet ne laissait pas que de gêner Mme de Staël et de lui donner du souci. Elle se doutait bien que M. Capelle n'avait été envoyé à Genève que pour la surveiller plus étroitement. Cela ne l'empêcha pas de recevoir la visite de M. de Montmorency, de faire avec lui quelques excursions, de mettre même le pied en France. Elle se plaît à dire, peut-être même à croire, que cette inadvertance valut à Mathieu un ordre d'exil. Ce n'est pas tout à fait cela. Napoléon écrivit bien, le 17 août, de Saint-Cloud, au duc de Rovigo : « Vous donnerez l'ordre au sieur Mathieu de Montmorency de rester à Genève. Il sera maître d'aller à Coppet ou dans tout autre endroit, pourvu qu'il soit éloigné de quarante lieues de Paris. » (2). Mais cet ordre, peu méchant au demeurant, ne fut donné que pour empêcher Mathieu de conspirer, comme il le

---

(1) Lettre inédite entièrement autographe. — Collection Ch. Segonne.

(2) L. Lecestre, *op. cit.* II, 157.

faisait, pour l'évasion des princes espagnols retenus à Compiègne, puis à Valençay.

Avec cette tendance à l'hyperbole qu'ont volontiers les femmes, Mme de Staël poussa des « cris de douleur », ce sont ses propres termes, à la nouvelle de cet acte arbitraire qu'elle veut faire passer comme punition de la visite à Coppet. « Jamais, écrit-elle avec une exagération ridicule, mon cœur éprouvé depuis tant d'années, ne fut plus près du désespoir. » Les grandes douleurs sont muettes, a-t-on dit : celles de Mme de Staël ne l'étaient pas : il est vrai qu'elles étaient bien peu grandes. Mais, observe M. Paul Gautier, « il lui paraissait beau de compromettre un Montmorency ; et la police n'était pas fâchée de laisser croire malicieusement que le religieux Mathieu était frappé pour cette visite. » (1).

Peu de jours après, nouvelles lamentations à propos de Mme Récamier qui vient la voir et pour laquelle elle craint un ordre pareil : « C'est avec des convulsions de larmes (2) que je la vis entrer dans ce château. Le funeste exil la frappa. » Mais non ! Ce n'est pas pour cette visite qu'il la frappa, mais parce que son salon, à Paris, était devenu « un centre d'opposition contre le gouvernement. »

Ces mesures pouvaient toucher Mme de Staël : ce n'est cependant pas dans « des convulsions de larmes » que M. Capelle trouva cette pseudo-martyre. Elle se montra même enjouée et pas malheureuse du tout.

---

(1) Paul Gautier, *M. de Montmorency et Mme de Staël*, 252.
(2) Cette expression se retrouve deux fois dans *Delphine*

C'est que du nouveau s'est produit dans sa vie, bien qu'à vrai dire l'amour chez elle ne soit pas quelque chose de très nouveau. Car c'est d'amour qu'il s'agit. Mais celui-ci offre ce caractère que « l'objet de sa flamme », comme on disait alors, était de moitié moins âgé qu'elle. Né en 1788, c'est-à-dire deux ans après le mariage de Germaine Necker, Suisse de naissance, mais d'une bonne famille bourgeoise originaire d'Italie, M. John Rocca avait été camarade des fils de Mᵐᵉ de Staël. Il avait fait, comme sous-lieutenant au service de France, la guerre en Espagne. Blessé grièvement, il était rentré dans sa famille, à Genève. Mᵐᵉ de Staël avait prié son médecin, le docteur Buttini, beau-frère du blessé, de l'envoyer à Coppet, chez elle, faire une cure d'air. Elle l'entoura de soins et de prévenances... C'est dans cette douce intimité que le cœur romanesque et encore tout neuf du jeune homme, fier des aimables avances de cette femme célèbre, se prit de passion pour elle. « L'amour appelle l'amour », a observé Dante. Quoi de surprenant que le cœur de Mᵐᵉ de Staël, qui jeûnait depuis quelques mois, ait partagé cette passion après l'avoir sans doute provoquée ? C'était assez ridicule à son âge de se prêter à des amusettes de sous-lieutenant amoureux et de les partager ; son équipée fait presque penser à un détournement de mineur ; mais l'amour, cette sainte chose, n'est-elle pas celle où hommes et femmes se montrent le plus ridicules ? Et demander à Mᵐᵉ de Staël des mœurs moins abandonnées, c'eût été demander à un ivrogne de ne plus boire.

Dans sa nostalgie de la vie de jeune homme et

jetant par-dessus bord ses velléités religieuses de la
veille, Mme de Staël fut séduite par la pâleur mate de
M. Rocca, par la flamme douce et mélancolique de
ses yeux... Comme elle avait encore des idées fort
dégagées sur la conduite des femmes et que, chez
elle, les sens l'emportaient sur la raison, qu'elle était
ce qu'on appelait alors disgracieusement une « femme à hommes », elle s'amuse à jouer à l'amour avec
M. Rocca. Leur liaison fut prompte : le cœur d'un
sous-lieutenant est si aisément dupe de l'esprit, et
pas seulement du sien !

M. Rocca songea-t-il, ou Mme de Staël l'engagea-
t-elle à écrire ses souvenirs de guerre ? Toujours est-
il qu'elle se mit à l'œuvre avec lui et de leur collaboration devait sortir, en 1814, un volume de *Mémoires sur la guerre des Français en Espagne* (1). La
collaboration était devenue si intime et si publique
qu'elle donnait à jaser aux Genevois, assez blasés
pourtant sur les fantaisies que ne se refusait pas
leur compatriote.

Elle avait loué un appartement (2) pour se rencontrer plus facilement avec son nouvel amant. Oubliant que certaines erreurs ne sont gracieuses que
pendant la jeunesse, — et encore ! — elle en était
folle.

(1) Paris, 1814. — Il a été fait une nouvelle édition de ce livre (Paris et Genève, 1887), avec un très joli portrait à l'eau
forte de M. Rocca. La préface est de Mme de Staël.

(2) « Mme de Staël a loué un appartement à Genève, où elle
vient s'établir le 26. Elle coupera son hiver par un séjour de
quelques semaines à Lausanne, afin d'y rencontrer Benjamin et
sa femme. Ce mot : *et sa femme* vous prouve que la douleur
n'est plus là pour Mme de Staël ». (Mme Rilliet-Huber à Meister,
13 nov. 1810). — *Lettres inédites de Mme de Staël à Meister.*

« M. Rocca, écrit Mme de Boigne, se mit à lui faire des scènes publiques de jalousie et cela compléta son triomphe. Lorsque je la trouvai à Genève, M. Rocca était en plein succès et, il faut bien l'avouer, complètement ridicule. Elle en était souvent embarrassée. » Quant à Mme Boissier, cousine de M. Rocca, elle était scandalisée d'un pareil sans-gêne chez Mme de Staël. Elle n'en parle d'abord que par quelques allusions moqueuses ; puis, voyant que son cousin semblait prendre l'affaire très au sérieux, elle écrivit à sa mère : « Est-elle arrivée à Genève ? Son *cavaliere servante* la voit-il ? Les as-tu vus ? Tiendras-tu ta louable résolution de rester vis-à-vis d'eux sur les termes de la simple politesse ? » Dans d'autres lettres, elle l'engage à ne plus écrire à Mme de Staël « dont tous les raisonnements ne changeront point le caractère. »

La réprobation s'accentue au fur et à mesure que Mme de Staël affiche sa liaison :

« Le mauvais état de la santé de John me fait infiniment de chagrin. Je méprise du fond de mon cœur celle qui lui coûte sa réputation et la fleur de sa belle jeunesse. Tout l'attachement qu'elle lui témoigne ne saurait la laver à mes yeux. Elle est trop coupable comme femme délicate et comme être moral. Son esprit ne rachète pas les lacunes de son âme, et, dans sa relation avec John, il y a des choses qui manquent tellement d'élévation et de générosité !... Elle a tant accepté de sacrifices et elle en a si peu fait pour lui ! Elle a si souvent parlé de la véhémence de sa passion, elle a su la commander avec une si haute prudence quand il s'agissait de lui donner une existence, qu'elle me paraît la plus égoïste des corruptrices. » (1).

Le positif bourgeois de ces lignes suggère une réflexion : Rocca n'a-t-il pas joué la comédie de l'amour auprès de la peu séduisante quadragénaire afin de déclancher la passion en son cœur inflammable et se faire épouser ? Pouvant être rayé des cadres pour ses blessures, la large existence de Coppet n'était-elle pas plus séduisante que la vie modeste à laquelle le réduirait une maigre pension de réforme ?

Sous cette réserve, la langage de cette lettre est celui du bon sens et de l'honneur. Il y a des gens à la morale flasque qui, ne voulant pas voir le revers de la tapisserie, admirent toutes les sottises faites sous prétexte d'amour et trouvent que la passion justifie tout. C'était la manière de voir de la moraliste de Coppet. Ce n'est pas celle des honnêtes gens et Mme Boissier s'indigne avec raison du manque de probité morale de l'intrigante. Mais Mme de Staël, selon la bonne observatrice qu'est Mme de Boigne, se regardait « comme un être à part, auquel son génie permettait des écarts inexcusables aux faibles mortels. » Mme de Rémusat a rapporté même chose de Napoléon. Point n'est besoin pourtant d'avoir du génie comme lui ou des prétentions au génie comme Mme de Staël, pour se permettre ce qui n'est pas permis : les êtres les plus vulgaires le font

(1) Barbey-Boissier. *La comtesse Agénor de Gasparin et sa famille*, I, 22.

et découvrent toujours dans leur tort particulier de bonnes raisons pour se donner raison. Cette chevronnée des passions, la « minette » de Benjamin Constant, qui, en pleine arrière-saison, aimait encore à miauler, se permettait là une de ces fantaisies sur lesquelles la corruption de son temps et de son milieu fermait trop volontiers les yeux.

Lasse de ses éternels maris provisoires, Mme de Staël semblait disposée à se laisser épouser, mais secrètement, par son sous-lieutenant. Elle y ajoutait la condition, comme pour Benjamin Constant, qu'elle garderait le nom de son premier mari. Quant à M. Rocca, il enrichirait le sien de la particule ; la démocrate y tenait, et cette fantaisie ne la ruinait pas. Le comte d'Allonville n'avait-il pas raison de dire que la tête et le cœur de Mme de Staël « offraient un chaos de vanités aristocratiques et de sentiments plébéiens ? »

Ce nouveau train de vie de Mme de Staël, où M. Rocca tenait une si large place, n'était pas vu d'un bon œil par Benjamin Constant. La présence de l'intrus lui paraissait une usurpation sur ses droits, pourtant périmés. De son côté, piqué de jalousie, le hussard aurait préféré que Benjamin fut ailleurs qu'auprès de sa conquête. Aussi tous deux se regardaient-ils en chiens de faïence.

Pour prouver à sa maîtresse la force de son amour et pour la mieux tenir en main, Rocca, affectant la jalousie, provoqua Constant et il fallut toute l'autorité de Mme de Staël pour arranger l'affaire. Le calme revint, mais pas pour longtemps. Nous trouvons, en effet, dans le *Carnet de Benjamin*

Constant : « 15 mai 1811. — Renouvellement de proposition de duel par Rocca. — Ma réponse : départ pour l'Allemagne. »

M. Rocca tenait à faire prendre sa passion au sérieux. De son côté, Mme de Staël laissa voir un jour qu'il s'agissait pour elle d'un attachement plus profond que l'amusement d'un simple *flirt.* Après avoir chanté au salon, Mme de Boigne, debout derrière le piano, causait avec quelques personnes, « lorsque M. Rocca, qui s'aidait encore d'une béquille pour marcher, traversa lentement le salon, vint à elle et, par-dessus le piano lui dit très haut avec son accent étranger et de son ton traînant et nasillard :

— Mada-âme, mada-âme, je n'entendais pas ; mada-âme de Boigne, votre voix elle va à l'a-âme.

« Et puis de se retourner et de repartir en béquillant. Mme de Staël était assise près de là ; elle s'élança près de moi et me prenant le bras :

— Ah ! dit-elle, la parole n'est pas son langage ! (1).

« Ce mot, ajoute Mme de Boigne m'a toujours frappée comme le cri douloureux d'une femme d'esprit qui aime un sot. » Mais ce mot ne montre-t-il pas surtout que Mme de Staël, en amour, n'avait que des sens ?

Ah ! oui, son âme d'orgueil la connut l'humiliation de voir celui qu'elle aimait faire si piètre figure devant le monde ! Elle en fut plus d'une fois au

____

(1) Mme de Staël affectionne ce mot : elle l'avait déjà employé dans *De l'Allemagne.*

supplice. L'intellectuelle s'en tirait avec autant d'esprit que de bonne grâce.

Le docteur Buttini avait fait tout au monde pour empêcher la liaison de son beau-frère avec Mme de Staël. Il adressa même de sévères remontrances à celle-ci, qui l'envoya promener. En attendant, cette aventure faisait scandale à Genève.

Mme de Staël se moquait bien du scandale, de Genève et de ses habitants ! C'est encore Mme de Boigne qui nous apprend qu' « elle accablait les provinciaux et surtout les Genevois de la plus dédaigneuse indifférence ; elle ne se donnait même pas la peine d'être impertinente mais les tenait pour non avenus. » Avec son habituel manque de tact, elle avait trouvé le moyen de se mettre tout le monde à dos. Ne s'était-elle pas avisée, un jour qu'elle était attendue à une grande assemblée, d'arriver jusqu'à la porte, escortée de son état-major, d'y parler avec Mme de Boigne qu'elle avait fait appeler et de se retirer sans même daigner mettre le pied dans le salon ! Avec de tels procédés, on ne se fait guère aimer : sans l'aimer, les Génevois étaient pourtant « aussi fiers d'elle que de leur lac. » C'était un grand honneur que d'être reçu dans son salon, et ceux qui y allaient avaient l'assurance de leur considération la plus distinguée.

XII. — Ennuis administratifs et autres. Voyage en Suède et mariage avec M. Rocca.

Cependant Mme de Staël se plaignait de sa santé ; on voyait qu'en effet elle souffrait, physiquement et moralement. Elle faisait projet sur projet et ne s'arrêtait à aucun. Ayant le désir de partir, il lui fallait des passeports. Elle alla donc trouver M. Capelle. Voici le compte-rendu inédit de cette visite, que le préfet envoya immédiatement au duc de Rovigo :

Confidentielle.

Monseigneur,

Mme de Staël est venue hier chez moi, comme j'avais eu l'honneur de vous l'annoncer, et voici le résumé d'une fort longue audience. Je vais vous donner ce résumé avec quelques détails, d'abord parce que je crois nécessaire que Votre Excellence les connaisse, et ensuite par un motif qui m'est particulier.

Mme de Staël m'a dit que j'étais le seul fonctionnaire public qui se fût montré insensible à ses malheurs. Elle paraît persuadée que je la traite avec une injuste rigueur, que je mets de l'inimitié dans tout ce que je fais ou que j'écris la concernant. Cette opinion de sa part m'importe peu, je ne suis pas même fâché qu'elle la conserve, parce que la crainte qui en résulte la contient.

Mais c'est une obligation de plus imposée à ma délicatesse de vous dire tout ce qui peut lui être favorable et tout ce qu'elle croit pouvoir adoucir son sort.

Elle est accablée à un point extrême par l'idée de quitter la France, ses affections, d'aller s'ensevelir en Amérique. Mais supporter plus longtemps sa position actuelle lui paraît au-dessus de ses forces ; sa santé en souffre, son génie s'en éteint, elle craint d'ailleurs qu'elle n'empire, et elle est à ce sujet tourmentée de mille terreurs qui la décident à partir. « Cependant, m'a-t-elle dit à plusieurs reprises, mon sort est-il donc désespéré ? N'ai-je aucun moyen de le changer ? L'Empereur sait bien que je suis sans haine, sans ressentiment ; que la moindre faveur, le moindre adoucissement me ramènerait à lui et me ferait lui consacrer toutes mes facultés, etc. » Je rapporte ses propres paroles.

Elle m'a ensuite pressé, conjuré pour qu'en demandant ses passeports pour l'Amérique, je mîsse encore sous les yeux de Votre Excellence la demande d'un passeport pour l'Italie. Elle ne tient, dit-elle, à l'obtenir, que parce que ce serait une grâce, une faveur qui lui rendrait le courage, l'espérance et qui lui permettrait d'en témoigner sa reconnaissance.

Voici quelques raisons déduites de ce qu'elle m'a dit et de ce que je savais :

Son imagination ardente se croit comme en prison à Genève et à Coppet, pays qu'elle déteste pour leur monotonie et parce qu'elle est forcée d'y vivre. Ce qui, pour une autre, ne serait qu'un peu de gêne est pour sa tête exaltée un sujet de désespoir. Impossible qu'elle écrive dans une telle situation.

D'autre part, parmi les Genevois et les Suisses qu'elle voit, il en est qui exercent sur eux de l'influence ; ce sont de vieux amis de son père qui la repaissent sans cesse de l'idée de sa dignité, de son honneur, de l'espèce de lâcheté qu'il y aurait, après s'être montrée comme elle a fait, de tenir aujourd'hui un langage contraire et devenir l'adulatrice de la puissance qui la persécute, etc., etc.

En Italie, ces considérations, cette sorte de respect humain ne la retiendraient pas. Là, on pense différemment, on ne la connaît pas, ou on la connaît bien moins. La voyant libre, on croirait sa disgrâce finie et c'en serait assez, etc.

Suivrait-elle ces dispositions ? Je dois le croire, sans oser en répondre. Cependant j'observe que pour peu qu'on tînt à ce qu'elle consacrât sa plume à célébrer les merveilles de ce règne, il y aurait peu d'inconvénients à lui accorder ce qu'elle demande, attendu que, à sa promesse, on aurait tous les moyens de *la remettre dans la position où elle est aujourd'hui,* ou de la réduire à s'embarquer. Car je pense bien qu'un être aussi remuant, qui associe à une imagination aussi active, aussi féconde, un aussi grand besoin de mouvement et de bruit doit être ou rallié à la cause de la nouvelle dynastie, ou contenu par une grande sévérité, ou éloigné. C'est ou à Milan, ou à Florence, ou à Rome qu'elle voudrait qu'on lui permît d'aller.

J'ai dit, Monseigneur, et tout ce que j'ai cru de nature à appuyer les instances de Mme de Staël et tout ce que mon devoir, mon dévouement à Sa Majesté, m'ordonnaient de placer à côté de ces instances.

J'en reviens à son départ pour l'Amérique. Elle y paraît décidée, si on lui refuse sa dernière espérance. Elle voudrait l'effectuer sur la frégate *la Constitution,* dernièrement arrivée à Cherbourg, porteur d'un envoyé des Etats-Unis et qui va bientôt repartir de ce port. Le consul de cette nation doit la prévenir du jour du départ; elle attend incessamment cet avis et craint que, du jour où il lui parviendra, elle n'ait pas le temps d'attendre ses passeports. Se rendre à Cherbourg avec un passeport provisoire de moi, ne lui présente pas assez de sécurité. Elle voudrait bien que Votre Excellence consentît à lui envoyer de suite ses passeports pour l'Amérique, qui resteraient en mes mains et que je ne lui délivrerais qu'au moment de son départ et qu'au vu de la lettre ou du consul ou du capitaine américain.

Les personnes qu'elle voudrait emmener avec elle sont M. Albert de Staël, son fils cadet, Mlle de Staël, sa fille, M. Auguste-Guillaume Schlegel, un homme d'affaires autrefois valet de chambre, un valet de chambre, un cuisinier, une femme de chambre, un domestique de son fils Albert (1).

Je prie Votre Excellence d'agréer, etc.

M. Capelle admire trop sa propre perspicacité pour ne pas être dans l'erreur. Il ne soupçonne pas que les paroles de la grande phraseuse ne tendent qu'à le tromper. La vérité était que, — Mme de Boigne l'a écrit, — la liaison avec M. Rocca avait amené sa suite naturelle et Mme de Staël voulait aller faire ses couches, non en Amérique — sa demande de passeports pour ce pays n'était qu'une diversion, une fausse attaque, — mais en Italie. Bien qu'elle eût tout le mépris possible pour le qu'en dira-t-on, bien que sa grossesse lui donnât un brevet de jeunesse, elle voulait à tout prix dissimuler un état si fâcheux dans sa situation de veuve. Sismondi semble bien l'avoir deviné et y faire allusion dans une lettre du 11 octobre 1811 à la comtesse d'Albany.

Le 12 novembre, Mme de Staël écrit au duc de Rovigo et sollicite un passeport pour l'Italie :

Monseigneur,

J'ai adressé ma demande d'un passeport pour Cherbourg à M. le préfet du Léman le 30 septembre. Il m'a dit que jusqu'à ce jour il n'avait point reçu de réponse à cet égard. — Il est résulté de ce silence de six semaines la perte de toutes les occasions qui se sont présentées dans

(1) 30 sept. 1811. — Inédite, entièrement autographe. Collection Charles Segonne.

les différents ports de France et la saison impraticable sur la mer est arrivée. Le silence de Votre Excellence m'ayant fait manquer mon passage, il me semble que ce serait une raison de plus pour espérer, Monseigneur, que vous m'accorderez des passeports pour l'Italie. Mon âme et ma santé sont dans un état de souffrances qui ne me permettront peut-être pas de résister à un hiver dans la situation où je suis, et comme mère de famille, je dois encore essayer de vivre. Accordez-moi le soleil du Midi, c'est le dernier bien qui reste aux malheureux privés de tous les autres. Je voudrais répéter que si j'obtenais ce soulagement à mon malheur, je tâcherais autant qu'il est en moi de témoigner ma reconnaissance par ma conduite, mais qui peut douter que, dans l'état où je suis, le moindre adoucissement à mon sort ne me parût un grand bienfait ? — Je supplie Votre Excellence de mettre ma demande sous les yeux mêmes de l'Empereur. Sa Majesté a daigné dire à mon fils, à Charabéry, que toujours elle me permettrait le séjour de l'Italie ; je ne puis me persuader qu'elle veuille réduire au désespoir une femme qui ne peut plus inspirer à personne que de la pitié (1)

En vérité, Mme de Staël exagère : pourquoi ce verbiage chez cette femme comblée de tous les biens de ce monde ? Pourquoi ces supplications désespérées ? Pour qu'il lui soit permis d'aller mener clandestinement à terme, en Italie, une grossesse, résultat et preuve de son inconduite !

Cette lettre, M. Capelle l'envoya le jour même au duc de Rovigo en l'accompagnant de ses commentaires :

Monseigneur,

Mme de Staël, désolée de n'avoir pas de réponse à sa demande de passeports, est venue me prier de faire par-

(1) Lettre inédite. Collection Ch. Segonne

venir à V. E. la lettre ci-jointe. Je n'ai pas cru devoir m'y refuser.

Elle m'a renouvelé les protestations dont j'ai déjà eu l'honneur de vous faire part dans ma lettre du 3o du mois dernier. Elle paraît de plus en plus sentir sa position, de plus en plus disposée à expier le passé.

Elle habite toujours Coppet. L'incertitude où elle est de son sort l'a empêchée de faire des arrangements pour passer l'hiver à Genève.

. L'alternative si on daignerait (*sic*) lui accorder des passeports pour l'Italie, ou si elle n'en obtiendrait que pour l'Amérique, la supposition tirée de l'espérance qu'elle assure que V. E. a donnée à son fils de permettre que le sieur Schlegel l'accompagnât, ont ramené celui-ci à Coppet depuis quelques jours.

Comme d'après la même assurance, à laquelle je n'ajoute cependant pas trop de foi, je n'avais pas cru devoir me refuser à comprendre ce Schlegel dans la demande que j'ai eu l'honneur de vous faire le 3o octobre des passeports de cette dame pour l'Amérique, j'ai pensé aussi que je pouvais, jusques à la réponse de V. E. ne point signifier de nouveau au premier l'ordre de s'éloigner. D'ailleurs, il s'est bien gardé de paraître sur le sol français.

Je suis toujours d'avis que sa présence auprès de Mme de Staël est nuisible, si surtout elle obtenait la permission d'aller en Italie. Non que je le croye (*sic*) un homme bien méchant ni bien dangereux ; mais il est à l'excès imbu de l'esprit *germanique, antifrançais*, et quoiqu'il soit tout à fait aux ordres de la dame de Staël dont il se dit *l'affranchi*, son érudition, jointe à son caractère ferme, exerce de l'influence sur elle, qui manque et de l'une et de l'autre.

Son isolement continue et va croissant. M. de Saint-Priest ainsi que Mmes ses filles ont cessé toute relation avec elle. Le vieux M. de Noailles, qui la voyait beaucoup, n'ose plus y aller. Les Genevois, même les plus affidés, cherchent et trouvent mille prétextes pour ne point aller à Coppet, ne point la recevoir, enfin pour l'éviter. Tout concourt à lui rendre sa position insupportable. C'est un sujet de désespoir pour une tête comme la sienne. Aussi suis-je de plus en plus persuadé que si on croit qu'elle vaille la peine d'être conquise au gouvernement, l'occasion est propice.

Il paraît, d'après ce qu'elle m'a dit, qu'en supposant qu'elle fût réduite à aller en Amérique, elle n'y amènera pas son fils cadet (Albert) et qu'elle s'attache de nouveau au projet qu'elle avait montré et dont j'avais, je crois, eu l'honneur de vous faire part il y a trois ou quatre mois, de l'envoyer au service de la Suède et de l'y envoyer très prochainement.

Elle dit, dans la lettre qu'elle envoie à Votre Excellence, que le retard qu'a éprouvé sa demande de passeports a fait manquer son passage en Amérique, que la saison devient trop avancée pour qu'elle puisse s'y exposer avant le retour du printemps. L'extrême *poltronnerie* qui lui est propre entre bien pour quelque chose dans cette résolution ; mais je crois que l'espérance qu'elle ne sera pas réduite à quitter l'Europe y entre pour davantage (1).

M. Capelle n'est pas méchant ; il n'est guère avisé non plus et ne s'aperçoit pas que sa prisonnière se moque de lui. Ah ! s'il savait !...

Cependant le temps s'écoule et n'apporte pas à Mme de Staël ses passeports pour l'Italie. Elle sera donc réduite à faire ses couches à Coppet. Le pourra-t-elle sans que la chose s'ébruite ? Et elle tient absolument à ce que sa mésaventure demeure secrète. Aussi ne se montre-t-elle que rarement à Genève : elle se dit souffrante, comme elle l'a dit à M. Capelle : « Ma santé est dans un état misérable,

_____

(1) Genève, 12 nov. 1811. — Inédite. Collection Ch. Segonne.

écrivait-elle de Coppet, le 3 avril 1812, à Meister ;
et si vous me voyiez maigrie, enflée, pâle, vous ne
concevriez pas comment une aussi forte personne
que moi a pu être ainsi terrassée. » Mme de Boigne
confirme, dans ses *Mémoires*, ce triste état de santé :
« Elle a souffert horriblement, dit-elle, pendant cette grossesse dont le secret a été gardé admirable-
ment. Ses enfants l'ont crue pieusement et sincèrement atteinte d'une hydropisie. » Enfin, Mme de
Staël mit au monde — aussi bien ne pouvait-elle
plus faire autrement — le petit Louis-Alphonse
Rocca. Le baptême se fit à Longirod, dans le bail-
liage de Nyon. Le tout sans provoquer le moindre
soupçon.

Mme de Staël a dit que le médecin ayant ordonné
à son fils (Albert) les bains d'Aix, elle voulut l'y
accompagner et qu'elle choisit le mois de mai parce que le gros des baigneurs n'était pas encore arrivé. La vérité est qu'elle alla prendre les eaux pour sa
propre santé et parfaire son rétablissement. Elle in-
forma le préfet, non de ce détail, mais de ce dépla-
cement. M. Capelle ayant demandé des instructions
à Paris, lui envoya dix jours après l'ordre de revenir. Elle obéit et reçut de lui le paternel conseil de
ne plus s'éloigner (1), — ce qui la détermina à partir pour la Suède sans délai. Mais par quelle route ?
Par la Russie. Et comment gagner la Russie ? Par

_____

(1) Napoléon avait écrit le 21 février 1811 au comte de Mon-
talivet, ministre de l'Intérieur : « Il est nécessaire que vous
donniez pour instruction au préfet de Genève de ne point voir
du tout Mme de Staël, de contenir cette intrigante dans des bornes convenables... » (L. Lecestre, *op. cit.*, II, 115).

Vienne : là, on lui donnerait des passeports qu'elle ne pouvait espérer d'obtenir en France.

Elle fit donc secrètement ses préparatifs de voyage et disparut le 22 mai, laissant à Coppet son fils aîné. Son départ ne fut connu à Genève que le soir du 2 juin. Le préfet en envoya aussitôt la nouvelle au ministre de la police, et, le 4, lui adressait des informations complémentaires et des détails qu'on ne trouve pas dans *Dix années d'exil* :

Confidentielle.

De la main du duc de Rovigo : Bon voyage ! — En rendre compte pour une note anecdotique à l'Empereur. Cette femme va être signalée pour les agents diplomatiques.

Monseigneur,

Je n'ai pas perdu un moment pour savoir avec quels passeports et sous quel nom pouvait être partie Mme de Staël.

Ci-joint copie de la réponse que m'a faite le juge de paix de Coppet. Dans les cercles du pays de Vaud, ce sont les juges de paix qui ont le pouvoir municipal et délivrent les passeports. Si ce fonctionnaire dit vrai, comme j'ai lieu de le croire, il n'est pas probable que Mme de Staël soit partie avec des passeports délivrés en décembre 1810 et qui n'étaient valables que pour un an.

Quelques personnes supposent qu'elle aura pu s'en procurer d'avance pour elle et les siens à Vienne, où elle conserve dans le gouvernement de chauds et puissants amis

Mais je m'arrête plus volontiers à la conjecture suivante : j'ai fait rechercher dans les registres de ma préfecture, et j'ai trouvé que le 11 janvier dernier il en a été délivré un à la femme Uginet, née Complainville, femme de l'homme d'affaires de Mme de Staël, vulgairement appelé Eugène (1) et qui elle-même est dans la maison en qualité de femme de chambre un peu *renforcée*, où elle porte le nom d'Olive. Son signalement et même sa stature ont du rapport avec le signalement et la stature de la baronne ; cette dame Uginet a de plus une fille qui est portée dans le passeport et où elle est dite âgée de dix-huit ans, âge qui est à peu près celui de Mlle de Staël.

Le passeport n'est, il est vrai, qu'à la destination de Berne, mais rien de plus facile que de l'y faire viser à la légation française où la dame Uginet aura pu le présenter elle-même.

Il me paraît donc très probable que c'est avec ce passeport que Mlle de Staël voyage. Il est délivré et signé par M. Fabry, conseiller de préfecture qui me remplaçait à cette époque, où j'étais en congé à Paris.

Le mari Uginet, dit Eugène, est parti avec Mme de Staël, ce qui rend la conjecture plus probable. Il avait pris le 26 novembre 1811, dans un moment où il devait aller accompagner Albert de Staël à Stockholm (Suède) un passeport pour cette destination, et qui a pu lui servir aujourd'huy.

Je transmets ci-joint le talon du passeport délivré le 11 janvier à sa femme, ou pour mieux dire copie de ce talon, tel qu'il est dans mes registres. Je transmets aussi copie du vieux passeport sur le dépôt duquel le nouveau fut délivré. Il servira de plus ample indication.

Les renseignements que j'ai recueillis depuis ma lettre du 1er et 2 du courant, coïncident assez avec les détails qu'elle contient. Voici cependant quelques changements et quelques additions.

Il paraîtrait que c'est le mercredi au soir 2 mai et non le vendredi 29 qu'elle est partie ; que même une partie des siens l'avait devancée pour l'attendre à un moment donné ; que Rocca, son amant, ne l'accompagnera

____

(1) Valet de chambre de confiance de Mme de Staël, laquelle écrivait à Mme Récamier le 17 juillet 1808 : « ...Ecrivez-moi librement par Eugène ». (*Coppet et Weimar*, 145).

qu'une partie de la route, et que le sieur Schlegel, qui ne doit pas la quitter, aurait fait depuis peu un voyage en Allemagne pour s'assurer du chemin à suivre.

Elle serait aussi partie déguisée en femme de chambre.

On suppose qu'il ne serait pas impossible qu'elle se réfugiât, pour se reposer quelque temps et prendre ses moyens ultérieurs, dans une terre du prince de Ligne, son ami, terre située en Autriche.

Son fils aîné (Auguste) qui, comme j'ai eu l'honneur de le dire à V. E. est resté à Coppet, assure que sa mère est aux bains de Schintzenach. Une demoiselle Rhindal (1), sorte de dame de compagnie qu'elle a laissée et qui est venue à Genève auprès de sa sœur, donne même assurance. Mais personne n'y ajoute foi et ceux que je dois croire les mieux informés, ceux qui même étaient habitués à défendre auprès de moi les intérêts de Mme de Staël sont persuadés qu'elle a fini par s'expatrier et passer en Angleterre. Il n'est, depuis hier au soir, bruit que de cela à Genève.

Je n'ai point le signalement de Mme de Staël, mais il est trop connu pour que je cherche à y suppléer. Ci-joint tous ceux des sieurs Schlegel, Rocca et Uginet, dit Eugène.

Je n'ai pas non plus, ni n'ai pu me procurer, ni celui de Mlle de Staël, ni celui de son frère Albert. La demoiselle est de petite taille, mince et *blonde un peu rouge*. Albert a la même couleur de cheveux, il est grand d'environ cinq pieds huit pouces et fort mince.

Il est à observer, relativement à Mme de Staël qui passe pour avoir les cheveux noirs, parce qu'elle les a toujours fait teindre. qu'ils sont naturellement rouges (2). Ce pourrait avoir été pour elle un moyen facile de déguisement (3).

(1) Randall.

(2) Mme de Boigne le dit aussi, mais c'est une erreur. Mme de Staël avait les cheveux noirs.

Si elle les avait eus « rouges », sa peau eût été fine et blanche et on sait que ce n'étaient pas les qualités de la sienne.

(3) 4 juin 1812. — Lettre inédite. — Collection Ch. Segonne.

Mme de Staël arriva le 17 juin à Vienne. Elle y trouva bon accueil et se reposa en toute tranquillité. Tandis que M. Rocca s'occupait des passeports pour la Russie, la baronne, qui n'avait écrit à personne afin d'assurer le secret de son départ, envoya de Vienne, le 10 juillet 1812, ce billet à Mme Récamier :
« Je vous dis adieu, mon ange tutélaire, avec toute la tendresse de mon âme. Je vous recommande Auguste, qu'il vous voie et qu'il me revoie. C'est sur vous que je compte pour adoucir sa vie maintenant et pour le réunir à moi quand il le faudra. Vous êtes une créature céleste ; si j'avais vécu près de vous, j'aurais été trop heureuse. Le sort m'entraîne. Adieu. » (1).

M. Rocca se heurtait à Vienne à bien des difficultés. Le comte de Stackelberg, ambassadeur de Russie en cette ville, n'avait pas qualité pour délivrer des passeports : il fallut envoyer un courrier spécial à Saint-Petersbourg et trois semaines au moins étaient nécessaires pour qu'il les rapportât. Quant à la police de Napoléon, elle se tenait tranquille : le fils aîné de Mme de Staël, demeuré à Coppet, était pour elle comme un otage répondant, vis-à-vis de l'Empereur, des faits et gestes de sa mère à l'étranger.

Mais à Vienne, une autre police était à redouter. A peine arrivé, M. Rocca fut appelé à donner des expli-

____

(1) *Souvenirs et correspondance de Mme Récamier*, I, 207. — Voir plus loin, dans une lettre de Capelle au duc de Rovigo, 19 février 1813, comment peut s'expliquer le mot de Mme de Staël, *qu'il vous voie... c'est sur vous que je compte pour adoucir sa vie...* »

cations sur sa présence en cette ville : il était considéré comme déserteur de l'armée française et menacé d'extradition. Mme de Staël eut beaucoup de
peine à obtenir qu'il ne fût pas livré aux autorités
françaises. Le directeur de la police de Vienne,
M. Hager, fonctionnaire exact et méticuleux, était
chaque jour harcelé par elle afin qu'il accordât toutes les faveurs qu'elle réclamait pour lui, entre autres la permission qu'elle le présentât dans les salons de Vienne : femme célèbre, tout ne devait-il
pas céder devant sa volonté ? « Mais, Madame, lui
répondait M. Hager, faut-il que nous fassions la
guerre pour l'amour de M. Rocca ? » Et Mme de Staël
de répondre sans hésiter : « Pourquoi pas ? M. Rocca est mon ami et sera mon époux » (1).

En attendant qu'il le devînt, elle se répandait
dans la haute société viennoise. Elle recevait, donnait des dîners, des soupers, des thés... Elle essaya
de parler politique, mais personne n'applaudissant
ses utopies, elle battit prudemment en retraite.

Le séjour de Vienne cessa vite de lui être agréable.
Elle y avait rencontré un émigré, ancien Constituant, le marquis de Bonnay, qui ne lui plaisait
guère et à qui elle plaisait encore moins. Il revint
à celui-ci que, toujours à la recherche d'un mot à
effet, elle avait dit de lui : « En voyant le marquis
de Bonnay, j'ai cru voir le spectre de l'ancien régime. » M. de Bonnay, qui la faisait hériter d'une portion de l'aversion qu'il avait eue, comme tout le
monde à la Cour de Marie-Antoinette, pour Necker,

(1) Metternich, *Mémoires*, III. 477.

et qui avait appris la grossesse secrète de Mme de
Staël, se vengea de son mot, qui au fond ne signi-
fiait rien, par une cinglante épigramme. Sa petite
vengeance rimée courut vite les salons de Vienne.
Comment vint-elle aux oreilles de Mme de Staël ? On
ne sait, mais ces vers lui apprirent que le mal dont
elle s'était plainte, s'il avait été un secret pour M. Capelle, ne l'était pas pour tout le monde. Les voici :

> Par ses écrits, par son génie,
> Elle appartient à l'immortalité,
> Et jusqu'à son hydropisie,
> Rien n'est perdu pour la postérité (1).

Mme de Staël avait donc la plus grande hâte de se
remettre en route ; le séjour de Vienne ne lui était
plus possible, l'Autriche ne pouvant à ce moment
mécontenter Napoléon. Mais que de difficultés pour
traverser cette mystérieuse Russie, gagner la mer et
s'embarquer pour la Suède !

Mme de Staël a raconté sa longue pérégrination à
travers la Russie ; elle n'a eu garde d'omettre le bien-

---

(1) Ces vers, rapportés par le baron de Cussy dans ses *Souvenirs*, sont cités avec une variante dans ceux du baron de Frénilly, ami d'enfance de Germaine Necker. « Est-ce Capelle qui
a fait l'épigramme ? écrit M. Chuquet ; il l'envoie avec une
autre au ministre de la police générale dans une lettre du
30 avril 1812 (reproduite par *le Curieux*, de Charles Nauroy, I,
66-69) ; le baron Mounier (*Souvenirs intimes et notes*, p. 39) la
lui attribue formellement. » De son côté le général Thiébault la
met sur le compte d'un original nommé Delpech et donne une
variante en cinq vers, de l'idée rimée d'abord en quatrain.
(Thiébault, III, 307).

veillant accueil que lui firent l'impératrice Elisa-
beth, l'empereur Alexandre et l'impératrice mère.
Ennemie de Napoléon, elle était sûre d'être bien reçue. Ce qu'elle ne dit pas, c'est qu'elle fut, d'après
le duc de Rovigo « le chaînon de l'entrevue d'Abo
où Bernadotte s'est livré à l'empereur Alexandre ; ce
fut elle qui donna l'idée d'envoyer chercher Moreau
en Amérique. » La nouvelle de l'entrée des Français à Smolensk vint trouver Alexandre et Bernadotte à Abo. C'est alors qu'ils prirent l'engagement,
qui devait demeurer secret, de ne pas déposer les
armes avant d'avoir abattu Napoléon.

Malgré sa crainte de la mer, la voyageuse s'embarque dans la capitale finlandaise pour Stockholm.
On sait que son enfance avait été tourmentée par la
peur. Dans ses *Dix années d'exil*, elle avoue que cette peur lui était restée : « Je ne pouvais me dissimuler que je n'étais pas une personne courageuse. »
Sismondi ne cache pas qu'elle était « très poltronne. » Le duc de Raguse, qui fut plus tard un habitué de son salon, en parle aussi : « D'une timidité
poussée jusqu'à la poltronnerie, il était, dit-il, très
aisé de l'effrayer. » M. Capelle en a dit à peu près
autant. Il avait donc fallu des circonstances bien
graves pour la déterminer à un voyage si long et
non dénué de périls.

Un peu comme des saltimbanques, on les vit dé-
barquer à Stockholm, Mme de Staël et sa suite : sa
fille Albertine, ses deux fils, Rocca, Schlegel et tous
leurs gens. Elle s'était annoncée au prince héritier
de la couronne de Suède, Charles-Jean (maréchal
Bernadotte), et la Cour en avait aussitôt répandu la

nouvelle. Grave de ton, collet-monté de goût, la société de Stockholm tenait à se montrer correcte en tout. Comme Mme de Staël ne l'était en rien, qu'elle se piquait d'être ainsi et qu'on le savait, ce n'est pas sans quelque appréhension que les belles Suédoises s'apprêtaient à affronter cette réputation inquiétante. Bernadotte avait fait aimer la France et s'était fait aimer lui-même avec sa figure en lame de couteau, par ses manières de grand seigneur, la noblesse de son abord, la dignité de son attitude, qu'il avait mise aisément au ton sérieux de la Cour suédoise. Mme de Staël, dont l'orgueil était inserit sur le visage, aurait-elle cette aisance discrète et de bon aloi qui consiste à ne choquer en rien les bienséances et qui revêt d'une véritable majesté la dignité naturelle aux femmes d'un certain milieu ? Ceux qui la connaissaient, le prince héritier surtout, en doutaient furieusement.

Elle fut présentée à la famille royale, au prince héritier, qu'elle connaissait pour avoir conspiré avec lui en 1802, contre le Premier Consul. On échangea de cérémonieuses banalités officielles, et Mme de Staël sut mettre dans les siennes quelques paroles heureusement trouvées pour chacun et pour le pays qui lui faisait si aimable accueil.

Un grand bal lui fut offert par le cercle aristocratique de l'*Amarante* : « Elle fit son entrée au bras du président du cercle et suivie de sa famille... Trapue, douée de beaucoup d'embonpoint, elle renversait la tête en arrière, levait les yeux au plafond d'un air inspiré et gardait toujours la bouche ouverte, même dans les rares moments où elle s'arrêtait de parler.

L'attention générale fut retenue par son énorme turban multicolore, si lourd qu'il retombait sur la nuque. » (1).

Toujours habillée d'une robe de velours noir très
simple, elle était suivie de sa fille qui attirait les regards non moins qu'elle. A l'auréole de ses dix-sept
ans se joignait celle de la célébrité de sa mère, de
son grand-père Necker, de l'extraordinaire voyage
qu'elle venait de faire, celle de sa grande fortune...
On se disait, ce que chacun du reste pouvait voir,
qu'elle avait les cheveux d'un blond trop ardent,
que sa peau, très blanche, était agrémentée de quelques taches de rousseur, dues sans doute au soleil
des interminables steppes russes qu'elle venait de
traverser ; on admirait sa taille souple et svelte, la
grâce de ses mouvements, un peu vifs parfois, qui
dérangeaient l'harmonie du corsage et laissaient
trop souvent son épaule laiteuse à découvert. Cela
mettait aux cent coups ce pauvre M. Rocca, « monsieur l'amant », comme l'appelle Lord Byron, qui,
pour tromper l'embarras de sa situation, trouvait une
contenance en remontant inlassablement quand il le
fallait — et il le fallait souvent — le rebelle corsage. La coiffure d'Albertine lui donnait aussi bien du
fil à retordre : à peine en avait-il fini avec le corsage, qu'il fallait réparer le désordre de quelques
boucles qui, dans une valse, avaient subi des malheurs... Albertine d'ailleurs montrait la plus cour-
toise patience. Elle avait ouvert le bal avec le prince
Oscar, duc de Sudermanie, tandis que Mme de Staël,

(1) Martine Rémusat, *La Revue*, 15 avril 1913.

qui semblait présider tout le cercle, régalait chacun de son exubérante et impitoyable éloquence.

Malgré son assurance, la brusquerie de ses manières et de ses mouvements, elle n'avait pas trop déplu; les allures un peu indépendantes de sa fille furent mises sur le compte d'une éducation plus allemande que française. Son fils Albert plut davantage, grâce à l'uniforme suédois qu'il portait galamment : le prince héritier venait de l'attacher à sa personne comme officier d'ordonnance.

Mme de Staël avait loué une maison à Stockholm, non pour s'y enfermer, mais pour recevoir. Aussi recherchée pour sa célébrité que pour la faveur dont elle jouissait à la Cour, elle se répandait le plus qu'elle pouvait.

Elle eût été bien changée si elle n'avait cherché à se faufiler dans la politique suédoise et à y jouer un rôle. Elle paraissait trop disposée à dicter au prince héritier ce qu'il avait à faire. Mais celui-ci n'était pas de ces hommes qui se laissent mener par les femmes. Impatienté des importunités de l'ambassadrice, il lui arriva de dire : « Puisque Mme de Staël vient tous les jours m'entretenir des affaires de l'Etat, autant vaudrait la mettre au conseil des ministres. » Il voulait bien la servir et se servir d'elle, mais il n'admettait pas qu'elle se servît de lui ni s'immisçât dans ses affaires. Ainsi, étant venue un soir sans trop de discrétion, se mêler à un groupe de diplomates qui l'entouraient, le gascon lui offrit aussitôt son bras en lui disant le plus gracieusement du monde : « On voit bien, Madame, que les grandes réunions vous fatiguent. » Et il la conduisit à son fauteuil, ne la quittant qu'après lui avoir adressé de flatteurs compliments. (1).

Elle aussi l'encensait à tour de bras. « A défaut de déclarations amoureuses, écrit Léonce Pingaud, elle lui prodiguait les témoignages d'admiration, les flatteries ingénieuses qu'elle n'avait pu placer aux Tuileries. » Napoléon, en effet, ne lui en avait pas permis l'accès. « Pour aiguillonner sa haine, elle jetait dans la conversation quelques-unes des anecdotes plus ou moins authentiques colportées dans certains salons parisiens sur le grand homme, celle entre autres où on l'accusait d'avoir parlé de son oncle Louis XVI, et le prince de répliquer finement : « Napoléon a trop d'orgueil pour s'être exprimé de la sorte. »... Enfin, Mme de Staël débordait d'enthousiasme pour Bernadotte et l'appelait « le véritable héros du siècle. »

Elle s'efforçait de décider l'indécis Charles-Jean à prendre place dans la coalition qui se formait contre la France. Elle lui montrait comme quoi elle poussait l'Allemagne, par des hommes comme le baron de Stein, Gentz, etc., à prendre son indépendance et faire son unité. Elle avait montré à Stein, en particulier, les points faibles de la Prusse et les moyens de les fortifier afin de mettre ce pays en état de combattre la France.

La haine de Napoléon guidait Mme de Staël en cette croisade dont elle s'était faite, en quelque sorte, le Saint-Bernard. Elle savait que mille malheurs en retomberaient sur la France ; mais, comme elle de-

(1) Martine Rémusat, *op. Cit.*

vait y trouver sa vengeance, comme sa vanité était flattée de l'accueil que sa croisade lui valait auprès des cours du Nord, rien ne l'arrêtait. Il est vrai qu'elle n'était pas Française. C'est ainsi qu'elle fit naître chez l'ambitieux gascon, l'ardent désir de remplacer Napoléon aux Tuileries.

C'est ce mirage qui le décida à entrer dans la coalition contre la France. De son côté, l'ancien maréchal d'Empire laissait entendre à la fille de Necker qu'il ferait de la France une monarchie constitutionnelle selon ses idées à elle, et rien ne pouvait flatter davantage cette grande amoureuse de la constitution anglaise.

Cependant, de Genève, le baron Capelle ne cessait de surveiller ce qui touchait de près ou de loin celle qui lui avait si bien glissé entre les doigts. Il se revanchait sur son fils Auguste de Staël, qu'il faisait épier et suivre dans tous ses déplacements. Voici une lettre qu'il envoyait le 19 février 1813 au duc de Rovigo et qui montre à quels détails de basse police ne craignait pas de descendre cet administrateur :

Monseigneur, j'ai reçu hier, 18, la lettre confidentielle que V. E. m'a fait l'honneur de m'écrire le 13 de ce mois. Elle doit être bien certaine des soins que je mettrai à la commission qu'elle me donne : je la regarde comme très difficile, mais j'espère bien y réussir si des circonstances que je ne puis prévoir ne se réunissent pas pour s'y opposer.

Dès le moment que j'ai su Mme de Staël en Suède, je n'ai pas douté que les *affinités préexistantes* entre le prince royal et elle ne devinssent très promptement des *liens intimes* et que ce prince ne l'associât aux intrigues dont il paraît qu'il est dans le Nord un des principaux promoteurs. Non qu'elle ait assez d'énergie et de consistance pour jouer un rôle influent dans des projets qui exigeraient ou de la conception ou de la suite, ou qui exposeraient à des dangers, mais parce que sa tête est un véritable *brandon* politique qu'on peut facilement allumer et diriger.

Je n'ai point cessé depuis de faire observer ici son fils Auguste, et je suis assez bien instruit de ce qu'il fait et de ce qu'il dit. Rien jusques à présent ne m'annonce qu'il ait cherché un valet de chambre pour sa mère ; mais comme il vient de passer quelques jours à Lauzanne (*sic*), il est possible que ce soit là qu'il ait fait des démarches pour cella (*sic*). La presque impossibilité d'en trouver un à Genève, jointe à la réputation qu'ont les Suisses d'être meilleurs serviteurs et au désir de faire la commission d'une manière plus secrète et plus sûre auraient bien pu le déterminer à ce parti.

Mais il est possible aussi qu'il n'ait mis ni empressement ni importance à cette commission de sa mère, pour laquelle sa vénération a diminué depuis les dernières couches de la dame, sa fuite avec le sous-lieutenant d'hussards (*sic*) Rocca, et surtout les bruits qu'on répand de son mariage secret avec celui-ci dès leur arrivée en Suède.

Quoi qu'il en soit, je saurai où est cet Auguste de Staël : pour cela, j'ai déjà fait mes dispositions en conséquence.

Quand (*sic*) aux moyens de lui faire jetter (*sic*) les yeux sur le jeune homme dont me parle V. E., ils ne sont pas aisés. Il est si facile d'éveiller les soupçons de quelqu'un qui est dans sa position et qui ne manque d'ailleurs ni de méfiance ni de finesse ! Ne faudrait-il pas que cet Armand vînt ici ? Sa présence lèverait, ce me semble, bien des difficultés. Toutes les précautions seraient prises pour empêcher que qui que ce fût ne le crût dirigé par moi.

Toutefois, pendant qu'il est encore à Lyon, on pourrait tenter un moyen qui serait peut-être le meilleur de **tous.**

Mme Récamier, qui est dans cette ville (Lyon) est non seulement la plus intime amie de Mme de Staël, mais la maîtresse de son fils Auguste (1). Celui-ci y va très souvent faire des courses secrètes, et j'ai lieu de croire qu'il y en fera une très prochainement.

Quelqu'un qui arriverait à ce dernier recommandé par Mme Récamier serait sûr d'être accueilli le mieux possible, et il est si facile d'intéresser cette dame !

Ce n'est au surplus qu'une idée que je soumets à V. E. et qui n'empêchera pas que je n'agisse de mon côté aussitôt que j'aurai reçu les instructions complémentaires que m'annonce la lettre de V. E. ; j'ai déjà préparé quelques moyens.

Le sieur Uginet, dit Eugène, cet ancien factotum de Mme de Staël, nouvellement venu de Suède et qui, depuis son retour, a été l'objet de plusieurs lettres à S. E. est toujours à Paris. V. E. l'y fait-elle surveiller ? Je lui ai déjà dit que c'était un intrigant (*sic*) fort adroit. *Je ne sais pas trop s'il ne faudrait pas aller à son égard au delà de la surveillance pour empêcher son retour en Suède.* Il dit y avoir renoncé, mais ce serait un motif de croire le contraire. Sa femme est toujours femme

(1) Nous avons déjà vu que M. Auguste de Staël, à Coppet, s'était épris d'une vive passion pour l'amie de sa mère. Il la rejoignit au château de Chaumont, en 1810, où elle n'alla vraisemblablement que pour le retrouver. Il semble bien d'après le billet de Mme de Staël à Mme Récamier (10 juillet 1812) que la mère d'Auguste était dans la confidence et que, s'il resta à Coppet lorsqu'elle partit pour Vienne, ce n'était que pour aller retrouver Mme Récamier à Lyon. Du reste, celle-ci partit pour l'Italie lorsqu'Auguste de Staël alla rejoindre sa mère à Stockholm. — Lire, à propos de Mme Récamier, le livre du docteur Potiquet, *Le secret de Mme Récamier*, révélé par son mari, 1913, Boulangé, éditeur, avec des lettres de Chateaubriand publiées par M. Herriot, d'autres de Mme Récamier et des rapports de police révélés par M. Ernest Daudet. On croit difficilement, après cela, à la légende immaculée de l'Abbaye-au-Bois sur la belle amie de Mme de Staël.

de chambre de Mme de Staël et toujours auprès d'elle.
En retenant cet homme, on rendrait plus nécessaire le
nouvel homme de confiance (1).

Il faut maintenant revenir à Stockholm. La première curiosité de la Cour satisfaite, on avait échan-
gé ses impressions sur l'illustre visiteuse : les uns
disaient qu'elle manquait de réserve et aimait trop
à se mettre en vedette, que ses manières étaient mas-
culines, qu'elle affectait un ton de supériorité qu'on
ne passerait pas à une souveraine, s'il s'en trouvait
une assez mal inspirée pour s'en affubler, qu'elle
riait la première de ses saillies et avec des éclats
stridents ; d'autres lui reprochaient de parler trop,
et trop haut devant le Roi et la Reine, de ne pas
s'observer, d'avoir la taille trop courte et l'embonpoint mal placé, de se renverser en arrière dans un
mouvement dénué de grâce, sur les canapés ce qui,
avec certains détails de beauté plus imposants qu'at-
tirants, et une superficie devenue trop respectable,
lui donnait une apparence de vulgarité déplaisan-
te... Toutes ces critiques étaient justes : ne s'étant
jamais abaissée jusqu'à surveiller ses propos et sa
tenue, n'ayant jamais écouté de conseils, ne se pré-
occupant que de dominer, elle ne s'apercevait pas
de ses incorrections qui crevaient les yeux de chacun. Ayant oublié un jour qu'elle était en Suède et
parlait à des Suédois, qu'elle devait respecter leur
amour-propre national, elle avait dit que Stoc-

(1) Genève, 19 février 1813. Lettre autographe inédite. —
Collection Ch. Segonne.

kholm n'avait ni le ton ni l'élégance d'une capitale :
et, de cela, les habitants s'étaient piqués.

La bienveillance pour Albertine commençait aussi
à faiblir. On se racontait ses étourderies et, chez un
peuple réfléchi, on les trouvait peu protocolaires.
Les jeunes gens s'en lassèrent, se donnèrent le mot
et à un bal, aucun ne l'invita à danser. Toute mar-
rie, la pauvrette s'en vint pleurer dans le sein de sa
mère et elles quittèrent le bal. Mme de Staël répara
gracieusement ce fâcheux incident en invitant les
grévistes à un « déjeuner dansant ». La grève cessa
aussitôt et toute cette brillante jeunesse oublia le
malentendu dans le tourbillon de ses danses joyeu-
ses.

De même qu'à la cour, M. Rocca était rivé à son
rôle de réparateur des accrocs à la toilette et à la coiffure d'Albertine. Ce rôle se doublait d'un autre :
comme par suite de l'hiver scandinave, Mme de Staël
ne pouvait avoir la moindre branchette de verdure à
agiter pour procurer à ses auditeurs le plaisir d'admirer sa main et son bras pendant qu'elle les char-
mait de sa parole — car la branchette n'eut jamais
d'autre objet — M. Rocca roulait pour elle des petits
cornets ou bâtons de papier, qu'elle tournait entre
ses doigts par manière de contenance. Des émigrés
français, toujours prêts à saisir les ridicules et les
travers des gens, comme MM. de la Ferronnays,
Alexis de Noailles, le duc de Piennes, etc., des étrangers qui fréquentaient sa maison, comme le baron
de Stein, Robert Wilson, Bentinck et bien d'autres,
riaient de ces puérilités et, en effet, elles y prêtaient.
Mais « la sultane de la pensée » semblait ne pas s'en

apercevoir et continuait à tenir le sceptre de la conversation, figuré par les cornets de papier que « monsieur l'amant » avait charge de lui confectionner.

Celui-ci, du reste, avait eu de l'avancement et, de stagiaire, avait été promu à la dignité de mari. Mme de Staël l'avait épousé. Il semble bien qu'un mariage avait déjà eu lieu, mais si secrètement que personne n'en avait rien su et que l'un et l'autre conjoints l'avaient oublié. « Mme de Staël, a écrit Albert Sorel, ne pouvait se décider à avouer leur mariage, et pourtant elle le fit renouveler ou, si l'on veut, confirmer en Suède. « Elle avait toujours peur, rapporte Rocca, de n'être pas assez mariée. » Et lui, donc !... car le bruit courait, que le but de Mme de Staël à Stockholm était d'amener le prince royal à divorcer pour se faire épouser par lui lorsqu'il aurait, avec son concours et celui des Alliés, remplacé Napoléon sur le trône de France. Comme l'ancien philadelphe Bernadotte appartenait à la religion réformée, l'ancienne républicaine, devenant reine de France, aurait plus de facilité à établir en ce pays le protestantisme comme religion d'Etat. On se rappelle que c'était son idée de chevet sous le Consulat (1). Mme de Genlis n'avait-elle pas eu, de son côté, l'ambition de s'asseoir sur le trône de Marie-Antoinette, quand elle rêvait de se faire épou-

(1) Ecrit inédit de Mme de Staël dans la *Revue des Deux Mondes*, 1er nov. 1899. Voir Léonce Pingaud, *Bernadotte, Napoléon et les Bourbons*, Paris, Plon, in-8°.

ser, après divorces réciproques, par le duc d'Orléans ? (1)

Sans cesse tourmentée du besoin de se mettre en
évidence, Mme de Staël, qui fréquentait le théâtre de
Stockholm, était allée entendre Mlle Georges, en
tournée de représentations à travers l'Europe. Pour
faire parade devant les spectateurs de sa propre
science du théâtre, Mme de Staël, « durant les entr'-
actes, déclamait et gesticulait de fougueuse façon, à
la grande joie du public, ravi d'assister à un spectacle dans la salle. » (2). C'était sa manière à elle
d'être modeste.

Lorsque Bernadotte partit, en avril 1813, pour se
joindre aux puissances coalisées contre la France,
Mme de Staël versa des larmes en disant : « Vous
emportez avec vous tout ce qui donne du prix à
la vie ; mais la liberté de l'Europe vous appelle et
le Ciel ne permettra pas qu'elle périsse. » Elle lui
écrivit peu après : « Je prie Dieu pour vous et mon
cœur bat pour le succès de vos armes comme il battait autrefois pour l'amour. » Bernadotte dut sourire.

La campagne de 1813 se poursuivait en Allemagne avec des alternatives de succès et de revers qui
faisaient passer Mme de Staël par des transes pour ce
pays, devenu pour elle, écrivait-elle à Schlegel, le
14 mai, « une espèce de patrie. » L'Angleterre que,
par goût, cette cosmopolite considérait aussi comme

(1) Voir *La belle Paméla*, par J. Turquan et Lucy Ellis. —
Paris, Emile-Paul.
(2) Martine Rémusat, *loc. cit.*

une autre patrie, l'attirant davantage, elle se prépara à y aller. Toujours acharnée au travail et à la gloire, elle avait mis la dernière main à son livre, demeuré inachevé d'ailleurs, *Dix années d'exil*.

XIII. — Mme DE STAËL A LONDRES ET A PARIS
(1813-1815). — SA MORT.

C'est dans les premiers jours de juin 1813 que
Mme de Staël arriva à Londres avec son nouveau
mari et ses enfants. Sa présence y excita la plus vive
curiosité. Elle sollicita naturellement l'honneur d'ê-
tre reçue à la Cour ; rongée d'orgueil, il lui faut à
tout prix faire parler d'elle : « Le Prince-Régent, dit-
elle, la Reine, la duchesse d'York ont été très bien
pour moi ; je n'ai pas encore osé voir la princesse de
Galles. » (1). Parmi ses nombreuses relations qui,
toutes, lui firent bon accueil, elle retrouva cette
charmante Miss Berry avec laquelle elle s'était liée
d'amitié en Italie et en Suède avant son mariage.
Elles se virent souvent. « Elle nous a beaucoup amu-
sés, écrivait Miss Berry, par ses idées sur la société
anglaise. Elle en sera bientôt dégoûtée, je l'ai tou-

(1) *Lettres inédites de Mme de Staël à Meister.* — La princesse
de Galles était alors en froid avec son mari, le Prince Régent.
Quant à Mme de Staël, la révolutionnaire du 18 fructidor ne
haïssait pas d'aller faire ses courbettes aux têtes couronnées : à
Weimar, à Berlin, à Vienne, à Pétersbourg, à Stockholm, à
Londres, à Paris... Elle était fière ensuite de raconter, dans ses
conversations, les politesses qui lui avaient été faites.

jours prédit. » Elle avait prédit juste : un mois ne
s'était pas écoulé que Mme de Staël écrivait à Schlegel : « Londres, ce 2 juillet 1813. — «... On m'a
reçue comme une princesse ; mais c'est une telle
foule, une telle quantité de femmes, une si grande
monotonie de société, que cela m'étourdit plus que
cela m'amuse. Enfin, je suis triste et découragée...
Il n'y en a pas moins ici la plus grande appréciation du mérite. » Modeste, Mme de Staël continuait à
l'être, mais à sa façon : « Elle nous a parlé pendant
près d'une heure, écrivait Miss Berry le 19 août, des
ouvrages qu'elle compte écrire : trois seront publiés
avant sa mort et un après. Elle raconte tout cela en
détail et avec un flot de paroles vraiment amusant. »
Quand on découvre un tic ou un travers chez une
personne, c'est toujours ce défaut qui saute aux
yeux lorsqu'on se trouve avec elle. Le besoin de parler est le grand travers de Mme de Staël : « Ladite
Staël est encore à Richmond, écrit Miss Berry non
sans sourire, et elle y restera jusqu'à la fin du mois;
alors son torrent de mots et d'idées ne suivra pas le
cours de la Tamise, mais prendra sa course du côté
de Londres, ensuite vers Lord Lansdowne, ensuite
en Staffordshire, puis à la Nouvelle-Zemble et Dieu
sait où. »

Miss Berry appréciait Mme de Staël mais ne l'admirait pas *en bloc* : ce n'est pas sans une petite pointe
de malice qu'elle écrivait le 25 novembre : « La
Staël a quitté Richmond... et où elle est, il faut qu'il
y ait du monde, même si on doit le chercher à plus
de dix lieues *à la ronde* (*en français dans le texte*).
Mme de Staël a été constamment en ville, donnant

des dîners et des soirées agréables à deux ou trois
femmes et à une demi-douzaine d'hommes dont *elle
se charge toute seule (en français dans le texte)*. Elle
est toujours amusante, et moi, qui la connais tant et
si bien, j'ajoute qu'elle est toujours de même humeur et jamais méchante... » Et quinze jours
après : « Nous avons dîné chez Lord Stafford avec
Mme de Staël, son fils... Pendant le dîner, la conversation était un peu molle, Mme de Staël n'était pas
encore excitée à causer. Il me semble qu'il ne lui
manquait que cela pour être aussi brillante que de
coutume, bien qu'elle eût reçu aujourd'hui la nouvelle de la mort du comte Louis de Narbonne. Il
faut reconnaître qu'on ne peut perdre plus gaiement
un ancien amoureux, comme on disait de Charles
VII et de son royaume. » (1).

On a, par ces lettres, une idée de la façon dont
Mme de Staël passait son temps à Londres : toutes
les heures qu'elle ne donnait pas au travail — elle
écrivait ses *Considérations sur la Révolution* et faisait imprimer son ouvrage *De l'Allemagne* qu'elle
publia en octobre — elle les donnait à la vie mondaine : elle était très flattée des hommages qu'elle
recevait de toutes parts : le duc de Berry lui-même,
qui la recevait à Londres, avait la courtoisie de s'y
associer : nous ne savons si c'est à lui qu'elle entendit prononcer, un peu ironiquement, qu'il fallait
compter avec trois puissances en Europe : l'Angleterre, la Russie et Mme de Staël ! C'était plus qu'exa-

(1) *Voyages de Miss Berry à Paris.* Traduction de Mme la duchesse de Broglie).

géré, mais non à ses yeux : elle regardait ces compliments comme dus et ne pouvait s'en passer.

Un deuil bien cruel la frappa à cette époque. Son fils Albert qui, malgré elle, avait pris du service dans l'armée russe, fut tué dans un duel avec un officier de cosaques. Sismondi en parle, le 5 septembre 1813, dans une lettre à la comtesse d'Albany : « Vous avez vu par les gazettes la mort du fils de mon amie... On sait qu'elle a bien supporté cette peine, trop bien, même. » Mme Rilliet-Huber donne à peu près la même note : « Vous avez su, écrit-elle à Meister, la mort déplorable de ce pauvre Albert. Il avait sans doute une mauvaise tête... Mme de Staël est bonne mère ; elle aura du chagrin par instinct, mais tout ce qu'il y a en elle de faculté qui lui sert à juger, aidera à sa consolation. » Même son de cloche chez lord Byron. « Comme Mme de Staël, dit-il, ressemble à toutes les mères, elle fera comme elles : mais j'ose prétendre qu'elle fera ce que peu de mères feraient dans le même cas : elle écrira un *Essai* sur la mort de son fils. Elle ne peut vivre sans une douleur et a besoin de témoins pour voir ou comprendre comme la douleur lui sied bien. » Mme de Staël ne met pas plus son cœur en berne pour la mort de son fils, qu'elle ne l'avait mis pour la mort de M. de Narbonne, pour celle de son père, de sa mère, de son mari... M. de Rehausen, ministre de Suède à Londres, faisait chorus avec tout ce monde : « Le chagrin que Mme de Staël a éprouvé de la perte de son fils, écrivait-il le 17 août, est bien diminué. La politique paraît amortir chez elle tous les sentiments qu'elle n'éveille pas. Elle en est fort occupée, ainsi que de l'excellent accueil qu'elle a reçu ici. » (1).

Il fallait appuyer de témoignages cette étrange faculté, chez un cœur de mère, de trouver si aisément un dérivatif à sa douleur dans la politique, comme dans les succès de parole et de salon. Elle avait, en effet, provoqué un grand enthousiasme, mais formé de deux sentiments distincts : sympathie, parce qu'elle était en guerre déclarée avec Napoléon ; animosité, comme on en éprouverait devant un phénomène non désirable de la nature. On était écrasé sous ses éruptions d'éloquence : les hommes semblaient dire : « Elle est étonnante, mais je serais bien désolé que ma femme lui ressemblât. » Lord Byron écrivait : « C'est une femme à part ; elle a fait intellectuellement plus que toutes les autres ; elle aurait dû être homme... Ses livres font mes délices, ainsi qu'elle-même, mais pour une demi-heure seulement. »

Mme de Staël était heureuse : c'était bien la gloire, la gloire rêvée. Mais, écrivait Mme Rilliet-Huber à Meister, « reste à savoir si la suite répondra au début et si la distance des habitudes anglaises avec les siennes ne produira pas bientôt des refroidissements. J'ai toujours pensé que Mme de Staël n'était pas faite pour l'Angleterre, qu'elle finirait par s'y ennuyer... » Si Mme de Staël avait entendu ce qui se chuchotait au salon et se disait librement ailleurs,

(1) Lettre inédite, communiquée par M. le professeur R. Lonnerberg de Stockholm.

cela eût refroidi son enthousiasme et l'eût engagée
à se montrer plus modeste. Echo des salons, M. de
Rehausen, en effet, mandait à son ministre à Stockholm : «... Mille anecdotes et bons mots, tous mis
sur son compte, courent la ville de Londres. On lui
prête le mot suivant sur ses deux fils : « L'aîné est
une bête, il ressemble à son père. C'était autre chose
avec le cadet : j'avais pris mes précautions. » (1).
Ces mots montrent que tout le monde ne la prenait
pas au sérieux.

Ces sortes de femmes, lassantes par des prétentions à une supériorité qui ne connaît pas la discrétion et les absorbe au point de les faire tomber, sans
qu'elles s'en aperçoivent dans la vulgarité, ne sont
que des amoureuses de l'amour, de la renommée et
d'elles-mêmes : mari, amants, enfants, rien ne
compte quand ils ne peuvent plus leur servir. Glou-
tonnes de gloire, de plaisirs, de sensations violentes,
elles ne songent qu'à leurs succès. Elles ne daigne-
raient pas s'abaisser au doux rôle d'une épouse, faisant le bonheur de son mari ; de mère dirigeant
bien l'éducation de ses enfants ; de femme d'intérieur rendant agréable sa maison par son amabilité.
C'est là pourtant le vrai rôle de toute femme d'esprit et de cœur, c'est là sa gloire ; et ce n'est qu'en
le remplissant qu'elle donne et trouve le bonheur.

Mme de Staël cherchait exclusivement le sien dans
la politique, et M. de Rehausen écrivait : « Je fais
tout ce qui n'est pas contraire à mon devoir pour
satisfaire son immense besoin de nouvelles et de pro-

______

(1) Lettre inédite communiquée par M. R. Lonnerberg.

pos politiques. Elle réside à présent, Dieu soit loué !
à la campagne. » (1).

M. de Rehausen la fuyait tant qu'il pouvait, parce
que, à Londres, elle s'était mise en relation avec le
parti d'opposition qui désirait la paix avec la France. Elle était devenue par là un hôte gênant pour
le ministre de Suède. Comme la Suède était, à ce
moment, sur le point de rompre avec la France,
M. de Rehausen mande de Londres à Stockholm :
« Après toutes les injures de l'opposition contre
nous au sujet de la Norvège, il est curieux que
l'admiratrice du prince royal cherche ses amis parmi ceux qui l'ont attaqué le plus violemment. »

Il ne se passa pas longtemps d'ailleurs avant que
le ministre de Suède et celui de Russie à Londres
se vissent obligés de s'éloigner de Mme de Staël et de
sa société : « Elle s'y est prononcée publiquement
contre l'empereur de Russie et est allée jusqu'à s'api-
toyer sur la France, sur l'état critique de l'armée et
de Napoléon. Je l'évite, elle me persécute pour que
je l'instruise de tout ce qui se passe, et comme le
gouvernement connaît déjà ses liaisons avec le parti

(1) Inédite. — Le 5 avril 1812, Bernadotte, mauvais Français,
mais bon Suédois, avait traité avec l'empereur Alexandre pour
que celui-ci l'aidât militairement à conquérir la Norvège sur le
Danemark, allié de la France. Ce traité devait demeurer secret.
Le prince de Suède avait alors (juillet 1812) fait la paix avec
l'Angleterre et fortifié son accord avec Alexandre dans l'entrevue
d'Abo. Il cherchait maintenant à obtenir du gouvernement
britannique qu'il reconnût les conventions faites avec Alexandre
au sujet de la Norvège et lui accordât un subside de 25 millions
de francs.

de l'opposition, j'ai peur qu'elle ne me cite, quoique je sois autant que possible sur mes gardes. » (1).

Tout en s'occupant de la politique générale européenne, Mme de Staël n'oubliait pas sa petite politique de famille. Elle écrivait de Londres à M. d'Engeström : « Vous n'avez peut-être pas oublié, Monsieur le comte, que vous avez bien voulu me faire espérer que vous obtiendrez du roi la clef de chambellan pour mon fils. — Le prince lui a promis qu'il serait conseiller d'ambassade à Paris ; c'est le moment où votre bonté pourrait lui être utile. J'ose la solliciter ; vous avez une mission très difficile, mais dont l'importance est telle que depuis l'existence de la Suède, il n'en est point qui doive tenir un tel rang dans l'histoire. Votre esprit de conciliation et la fermeté de votre caractère réunis sont tout à fait adaptés à la circonstance, — J'ai travaillé ici l'opinion tant que je l'ai pu du côté de l'opposition, car le ministre est très bien, mais il est dans la nature politique de ce pays que l'on s'oppose toujours quoi qu'on pense. » (2).

Tout en sollicitant la clef de chambellan pour son fils, Mme de Staël ne s'apercevait pas qu'elle était trop ambitieuse en demandant de plus pour lui le poste de conseiller d'ambassade à Paris. Elle obtint cependant qu'il n'allât pas en Amérique, où il était nommé attaché à la légation de Suède. Mais le prince héritier ayant rappelé son ministre à Paris et renvoyé de Stockholm avec éclat le chargé d'affaires de

---

(1, 2) Rehausen, 4 novembre 1813. — Inédites, communiquées par M. R. Lonnerberg.

France, Mme de Staël réussit à faire envoyer son fils
à la légation de Suède à Londres. M. de Rehausen
l'y regardait un peu comme un espion de sa mère
sous le couvert de son titre officiel suédois.

Les événements extraordinaires qui se dévelop-
paient depuis plus de vingt ans, par le cruel et logique enchaînement des fautes de tout le monde,
l'âge et l'expérience qu'il apporte, mais seulement
à ceux qui sont capables de la saisir, avaient sinon
assagi, du moins modifié peu à peu, chez Mme de
Staël, sa façon de penser en politique. Elle était re-
devenue constitutionnelle à Londres. Elle prévoyait que la France, épuisée d'hommes, serait écra-
sée sous le nombre des Alliés. Elle fut néanmoins
amèrement touchée en apprenant qu'ils avaient
franchi le Rhin. « Elle ne peut supporter, écrit Miss
Berry, ce qu'elle appelle l'humiliation de la marche
des Alliés sur Paris. » Elle souhaite la chute de Napoléon, mais non le retour des Bourbons. Elle a d'autres idées : elle se souvient de son ami, « le plus
grand héros du siècle », l'ancien maréchal Bernadotte, prince de Ponte-Corvo, prince héritier de Suède,
auquel elle a rêvé, à travers deux divorces et un re-
mariage, d'associer sa destinée. Elle écrit à Paris :
« Pourquoi le Sénat ne ferait-il pas appel au prince
de Suède ? Il devrait être le Guillaume III de la
France. » (1). En attendant, elle parle, et plus que jamais : « Une monarchie libérale et une Constitution,
voilà ce qu'il faut à la France... » Elle croit que les

____

(1) Léonce Pingaud. *Bernadotte, Napoléon et les Bourbons,*
p. 286.

beaux jours de 89 vont revenir ; si Necker n'est plus
là pour les lui donner, elle et Bernadotte les feront
briller à nouveau. Que de discours, sur le passé, sur
le présent, sur l'avenir surtout !... Mais les discours
n'ont jamais servi à rien sinon à perdre son temps, à
le faire perdre aux autres et laisser croire aux imbé-
ciles qu'on a fait quelque chose. Chaque soir, chez
elle ou chez des amis, elle parle et ne déparle pas de
toute la soirée : elle réorganise l'Europe, expose des
projets de Constitution...

Que peut-elle faire de plus ? Elle est femme, là-
dessus comme sur d'autres choses; et, dans les grandes circonstances, ces pauvres femmes, que voulez-
vous qu'elles fassent ? Il faut bien qu'elles parlent !

Mais la voilà qui parle moins ; c'est que Londres
lui plaît moins : « Auguste s'ennuie ici, Albertine
aussi, écrit-elle à Schlegel le 8 octobre 1813 ; et moi,
malgré toutes les politesses qu'on me fait, je ne m'a-
muse guères (sic) »... Et le 9 novembre : « Je suis
abîmée de *spleen*... »

Les prévisions de Mme Rilliet-Huber se réalisent.
Mme de Staël veut revenir en France. Elle écrit encore à Schlegel : «... J'admire ce pays ; à quelques
égards je m'y plais : mais il faut en être pour le
préférer à tous les autres ; nos habitudes continen-
tales valent moins, mais nous conviennent mieux. »
Tout comme la Constitution de l'Angleterre convenait mieux aux Anglais qu'aux Français. Mme de
Staël, qui s'en était entichée en 1789, le reconnut-
elle enfin ? Chaque peuple a son caractère, ses
mœurs, ses traditions, qui sont l'œuvre des siècles,
comme il a ses aspirations. Lorsque cette étrangère

s'était mis en tête, en même temps que le duc d'Orléans et sa cour du Palais-Royal, d'imposer à la France la Constitution anglaise, qu'elle connaissait du reste assez mal, elle aurait dû se rappeler ces lignes de Joseph de Maistre, avec qui elle se disputa plus d'une fois sur l'Assemblée de 1789 et sur Necker : « Quand on voit ces prétendus législateurs de France prendre des institutions anglaises sur leur sol natal et les transporter brusquement chez eux, on ne peut s'empêcher de songer à ce général romain qui fit enlever un cadran solaire de Syracuse et vint le placer à Rome sans s'inquiéter de la latitude. »

Barère, le Barère de la Terreur, ne partageait-il pas l'avis du philosophe catholique en écrivant : « Je pensais au 21 juin 1791 comme je pense encore depuis les dernières phases de la Révolution, que la République ne convient pas mieux aux Français que le gouvernement anglais ne convient aux Ottomans. » (1).

Napoléon avait abdiqué : les Bourbons étaient rentrés.

Mme de Staël revint à Paris vers le 12 mai. La crise politique était trop belle pour qu'elle ne cherchât pas à y parader, et au premier plan.

L'Empereur de Russie lui fait visite. La voilà enthousiasmée. De même que Mme de Sévigné avait trouvé Louis XIV un grand roi parce qu'il avait dansé le menuet avec elle, elle écrit le 22 mai à Miss

____

(1) Barère, *Mémoires*, I, 321.

Berry : « Quel homme que cet Empereur de Russie !
Sans lui, nous n'aurions rien qui ressemblât à une
Constitution. Il est à merveille pour moi, il vient
chez moi et il faut que vous soyez assez bonne pour
dire cela négligemment aux Russes afin qu'ils me
respectent. » Ne dit-elle pas cela elle-même négligemment pour être regardée par Miss Berry avec
une considération respectueuse ?

Elle était heureuse de se retrouver dans ce Paris
dont elle a l'ambition d'être la reine et pas seulement intellectuelle. Elle voyait que le régime constitutionnel, son *dada* depuis vingt-cinq ans, s'établis-
sait malgré des tâtonnements ; que la société française tendait à se reconstituer, bien qu'elle écrive le
14 juin 1814 à Miss Berry : « Quant à la société, elle
est encore nulle ; il s'en rassemble quelques débris
chez moi, mais il n'y a point d'ensemble, et je serais
déjà partie pour la Suisse, si je ne cherchais pas à
me faire payer ici le dépôt de mon père, chose pour
laquelle j'obtiens plus de paroles que de faits. » Les
paroles !... Mme de Staël commençait à comprendre
qu'elles ne signifient pas grand'chose.

Elle n'avait encore pris que bien peu l'air de Paris
lorsque, le 25 mai, elle jugea à propos d'aller faire
à l'ex-impératrice Joséphine, qui avait refusé quatre ans auparavant, de la recevoir à Genève, une
visite à la Malmaison. La duchesse de Reggio, qui s'y
était rendue de son côté avec Mme de Sainte-Aulaire,
l'y rencontra. L'impératrice paraissait émue et agi-
tée, tandis que Mme de Staël prenait congé d'elle et
qu'on introduisait Mme Walewska. Quelle coïnci-
dence ! Une maîtresse de l'empereur allant faire

visite à la femme légitime répudiée et se rencontrant chez elle avec la femme qui avait le plus combattu Napoléon parce qu'il avait dédaigné son amour. Mais Joséphine ne laissa pas le temps aux visiteurs de philosopher : « Je sors, dit-elle d'un bien pénible entretien : croiriez-vous qu'entre autres questions qu'il a convenu à Mme de Staël de m'adresser, elle m'a demandé si j'aimais encore l'Empereur !... Elle semblait vouloir analyser l'état de mon âme en présence de cette grande infortune. » Il semble bien, en effet, que Mme de Staël ait voulu, assez indiscrètement, se documenter sur le vif en allant fureter dans les sentiments intimes de celle qu'elle n'avait pu supplanter en 1797 et en 1800.

Cependant la société se reformait peu à peu, reprenant sa place et son rôle dans la vie nationale. La liberté politique était assurée. Aussi Mme de Staël se livrait-elle avec bonheur à son *sport* favori, les discours politiques, même à la Cour, où elle allait souvent : car elle sollicitait le remboursement des deux millions de son père, et, pour l'obtenir, il fallait se montrer... Mais, on le sait, l'intrigue était son fort. Le Roi l'avait reçue avec cette condescendance empressée qu'il montrait pour toutes les personnalités du parti libéral et lui avait laissé espérer un remboursement prochain. Aussi Mme de Staël était-elle retournée à la Cour. Elle aimait ces sphères aristocratiques où ses *talents*, comme elle se plaisait à le dire, étaient toujours, sinon goûtés, du moins appréciés. Et son bonheur était d'y prêcher le libéralisme.

Il y avait des gens pour qui c'était comme une

sorte d'état dans le monde que de détester Mme de
Staël. Dans certains salons du faubourg Saint-Germain, on la rendait responsable de tous les crimes
de la Révolution et on l'accusait de vouloir ramener celle-ci par ses intrigues. C'était assez naturel
depuis le 18 fructidor. Mais elle a déclaré elle-même
qu'elle était « aux antipodes d'un démocrate ». Par-
tageant sur les conventionnels la façon de penser de
Mme Roland, qui les appelle « des pygmées », elle a
écrit, dans ses *Dix années d'exil* : « Quel fléau que la
démocratie française ! » Libérée des superstitions
et idéologies révolutionnaires, elle avait accepté la
monarchie de Louis XVIII parce qu'elle ressemblait
à celle de l'Angleterre et qu'elle n'était hostile ni aux
libéraux, ni aux gens de lettres. Comme on rencontrait chez elle les célébrités de la politique, ses invi-
tations étaient très recherchées. Cependant, Benjamin Constant ne reconnaissait pas sa « minette » de
jadis. Il la trouvait « changée, pâle et maigre ». Au
moral, elle n'était pas non plus la même. S'était-elle
donc assagie ? Ce n'était pas tout à fait cela : « Elle
est changée du tout au tout, écrit-il, elle est
distraite, presque sèche, pensant à elle, écoutant
peu, ne s'intéressant à rien. »

Elle ne s'intéressait plus à lui, c'est certain, mais
seulement à elle-même et à sa propre gloire ; son
air distrait ne tendait qu'à tenir Constant à distance.

Mais elle s'intéressait toujours à la politique, donnant son avis sur toutes choses, sans même qu'on
le lui demandât. C'est ainsi qu'elle aurait écrit en
décembre 1814 à Murat : « Je vous adore non parce
que vous êtes roi, non parce que vous êtes un héros,

mais parce que vous êtes un vrai ami de la liberté. »
Interceptée, cette lettre fut remise au préfet de police, M. Dandré, qui la lui aurait retournée avec ce
mot : « Madame, faites ce que vous voulez, écrivez,
sortez de France, restez-y. On y met si peu d'importance à ce que vous faites, à ce que vous dites, à ce
que vous écrivez, que le gouvernement ne veut pas
s'en occuper. Voilà ce que je suis chargé de vous
dire de la part de Sa Majesté. » (1).

Elle se console de ce disgracieux message en donnant des fêtes.

« Elle faisait les honneurs de son salon, nous rapporte le baron d'Haussez, avec la fierté du génie, le
pédantisme du savoir, le dédain, la supériorité et
ces manières insolentes qu'elle affectait d'employer,
afin sans doute d'attirer plus encore l'attention déjà
si fixée sur elle. » Malgré ses grands airs, on allait
chez elle : elle avait une si grande fortune ! Et puis,
si peu de salons étaient ouverts !

On y causait beaucoup : parlant toujours et n'é-
coutant jamais — est-ce ce qui lui valut sa réputation de causeuse unique ? — Mme de Staël ne causait
ces soirs-là qu'avec peu de personnes. Elle avait parfois le mot piquant. C'est ainsi qu'elle fit à Beugnot
son portrait en deux mots : « Vous, Beugnot, vous
êtes un niais, mais un niais de beaucoup d'esprit. »
On ne pouvait le mieux peindre.

Il y avait aussi des soirées de lecture. Talma lisait
Marie-Stuart, de Lebrun, *Jane Grey*, de la maîtresse
de maison... Il était convenu que ces choses étaient

____

(1) Henry Houssage, 1815, I, 82, note.

amusantes et qu'on n'avait jamais rien fait de si beau. Les lectures alternaient avec la musique : Mlle de Staël jouait de la harpe avec talent et sentiment, et Benjamin Constant, rentré chez lui, notait sur son *Journal intime* : « Albertine est charmante, spirituelle au possible ; que je voudrais passer ma vie avec elle ! » Pauvre Benjamin !

Le salon de Mme de Staël était fort suivi. On y rencontrait non seulement tout Paris, mais aussi toute l'Europe. On y venait malgré ses lacunes de maîtresse de maison. Si Constant ne retrouvait plus en elle la femme de 1794, mais plutôt celle que nous montre M. d'Haussez, c'est que ses prétentions à la philosophie sociale s'étaient accentuées et que, plus que jamais, elle cherchait à s'imposer à ses auditeurs. Le maréchal Marmont, qui la vit beaucoup, a dit qu' « elle a contribué en 1814 à nous jeter dans les voies doctrinaires, où tout était spéculation, idéologie, théorie, incertitude. Malgré son esprit, ajoute-t-il, on pouvait la combattre avec succès par une suite de raisonnements, sa logique peu sévère offrant à son adversaire des points d'attaque faciles à saisir. Il fallait seulement l'empêcher de dénaturer la question, de changer le point de départ, moyen puissant qu'elle savait employer avec succès quand elle était embarrassée. En la réduisant à des raisonnements réguliers et en se mettant en garde contre l'action de son imagination vive, brillante et féconde, on pouvait lui résister et même la vaincre. »

Mme de Staël n'eut pas besoin de mettre toutes ses facultés en batterie pour une visite qu'elle crut devoir faire à la reine Hortense : elle avait la déman-

geaison de frayer avec les têtes couronnées ou dé-
couronnées. La reine répondit à sa demande d'audience, pour elle et pour Mme Récamier, par une invitation à dîner à Saint-Leu. Mlle Cochelet, sa lec-
trice, nous a laissé de Mme de Staël telle qu'elle lui
apparut à ce moment, une esquisse plus juste qu'indulgente : «... Sa figure de mulâtre, sa toilette originale, ses épaules entièrement nues, qui auraient été
belles l'une ou l'autre, mais qui s'accordaient si mal
entre elles... » De part et d'autre on se mit en frais
d'amabilité et la conversation se continua dans une
promenade en voiture à travers le parc. Un peu
étourdie, tandis que Mme de Staël parlait de l'Italie,
Hortense lança : « Vous y êtes donc allée ? » Suffo-
quée par une telle question, Mme de Staël ne sut que
répondre. — « Et *Corinne !* s'écria charitablement
M. de Canouville, qui était de la promenade. —
Ah ! c'est vrai... oui... non... Je la relirai, fit Hortense toute confuse.

On parla liberté de la presse, Constitution, etc.,
sujets bien étrangers à la reine de Hollande. Plaisantant, Mme de Staël dit que ce serait un beau rôle
à jouer que d'aller tourner la tête au Grand Seigneur
et de lui porter une Constitution pour ses Turcs.
C'était peu spirituel pour une femme d'esprit. Elle
eut ensuite la gracieuseté de complimenter Hortense
sur ses romances et, après l'avoir longuement inter-
rogée sur l'empereur : « Pourquoi donc m'en vou-
lait-il tant ? dit-elle ; il ignorait donc à quel point
je l'admirais ?.. » On sait, et elle paraît l'avoir oublié, qu'elle ne le lui avait pas laissé ignorer. « Je
veux aller à l'île d'Elbe, poursuivit-elle, je veux le

voir !... Croyez-vous qu'il me reçoive ? J'étais née
pour admirer cet homme-là, et il m'a repoussée...
Je veux aller m'expliquer avec lui ; on m'a nui dans
son esprit. »

L'occasion de s'expliquer avec lui n'allait pas
tarder à se présenter ; mais, le moment venu, ni
l'un ni l'autre ne s'en soucia.

Depuis quelques années, Mme de Staël s'occupait
d'un établissement pour sa fille. Plusieurs projets
avaient été examinés et son choix s'était arrêté sur
un certain comte Baudissin, secrétaire de légation
au service du Danemark. Elle poussait Schlegel,
alors au quartier général des Alliés, à s'en occuper
et ne lui écrivait pas une lettre sans dire : « Soignez
Baudissin. » Mais le projet fut mis de côté.

Un autre, en janvier 1815, auquel elle songeait
depuis longtemps, fut remis sur le tapis. Il s'agissait du duc de Broglie. C'était un jeune homme fort
instruit, d'un caractère sérieux, pondéré, libéral
comme on l'est volontiers à son âge, et qui semblait
appelé à une brillante carrière diplomatique ou politique. Mais les négociations traînaient... Mme de
Staël avait beau s'informer auprès de Meister des
formalités exigées en Suisse pour mariages entre
catholiques et protestants, elle lui écrivait le 25 avril
1815 : « Si, ce qui est douteux, le mariage se fait... »
Mlle de Staël était pourtant un bien brillant parti :
écoutez ce que dit Sismondi : « Mme de Staël donne
à sa fille, si elle n'est pas payée [des deux millions]
400.000 francs, et elle en ajoute 200.000 si elle est
payée... »

Les événements allaient retarder ce mariage.

Bien qu'elle fût très fatiguée par une vie trop active, par ses constantes réceptions et sorties, la lecture des gazettes et brochures, Mme de Staël continuait à user dans les salons quelques restes de passions inassouvies ; elle y pérorait, dogmatisait, et « faisait rage constitutionnelle » au château de Clichy où elle donnait à souper aux libéraux trois fois par semaine. Tout à coup elle apprend que Napoléon est en France !... Elle habitait alors au Marais le rez-de-chaussée de l'ancien hôtel de Lamoignon, en face de l'hôtel Carnavalet. M. de Lavalette en occupait une partie. Mme de Staël le fait prier de la venir voir. C'était le 6 mars. Dans les grandes circonstances, Mme de Staël avait toujours quelques phrases à placer et, bon gré mal gré, il fallait qu'elles sortissent. « Eh bien, dit-elle en allant au-devant de lui les bras croisés sur la poitrine et d'une voix émue mais éclatante ; eh bien, Monsieur, le voilà de retour ! » Et elle acheva son discours ainsi : « Si Napoléon triomphe, c'en est fait de la liberté ; s'il succombe devant l'Europe, c'en est fait de l'indépendance nationale. »

La prophétie paraissait juste ; mais la diplomatie française, qui ne fut jamais si brillante que sous la Restauration, sut la démentir et, quoique la France eût été vaincue, la sagesse du gouvernement répara plus vite qu'on n'eût pu l'espérer les malheurs causés par le retour de Napoléon.

Mme de Staël invita Lavalette, en cas de besoin, à venir chercher asile à Coppet et se disposa elle-même à s'y rendre. Mais, avant de partir, elle donna une réunion de plus de huit cents personnes, avec concert et souper, et se montra plus éloquente que jamais. Les invités, d'ailleurs, paraissaient bien tranquilles sur la prochaine et immanquable arrestation de Napoléon qu'on savait pourtant déjà aux portes de Lyon. Sa fête terminée, Mme de Staël avait eu le temps, avant de monter en voiture, le 11 mars au matin, d'écrire un discours dont M. Lainé fit le canevas et que, a-t-on dit, Louis XVIII prononça à la Chambre le 16 mars, jour où il prêta serment à la Charte.

M. de Lavalette parla de Mme de Staël à l'Empereur qui parut contrarié de son éloignement. Il ajoute, dans ses *Mémoires*, avoir entendu dire que quelques démarches avaient été faites pour la rappeler. Est-ce bien sûr ? Ne fait-il pas allusion à ce bruit rapporté par le duc de Rovigo ? « Mme de Staël essaya d'ouvrir une correspondance avec Napoléon, mais elle rencontra les mêmes répugnances que précédemment ; néanmoins elle ne se rebuta pas et comme elle voulait de l'importance partout, elle adressa ses lettres au roi Joseph. L'Empereur les lisait, mais ne voulut jamais permettre qu'elles lui fussent adressées directement. » (1).

Indépendamment de ce qu'elle trouvait tout naturel à elle de gouverner la France et l'Europe, pourquoi Mme de Staël voulait-elle correspondre avec Napoléon ? Parce que c'était lui qui maintenant représentait la Révolution : n'avait-il pas parlé déjà de « lanterner les aristocrates ? » Et elle se flattait de l'aiguiller vers les principes de 89 et de l'y main-

____

(1) Duc de Rovigo, *Mémoires*, VIII, 289.

tenir. C'était le plan de campagne du parti dit
« libéral » qui, sous la conduite de Benjamin Constant arrivé à Paris dans la voiture d'un prince prussien, se groupait derrière le plus autoritaire des
despotes. C'était là le mobile de la correspondance
politique que Mme de Staël essaya d'amorcer avec
Napoléon, joint au désir d'obtenir enfin le remboursement de ses deux millions. Le retour de l'île d'Elbe
le compromettait fort. Les ennemis de Mme de Staël
et les courtisans de l'empereur firent courir un bruit
enregistré par la reine Catherine dans son *Journal* :
« Lors des Cent-Jours, Mme de Staël pria l'Empereur
de lui payer les deux millions que les Bourbons lui
avaient accordés et même décrétés au moment de la
rentrée de l'Empereur en France, en lui écrivant
que sa plume lui serait à jamais gagnée, s'il les lui
accordait. L'Empereur lui fit répondre que, quoiqu'il sentît le prix qu'avait sa plume, son trésor
n'était pas assez bien fourni pour la payer aussi
cher. » (1). C'était dénaturer la question en en faus-
sant le point de départ : le payement d'une dette ne
peut pas plus être une faveur que le prix d'une défaillance. Assurément Mme de Staël avait été très contrariée du retour de Napoléon, en dehors de tout
esprit de parti, au double point de vue de sa créance
compromise, et du mariage de sa fille ajourné et
Sismondi le manda à Mme d'Albany.

Benjamin Constant, dont le manque d'ordre et
le jeu avaient fait un besogneux et le manque de
caractère une girouette, et pas seulement en politi-

(1) *Mémoires du roi Jérôme.* VII, 318.

que, avait emprunté en 1814 une somme de vingt mille francs à Mme de Staël. Il fut quelque temps sans les lui rendre, mais pendant toute la durée de sa dette, redoublait envers elle d'amabilités et d'attentions galantes. Un jour qu'il lui vantait ses beaux yeux : « On m'en a souvent dit autant, répliqua-t-elle peu charitablement, mais à meilleur marché. »

Est-ce cette réponse et ses finances embarrassées qui poussèrent Constant à accepter, sinon à solliciter un siège au Conseil d'Etat ? Un traitement de 36.000 francs y était attaché. Quoi qu'il en soit, s'il y eut des gens pour s'étonner de la volte-face subite du républicain Constant, ce ne fut pas Mme de Staël. On ne peut le croire lorsqu'on lit, dans le *Journal intime*, à cette date : « J'ai une lettre furieuse de Mme de Staël. Je l'attends et je l'écrase. J'ai ce qu'il faut pour cela. »

C'est que les sentiments politiques de Mme de Staël s'étaient modifiés depuis le retour de Napoléon. Elle correspondait avec lui, de Coppet, par l'intermédiaire de son frère Joseph. Elle se prononçait pour le Napoléon de l'*Acte additionnel*. Voyant la guerre imminente, et se croyant assez d'influence pour empêcher l'Angleterre d'entrer dans la coalition européenne, elle envoya à M. Quintin Craufurd, ancien ministre des Etats-Unis à Paris, une lettre qu'il se chargea de remettre à Lord Castlereagh, et où se voit son opinion politique du moment. M. Craufurd put passer en Angleterre et s'acquitter de sa mission. De Londres, il écrivit à Lord Castlereagh : « Jermyn Street, april 29, 1815. — My Lord, je vous ai envoyé il y a quelque temps des lettres que j'avais reçues de Mme de Staël... Celle que je vous envoie ci-inclus... parle comme si Buonaparte regagnait son importance d'autrefois et qu'il lui fût possible de faire la guerre, une guerre nationale... » (1).

L'authenticité de cette lettre, non signée comme beaucoup d'autres de Mme de Staël, **a été contestée** par Mme Lenormand (2) qui veut démontrer que Mme de Staël ne se rallia pas un instant à Napoléon : il est prouvé qu'elle envoya pendant les Cent Jours son fils Auguste aux Tuileries et qu'il fut reçu avec la plus grande bienveillance par l'empereur. Elle adressa de plus une correspondance à Napoléon par l'entremise de Joseph. Elle pensait que si la guerre se rallumait, les libéraux devaient se grouper autour de Napoléon, seul chef militaire capable de faire tête à une nouvelle coalition et de défendre l'indépendance de la France, tandis que les véritables amis de la liberté, comme le jeune philosophe Jouffroy et la jeunesse studieuse s'étaient jetés dans les rangs des volontaires royaux.

De son côté, Napoléon qui ne demandait pas mieux que de se l'attacher et, avec elle, le parti libéral, avait promis à Auguste de Staël le remboursement des deux millions dès que les circonstances le permettraient. Aussi travaillait-elle avec ardeur au maintien de la paix.

Son séjour à Coppet fut attristé par l'état de santé de son mari. Sur l'avis des médecins, elle l'emmena

---

(1) *Correspondence, despatches and other papers of Viscount Castlereagh, edited by his Brothers.* X, 335.
(2) *Coppet et Weimar,* 290-300.

en Italie. C'est là que se fit le mariage de Mlle de Staël
et du duc de Broglie. Il fut célébré à Pise, au mois
de février 1816, et le reste de l'hiver se passa à Florence.

Ce voyage en Italie fit quelque bien à M. Rocca, et
après un repos à Coppet on rentra en septembre à
Paris.

Les événements avaient amené des sentiments
contradictoires chez Mme de Staël. L'inaptitude du
parti royaliste émigré à comprendre les leçons des
événements, se traduisant par de l'intolérance, lui
fait hausser les épaules de mépris. Et pourtant il lui
faut ménager ce parti qui a toujours son influence
auprès du Roi et ménager aussi celui-ci : elle n'est
pas encore payée de ses deux millions.

D'un autre côté, il ne faut pas mécontenter les
bonapartistes, qui se disent libéraux, et ne pas trop
laisser paraître des sentiments qui ont plus d'une
fois changé pour leur idole qu'elle a contribué à
abattre. Elle ne se permet à leur égard qu'une bien
légère épigramme en disant d'eux et aussi des ultra-
royalistes qu'ils « entraient dans la Charte comme
les Grecs dans le cheval de Troie ». Elle savait de
plus que les dévoués de l'Empereur ne lui pardonnaient pas ce mot qu'on lui prêtait : « Vraiment,
je ne le comprends plus, je l'avais toujours regardé
comme un grand homme. » Plus tard, elle ne parla
plus de Napoléon que dans l'intimité ; dès qu'il y
avait plus de dix ou quinze personnes, sa générosité
de cœur se refusait à accabler celui qui ne pouvait
plus se défendre : il était malheureux, sa querelle
avec lui était donc liquidée. « Je ne l'aime pas plus,

dit-elle un jour, mais je me croirais moi-même humiliée si je parlais contre lui pour prêcher une croisade qui ne pourrait plus être dirigée que contre une espérance, seul bien du malheureux. Une telle conduite serait celle d'un bien mauvais cœur. »

On peut suspecter la sincérité de ces paroles, car la duchesse d'Abrantès a dit que « Mme de Staël ne résista pas au bonheur de frapper le colosse abattu : il fallait bien qu'elle fût femme par quelque côté ».

Elle reconstitua son salon, dispersé par les événements de 1815. Ses vieux amis sont les premiers à revenir : ils prévoient que, dans la période de reconstruction qui s'ouvre, ce salon pourra prendre une influence décisive. Indépendamment du duc de Broglie qui, par l'élévation de son caractère, par le cœur et son esprit si distingué est le noyau — on peut même dire le chef — de toutes les intelligences qui se groupent autour de Mme de Staël, on rencontrait Camille Jordan, Guizot et sa remarquable jeune femme Pauline de Meulan, de Barante, Villemain, auxquels se sont joints les deux frères Périer (Auguste et Casimir), Royer-Collard, l'illustre général Foy, premier orateur de son temps, le général Sebastiani, M. Dumont de Genève, M. Germain, Chateaubriand, le duc de Wellington... On y voyait de plus défiler tout l'armorial de France, cette noblesse que la maîtresse de maison avait tant contribué à faire exporter à l'étranger et qui revenait après un quart de siècle d'exil. Benjamin Constant se tenait un peu à l'écart, soit qu'il se sentît peu désiré ou démonétisé pour son éclatante adhésion au gouvernement impérial des Cent-Jours, soit à cause de son amour malheureux pour Mme Récamier.

Mme de Staël subissait trop, par lui, par Wellington, par M. Schlegel, l'influence des Alliés : elle ne disait mot contre l'installation de la Prusse sur la rive gauche du Rhin ; elle ne voyait pas qu'elle s'était trompée, dans son livre *De l'Allemagne*, sur la nature et le caractère de ses habitants ; elle semblait ignorer les atrocités auxquelles ils se livraient journellement dans nos régions occupées et elle trouvait bien que Schlegel prêchât la haine de la France à l'Université de Bonn. Elle voulait garder l'illusion d'une Allemagne idéaliste et d'une France matérialiste, tant elle était pétrie des idées de Schlegel !

En dépit d'une vie toute de représentation au dehors et chez elle, épuisante quand on songe à tout ce qu'il lui fallait lire et entendre pour discourir avec quelque apparence de compétence sur toutes questions, elle avait terminé, en y jetant les dernières et brillantes flammes de cet esprit qui allait bientôt s'éteindre, son grand ouvrage des *Considérations*. Elle avait été aidée par Benjamin Constant, surtout dans son troisième volume. L'ouvrage ne fut publié qu'après sa mort, revu par son fils Auguste et par le duc de Broglie. C'est son meilleur : elle y a concentré toutes ses facultés d'observation, son expérience de la nature humaine, des gouvernements et de la politique. Plein de nouveauté quand il parut, il a vieilli, comme vieillit tout ce qui est mode, en littérature, en politique et en tout. Il exigea bien du travail : il lui fallut y mettre beaucoup d'elle-même, et c'est ce qui la mit au tombeau. Car, malgré un état de fatigue générale, elle se prodiguait trop. Stendhal a ouï conter qu'au nombre des fatigues qui hâtèrent la fin de celle que lord Byron a appelée « le premier écrivain féminin de notre âge et peut-être de tous les âges », fut surtout le travail de la conversation pendant son dernier hiver. Elle continuait à recevoir, se traînait dans le monde parisien et dans les salons. C'était son champ de bataille : elle y devait tomber, frappée à mort. Au mois de février 1817, se rendant à une fête chez M. Decazes, ministre de la police, elle se trouva mal en arrivant en haut de l'escalier. Ramenée chez elle, ne se remettant pas, elle ne voulut cependant pas renoncer à voir ses amis. Mais, ses forces déclinant, il lui fallut en restreindre le cercle. Ses jambes étaient maintenant complètement paralysées. « J'ai dîné hier chez Mme de Staël, écrivait M. de Barante à sa femme le 13 juin. Il devait y avoir beaucoup de monde. On a dû tout décommander parce qu'elle était trop souffrante. Elle l'est cruellement et en même temps découragée, révoltée, profondément épouvantée de son état... »

Pendant ce temps, la duchesse de Broglie accouchait de sa petite Pauline, la future comtesse d'Haussonville. Elle fut s'établir auprès de sa mère dès qu'elle le put. « Albertine est admirable de tendresse et de soins », mandait encore M. de Barante à sa femme. Mais tout soin demeurait impuissant et la pauvre malade sentait le mal, en dépit de certaines améliorations qui ne se maintenaient pas, suivre son implacable cours. M. Rocca, « maigre et

noir à faire peur », et dont la santé était aussi irré-
médiablement perdue, avec « sa voix tout à fait poi-
trinaire » était là également. « Quand je le vois arriver le matin auprès de mon lit, disait Mme de Staël
en ses derniers jours, il me semble que je vais
mieux et que je vais me lever ; je me mire dans ses
yeux et là je vois de l'amour et le besoin qu'il a de
mon cœur. Alors, je veux vivre, puisque ma vie est
nécessaire à celle d'un autre. »

C'est dans une de ces journées de répit, les dernières, Mme de Staël le sentait bien, qu'elle déclara
au duc et à la duchesse de Broglie son mariage avec
M. Rocca. Quels que fussent leurs sentiments intimes, tous deux se montrèrent fort bons pour le fils
né de cette union et leur conduite envers lui fut toujours des plus fraternelles.

Benjamin Constant, qui allait être pendant la Restauration l'oracle des libéraux, n'avait pas négligé
de venir faire acte de présence auprès de la malade.
Mais, a dit M. de Barante, « il était plus occupé de
ses brochures, que des souffrances et du déclin de
notre amie. » Mais, à Londres, celle-ci ne s'était-elle
pas montrée plus soucieuse de ses succès de conversation que de la mort de M. de Narbonne ? Avait-
elle beaucoup souffert de la fin de son fils Albert ?
Et auparavant, de celle de sa propre mère, Mme
Necker ?

Elle s'éteignait... Comme chez toutes les aimables
pécheresses de son temps, l'heure du repentir arrivait. Déjà, à plus d'une reprise, ses lettres ont montré qu'elle était gagnée de temps à autre par une
sorte de religiosité vague qui la berçait en ses heu-

res d'ennui ou de tristesse. Mais elle voyait approcher avec terreur le jour où il lui faudrait renoncer à briller et à faire parler d'elle ; et comme elle ne concevait rien en dehors de la vie mondaine et de sa royauté de salon, le désespoir d'être un jour obligée de dire adieu à tout cela, devait la jeter dans le mysticisme. M. Hess l'avait prédit à son oncle, M. Henri Mesteir, et M. Schlegel, devenu catholique, avait travaillé de son mieux à la réalisation de cette prédiction. Mme de Staël elle-même, confirma ce diagnostic dans une lettre du 18 novembre 1808 à Meister : «... En avançant dans la vie, dit-elle, l'âme s'épure et se dégage de tout ce qui est égoïsme pour mieux pénétrer dans les vérités éternelles. » Sa pauvre âme mit quelque temps à « s'épurer », car la frivolité mondaine la reprenait après chaque velléité de retour aux vérités éternelles. A présent, son heure était proche. Désillusionnée de la philosophie et de la perfectibilité, abjurant un passé dont elle se sentait peu à peu moins fière, un demi-jour, puis la lumière complète se fit dans sa nuit qu'elle avait crue si lumineuse. Elle se préparait à la mort et l'on voyait cette pauvre malade, ce demi-cadavre s'absorber en de graves méditations, en de pieuses lectures et en prières. Elle récitait le *Pater*. « Pendant ses accès de chagrin, rapporte Mme Necker de Saussure, elle lisait souvent Fénelon, trouvant chez cet auteur une connaissance admirable des peines de l'âme. *L'Imitation de Jésus-Christ*, qui ne lui avait pas plu d'abord, était aussi une ressource pour elle... » Il lui avait fallu la souffrance pour la comprendre : alors, elle lui plut ; alors elle saisit la profonde vérité de ces mots : « Celui qui n'a pas souffert, que sait-il ? » Car qu'était-ce que ce qu'elle avait jusqu'alors pris pour des souffrances ?... Elle voulait vivre pour racheter son passé, mais Dieu ne lui accorda pas un sursis d'appel. La veille de sa mort — nous empruntons aux *Souvenirs de la comtesse de Sainte-Aulaire* le récit de ses derniers moments — « elle s'était fait porter dans son jardin. Elle y reçut le roi actuel, alors duc d'Orléans, et l'entretint avec une lucidité d'esprit, une vivacité qui rendirent un peu d'espoir à ses amis. A neuf heures du soir, elle dit à sa fidèle amie Fanny Randall : « Faites coucher Albertine et dormez vous-même, car je sens que je vais dormir profondément. » Ce mot fit tressaillir Fanny. Mme de Staël la comprit et ajouta en souriant : « Non, vous êtes une enfant, je voulais dire profondément, comme une grosse paysanne. » Ce furent ses dernières paroles (1). » Fanny fut dormir dans le salon à côté, Mme de Broglie prit place sur une chaise, près du lit; peu à peu elle s'endormit, la tête appuyée sur les pieds de sa mère. Vers trois heures du matin, elle fut éveillée, à ce qu'elle croit, par la cessation subite du faible bruit de la respiration. Son effroi fut si grand qu'elle n'osa regarder, et fut, en tremblant, chercher Fanny. Celle-ci accourut. Son premier regard lui apprit que tout était fini. M. de Staël, qui veillait dans une chambre voisine prit un miroir et le posa sur la bouche de sa mère ; aucun souffle ne

---

(1) « Je tiens ces détails de Mlle Randall elle-même ». (*Note de la comtesse de Sainte-Aulaire*).

ternit la glace. Le 16, M. de Staël était en route pour conduire à Coppet les restes de sa mère. Mme de Broglie y arriva quelques jours avant la triste cérémonie qui réunit dans une même enceinte M. Necker, sa femme et leur fille. Dix ans plus tard, le fils qui l'y avait déposée, y fut déposé lui-même a leurs pieds. »

M. Rocca s'en alla six mois après sa femme et fut enterré où il mourut, à Hyères.

La marquise de Montcalm, sœur du duc de Richelieu, écrivit au baron Hyde de Neuville à propos de la mort de Mme de Staël : « C'est une femme pour laquelle on a été bien sévère ; la passion de la célébrité avait donné l'essor à bien des défauts et bien des ridicules qui ne devaient pas faire oublier ses qualités et ses talents ; je l'avais à peine vue, mais je suis bien certaine que si elle avait eu pour la politique la même aversion que moi, elle se serait épargné bien de travers. »

Ce jugement, porté par l'une des femmes les plus distinguées de la Restauration, est le bon sens même.. Celui du peuple fut moins bienveillant : nous l'avons par M. Joubert, l'aimable ami de Chateaubriand et de Mme de Beaumont qui nous a en même temps donné le sien quand il écrivit le 21 juillet 1817, une semaine après la mort de Mme de Staël, à Mme de Vintimille : «... Heureusement, le cœur vit toujours, mais il ne vit guère tout entier que pour vous, et peut-être aussi pour Mme de Staël, que je n'ai jamais vue, que j'ai mille fois évitée, qui me paraissait un être fatal et funeste, dont la mort me paraît un bien et m'attriste cependant, quand je vois l'indifférence avec laquelle ses amis mêmes ont vu descendre au tombeau cette femme encore si vivante et qu'on avait si longtemps fêtée ! Je me suis informé de toutes parts ; il n'y a pas eu d'exprimé un seul véritable regret, son quartier même l'a maudite, je ne sais pourquoi. Benjamin Constant a vu pendant deux heures M. Frisell, le jour de sa mort, sans lui en parler. Quand celui-ci lui en a fait des reproches, quelques jours après, il lui a répondu : « Je croyais que vous le saviez. » (1). Le jour des louanges a été déplacé pour elle ; elle en avait reçu dans sa vie, il n'y en a point eu au delà. Cette infortune d'une telle célébrité m'a navré véritablement ; et quand j'ai vu que personne ne voulait penser à cette pauvre femme, je me suis mis à y penser tout seul et à regretter avec une amertume inconsolable, le mauvais emploi qu'elle a fait de tant d'esprit, de tant de force et de tant de bonté... »

Oui, elle a été égoïste, mais en même temps elle a été bonne, très bonne même ; elle a sauvé des vies humaines, elle a sauvé de la misère des émigrés qui n'avaient plus un morceau de pain à se mettre sous la dent ; elle a prêté de l'argent à des gens ruinés par la Révolution... Est-ce sa faute si, à sa mort, ses obligés ne s'en sont pas souvenus ? La plupart n'attendent pas ce moment pour oublier les services rendus. Les gens sans cœur sont le vulgaire et non l'élite ; l'ingratitude est la règle dans ces milieux bas. Il faut donc faire le bien pour le bien et non

---

(1) Benjamin Constant avait raison de n'en pas parler ; la discrétion l'obligeait au silence.

pour en attendre de la reconnaissance. Il n'est plus belle couronne que d'avoir fait le bien toute sa vie. Que pèsent, à côté d'une bonne action, une brillante conversation, un talent pour jouer la comédie ou la tragédie ?... Aux yeux de Dieu, rien ne vaut une bonne action, et Mme de Staël a fait assez de celles-ci pour que ses défaillances lui soient pardonnées.

TABLE DES MATIÈRES

Imprimerie GUILLEMOT et De LAMOTHE
18, Rue Turgot, 18, LIMOGES
MÊME MAISON A PARIS
—

1926